O. DESMÉ DE CHAVIGNY

HISTOIRE

DE

SAUMUR

PENDANT LA RÉVOLUTION

(Extrait de la Revue historique de l'Ouest*)*

VANNES

LIBRAIRIE LAFOLYE

1892

HISTOIRE DE SAUMUR

PENDANT LA RÉVOLUTION

O. DESMÉ DE CHAVIGNY

HISTOIRE

DE

SAUMUR

PENDANT LA RÉVOLUTION

VANNES

LIBRAIRIE LAFOLYE

—

1892

HISTOIRE DE SAUMUR

PENDANT LA RÉVOLUTION

AVANT-PROPOS

Le savant auteur des recherches sur l'Anjou, F. Bodin, a reculé, dit-il lui-même, devant la tâche d'écrire l'histoire de Saumur pendant la période révolutionnaire. Les événements étaient trop récents, les passions politiques étaient encore trop vives, pour qu'il osât remuer des souvenirs aussi irritants. En est-il de même aujourd'hui ? Je ne le crois pas. Cent ans se sont écoulés ; les acteurs du grand drame se reposent depuis longtemps des agitations de cette terrible époque, et leurs descendants, blasés par les révolutions et les bouleversements auxquels ils ont assisté, n'apportent plus dans les manifestations de leur foi politique, la même ardeur et la même violence.

D'ailleurs le nombre des habitants de Saumur qui jouèrent un rôle dans les événements que je me propose de retracer, est excessivement restreint. Comme un grand nombre de villes de province, Saumur fut terrorisé par les commissaires de la Convention et les agents de la commune de Paris. Eux seuls sont responsables des crimes qui s'y commirent. Mais il est bon de se rappeler, à une

1

époque où une révolution, plus radicale que celle de 1789, menace la société, que les actes les plus contraires aux sentiments intimes des hommes sont acceptés par eux avec la plus grande facilité, lorsque leur vie est en péril ou que leurs intérêts sont en jeu.

Voulant éviter à mon récit tout reproche de partialité, je me suis borné à raconter les événements sans les juger. C'est pour le même motif que j'ai écarté tous les documents ne reposant que sur la tradition, et par conséquent impossibles à contrôler. Je n'ai admis que ceux qui présentaient un caractère officiel

Les Archives de la ville de Saumur, qui renferment tous les actes de la municipalité, ont été pour moi une source abondante, à laquelle j'ai largement puisé. Je profite de l'occasion qui m'est offerte ici pour adresser mes sincères remerciements à M. le Conservateur de la bibliothèque qui a mis, avec la meilleure grâce du monde, tous les documents qu'il possédait à ma disposition. Malheureusement beaucoup de pièces intéressantes pour l'histoire de la ville ont disparu, les unes ont été brûlées par les Vendéens en 1793, les autres ont été enlevées depuis cette époque. Il y a donc dans ces documents d s lacunes qui, en certains points, ont rendu mon travail incomplet.

J'ai eu aussi la bonne fortune de pouvoir recueillir, dans la bibliothèque de M. Allain-Targé, des notes fort curieuses sur la période révolutionnaire dans le Saumurois. Le grand nombre de pièces que renferme cette bibliothèque de choix en fait un trésor d'un prix inestimable pour le chercheur, et la courtoisie avec laquelle le propriétaire de ces précieux documents les communique en double la valeur.

Pour le récit des événements militaires, j'ai pris pour guide l'ouvrage d Savary sur les guerres des Vendéens. C'est un recueil des rapports des généraux et des commissaires envoyés dans les départements insurgés. Les originaux de la plupart des pièces citées par Savary existent au dépôt des Archives de la guerre où j'ai pu les confronter et m'assurer de leur exactitude.

Enfin, les registres des commissions militaires déposés au greffe de la cour d'appel d'Angers m'ont fourni des données d'une authenticité indiscutable, sur les condamnations à mort et les nombreuses exécutions qui eurent lieu à Saumur pendant la Terreur.

Telles sont les diverses origines des documents qui m'ont servi à

composer cet *Essai sur l'histoire de Saumur pendant la Révolution*.
Je n'ai certes pas la prétention de n'avoir rien omis, mais si
quelques pièces me sont restées ignorées, si quelques faits ont
échappé à mes investigations, du moins ne pourra-t-on pas mettre
en doute la véracité de ceux que je présente. Aussi, m'appropriant
le mot de Montaigne, puis-je dire de cette Histoire de Saumur :
« Ceci est une œuvre de bonne foi ».

Saumur, 5 mai 1891.

HISTOIRE DE SAUMUR

PENDANT LA RÉVOLUTION

CHAPITRE I

SOMMAIRE. — Coup d'œil sur la Société de Saumur en 1789. — La magistrature. — Le clergé. — La noblesse. — Le corps municipal. — Assemblées des habitants. — Budget de la ville en 1789. — Ouverture de la période électorale en 1789. — Règlement pour la nomination des députés aux États Généraux — Tenue des assemblées bailliagères : Le clergé, la noblesse, le tiers. — Résumé des cahiers. — Clôture de la période électorale.

L A résistance du parlement à l'enregistrement de certains édits royaux avait provoqué, à Paris et dans quelques villes de province, une agitation qui semble n'avoir trouvé à Saumur qu'un faible écho. Sans doute, dans cette ville, quelques esprits actifs et inquiets se préoccupaient de ces projets de réformes qui passionnaient alors les Parisiens, et suivaient avec intérêt le mouvement qui précipitait le pays vers la Révolution, mais la masse restait indifférente. Le peuple lisait peu à cette époque ; la presse périodique ne vulgarisait pas, comme aujourd'hui, les idées et les opinions, qui ne pouvaient alors se répandre que sous la forme de livres, de brochures, de pamphlets. Ce mode de propagande était lent et seulement à la portée des classes aisées. Aussi la Révolution ne fut pas, dans le principe, l'œuvre du peuple. Des curés de campagne, des gentilshommes de province, et surtout des avocats et des procureurs de petites villes, en furent les véritables promoteurs. Le peuple n'entra en scène, avec sa violence et sa brutalité, que quand ces réformateurs eurent déséquilibré la société avec leurs innovations, et lorsque les passions populaires se furent échauffées à la voix des orateurs des clubs. D'ailleurs ce besoin de réformes était-il bien réel ? N'y eut-il pas dans la Révolution plus de jalousies à satisfaire que de véritables souffrances à calmer ? Sans doute il y avait des abus, mais ces abus étaient si anciens, ils faisaient si bien partie de l'ordre des choses établi depuis des siècles, que la société tout entière se disloqua lorsqu'ils eurent été détruits.

Avant d'entamer le récit des événements qui s'accomplirent à Saumur pendant la Révolution, nous allons indiquer la composition des diverses classes de la société de cette ville à la veille de 1789.

Le représentant de l'autorité royale était Georges Aubert du Petit-Thouars, lieutenant de roi, et gouverneur de la ville et du château de Saumur[1]. C'était un ancien officier qui avait fait, comme aide de camp du maréchal de Broglie, toutes les campagnes de la Guerre de Sept ans. Il avait succédé à son père dans ces fonctions de lieutenant de roi en 1754, et il venait d'être promu, depuis peu, au grade de maréchal de camp. Homme d'imagination ardente, nourri de la lecture des philosophes, il avait embrassé avec ardeur les idées nouvelles et ne voyait que le côté théâtral et sentimental de la Révolu-

---

[1] Né le 8 octobre 1724, Louis-Henri-Georges Aubert du Petit-Thouars, chevalier de Saint-Louis, fils et petit-fils de lieutenants du roi à Saumur, avait épousé Jeanne Desmé, fille de Claude Desmé, riche colon de Saint-Domingue. Le lieutenant du roi était un magistrat délégué par le roi auprès du tribunal d'un baillage ou d'une sénéchaussée. Il était presque toujour, en même temps, gouverneur de la ville.

tion. Il fut bientôt désabusé. Privé de son gouvernement, on le nomma membre du bureau de conciliation, puis chef d'un des bataillons de la garde nationale. Après le 10 août, il renonça à toute fonction publique et se retira dans sa terre du Petit-Thouars, où il fut arrêté après l'évacuation de Saumur par les Vendéens. Conduit dans les prisons de Tours, il y mourut la veille du jour où il devait comparaître devant le tribunal révolutionnaire[1].

Le château de Saumur servait à cette époque de petite Bastille. Pendant la guerre de l'indépendance de l'Amérique, de nombreux prisonniers de guerre y avaient été internés, mais, depuis la paix, on n'y renfermait plus que de jeunes gentilhommes, pour dettes ou pour inconduite. La garnison se composait d'une compagnie de vétérans. M. de la Borde en était capitaine ; il avait sous ses ordres MM. Destres, Bourassin, Peltier de Peltot. M. de Mondomaine remplissait les fonctions de major de place. Tous ces officiers étaient invalides ou fort âgés.

A la tête de la magistrature se trouvait Thomas Desmé-Dubuisson[2], lieutenant-général et sénéchal du Saumurois depuis 1757. Il avait remplacé dans cette charge Denis du Tronchay. En 1761, élu maire de Saumur par les habitants, il refusa cet honneur incompatible avec ses fonctions judiciaires[3]. Très hostile aux idées révolutionnaires, mais d'un tempérament froid, d'un caractère indécis, il ne se prononça jamais ouvertement. Sa femme Antoinette Séguier, qui appartenait à une famille parlementaire, le dirigeait beaucoup. Il était peu populaire.

Il représentait à Saumur le comte de la Galissonnière, grand sénéchal d'épée héréditaire de la province d'Anjou et du pays Saumurois. Les grands sénéchaux avaient perdu depuis long-

---

[1] Le 5 prairial an II.

[2] Fils aîné de Claude Desmé et d'Anne Marchand, et par conséquent beau-frère de M. du Petit-Thouars.

[3] Arch. municipal. de Saumur. Liasse FF, 2.

temps la presque totalité de leurs prérogatives. Leurs fonctions judiciaires étaient devenues purement honorifiques, et les jugements étaient rendus, lors même qu'ils étaient présents, par un magistrat de robe longue, le lieutenant particulier, assisté d'un certain nombre de conseillers. Ces conseillers étaient, à Saumur, en 1788, MM. Guillon de la Fresnaye, Gigault de Targé, Bonnemère de Chavigny, Pierre-Henri Sailland, Leroux Denesde....

Le lieutenant particulier ne pouvait connaître que des causes civiles ; les procès criminels étaient instruits par le lieutenant criminel qui était, à cette époque, M. Delavau.

A chacun de ces tribunaux étaient attachés un procureur et un avocat du roi. Le premier était chargé de veiller à l'exécution des lois et remplissait les fonctions de ministère public ; le second prenait la parole dans les causes où l'intérêt du roi ou de l'Etat était en jeu ; MM. Lorier, Sébastien Besnard et Delafargue occupaient ces postes.

On comptait encore au nombre des membres de la magistrature de Saumur : MM. Hervé, président à l'élection[1], Persac de Beaugrand, son lieutenant particulier, Lehou, Drouineau, Sailland d'Epinatz, Hudault de la Thibaudière..., conseillers au même siège. M. Villier était président du grenier à sel[2], avec M. Couscher pour officier et Leclerc pour receveur. M. Maultrot était avocat du roi au bureau des finances.

Venaient ensuite un grand nombre d'avocats et de procureurs. Les principaux étaient : Bizard, ancien maire de de Saumur[1] qui fut député à la Constituante, où du reste il joua un rôle fort effacé ; Merlet, depuis député à la Législative ; Quantin, qui périt sur l'échafaud ; Esnault, Decourval,

---

[1] L'élection était un tribunal chargé de connaître, en première instance, les matières dont les cours des Aides jugeaient les appels. Les membres étaient chargés en outre de la répartition des impôts.

[2] Le grenier à sel était une cour subalterne, relevant aussi de la cour des Aides. Elle jugeait en dernier ressort les délits de gabelle, au-dessous d'un demi-minot.

Vallois-Louzy, Allain, Monard, Dandenac, député à la Convention, Sailland....

Les procureurs[1] étaient plus nombreux encore. La Révolution trouva parmi eux ses plus fidèles soutiens : ils ne s'effrayèrent pas de ses excès. Ceux de Saumur se distinguèrent par l'exagération de leurs idées. Voici les noms de quelques-uns des principaux Sanzay : Joulain, Hurtault, Gautier, Fouscher, Coustard, Son-Dumarais, Loir-Mongazon, Jacques Vilneau, Tramblier....

Enfin le lieutenant de police était Coutis de Saint-Médard[2], fils d'un bourgeois de la ville.

Depuis longtemps le clergé avait perdu toute influence dans les questions d'ordre civil. A Saumur, comme du reste dans la plupart des villes, loin de chercher à diriger l'administration de la cité, c'est à peine si quelques rares ecclésiastiques prenaient part aux assemblées des habitants. Un prêtre cependant, l'abbé Fermé, faisait partie, en qualité d'échevin, du corps de ville. Les hommes de la fin du XVIII[o] siècle étaient peu religieux, et le clergé ne jouissait pas, à cette époque, de la considération qui l'entoure aujourd'hui. Son crédit et son influence étaient des moindres.

Il n'y avait alors à Saumur qu'un seul curé, M. Martin Duchesnay. Il avait remplacé, au mois de mars 1789, l'abbé Jérôme Chatizel, qui était devenu curé de Soulaines et qui depuis se signala, dans l'assemblée du clergé d'Anjou, par son libéralisme et son opposition au haut clergé[3].

[1] Les procureurs remplissaient les fonctions des avoués actuels.

[2] Coutis de Saint-Médard (Charles), né à Saumur le 3 février 1764. Lieutenant général de police le 16 avril 1788 ; membre du district des Deux-Sèvres en 1790 ; emprisonné comme suspect en 1793 ; président du tribunal de Saumur en 1813 ; conseiller d'arrondissement en 1817 ; mort en 1830.

[3] Né à Laval le 30 septembre 1733. Le 5 mars 1788, messire Jean de Vaufleury, curé de Notre-Dame de Nantilly, de Saint-Pierre et de Saint-Nicolas, en vertu de la résignation à lui faite par messire Pierre Guiteau, le mit en possession de la dite cure. Il fut ensuite curé de Soulaines Il publia, avant la réunion des États Généraux, diverses brochures dont les plus importantes sont : *Lettres de MM. les Curés d'Anjou à Monseigneur l'évêque d'Angers. Lettre à MM. les Curés du diocèse d'Angers.* Nommé député aux États Généraux avec MM. Rangeard, Rabin, Martinet, Jacquemart, il siégea à gauche. Il refusa néanmoins le serment.

Nantilly était l'église paroissiale, l'église matrice, ainsi que
la qualifiait un arrêt du conseil du 8 juillet 1608'. Saint-Pierre
et Saint-Nicolas n'étaient que des chapelles dépendant de
Nantilly et desservies par des vicaires. Le curé néanmoins
résidait dans le presbytère situé près de Saint-Pierre, quartier
beaucoup plus central et plus peuplé que celui de Nantilly².

Trois vicaires, MM. Hobbé, Moreau, Clavreul, aidaient le
curé à remplir ses fonctions pastorales dans la paroisse de
Saint-Pierre ; MM. Refour et Meignan étaient vicaires de
Nantilly ; MM. Durand et Delalande l'étaient de l'église
Saint-Nicolas.

En outre, de nombreux chapelains étaient attachés à chacune des trois églises de Saumur. A Nantilly, MM. Drapeau,
Gasnier, Le Doyen de Clesne, Thoreau de la Martinière,
Gourdon, les frères Baudry, dont l'aîné était aumônier de
l'hôpital, ... A Saint-Pierre, MM. Fermé, échevin de la ville,
Caffin, le directeur des Ursulines, Lamiche, Dubois.... A
Saint-Nicolas M. Nacquefaire, directeur des dames de la Visitation. Si on ajoute à cette liste quelques abbés et quelques
prêtres habitués, comme MM. Cailleau du Baudiment, Maupassant, Estienvrot, ... le principal du collège, M. l'abbé
Blondeau, et ses professeurs, on aura une idée assez exacte
de la composition du clergé séculier de Saumur, en 1789³.

Un profond antagonisme séparait, à cette époque, le haut
et le bas clergé. Les curés réduits à la portion congrue, les
vicaires qui ne vivaient que de quêtes, se plaignaient que les
évêques, les chapitres et les réguliers leur eussent enlevé leur

---

' D'Espinay. *Notice archéologique sur Saumur* p. 68.

² Arch. mun. Liasse DD. 22. Ce fut le curé Guitaut qui obtint de Jean de
Vaugirault, évêque d'Angers, l'autorisation de transférer la cure à Saint-Pierre.

³ Biblio. d'Angers mss. 642. Notes de l'abbé Rangeard sur le clergé d'Anjou
en 1789. — Ibidem, mss. 650. — Pouillé — Voir. Arch. muni. de Saumur.
Notes de M. Raimbaut. — Sommier des gens de main morte. Il y avait à
Nantilly douze chapelles desservies donnant un revenu total de 12 à 1300
livres. Quatre seulement à Saint-Nicolas, dont la principale était celle du
Château ou de l'Aumônier, qui rapportait 180 livres. — Voir aussi Bibliot.
de M. Allain-Targé. Liste des citoyens actifs de Saumur en 1791.

revenu légitime et qu'ils se fussent attribué la dîme, qui, dans l'intention des peuples, était le prix des fonctions sacrées. Ils les accusaient aussi de leur avoir soustrait la direction des maisons religieuses des filles, « ces paroissiennes déjà si disposées à rompre avec la paroisse[1]. » Aussi, curés et vicaires attendaient-ils de la Révolution l'amélioration de leur sort et étaient-ils disposés à soutenir les réformateurs dans les changements qu'ils méditaient.

Outre le clergé séculier, il y avait à Saumur, quatre communautés d'hommes et trois de femmes. Les premières étaient peu importantes. Elles se composaient de huit ou dix moines au plus, sous les ordres d'un père gardien. C'étaient : le couvent des Capucins, situé dans le quartier des Ponts[2], celui des Cordeliers dans la rue du même nom[3], enfin les Récollets, qui occupaient l'emplacement du Jardin des Plantes actuel[4]. Ces couvents étaient pauvres ; leurs membres, souvent réduits à mendier pour vivre, ne jouissaient d'aucune influence, à peine étaient-ils considérés[5].

Il n'en était pas ainsi des prêtres de l'Oratoire. Chargés pendant de longues années de la direction du collège, les soins qu'ils avaient donnés à la jeunesse leur avaient acquis une réelle popularité. Le plus considérable d'entre eux était M. Servan Duvivier, supérieur de la communauté, prêtre

---

[1] Mémoire des curés du diocèse d'Angers relatif à la convocation des États-Généraux par l'abbé Chatizel.

[2] Noms des Capucins en 1789. *Métayer*, dit le *P. Gabriel*, gardien du couvent ; *Milsonneau*, dit le *P. Victorin*, qui avait été gardien en 1788, les pères étaient : *Berterie, Digneron, Millot, Peter, Zedner.*

[3] Le gardien des Cordeliers, dont le couvent occupait l'emplacement du Palais de Justice et de la prison, s'appelait *Couronné.* Il y avait huit moines en 1788, trois seulement en 1789.

[4] Les Récollets étaient plus nombreux. Vingt-trois en 1788, ils étaient encore au nombre de quinze en 1789. Parmi eux l'aumônier du château, le *P. Agraffel.* Bibliot. d'Angers. Mss. 642. Le clergé d'Anjou en 1790. Archives municipales. Notes de Raimbaut.

[5] Archives Nationales, Ba 78. Discours prononcé par Me Charles Rossignol, notaire royal à Saumur.

ambitieux, qui se prononça, dès le début de la Révolution, en faveur des idées nouvelles[1].

Les communautés de femmes avaient une bien plus puissante vitalité que celles des hommes, A Saumur, les Ursulines étaient chargées de l'instruction des jeunes filles de la ville et des environs. Elles étaient encore, en 1791, au nombre de vingt-cinq religieuses et six sœurs converses[2]. Nous les verrons exciter presqu'une petite émeute lors de la constitution civile du clergé.

Les sœurs de Sainte Anne dirigeaient l'hospice de la Providence ; elles étaient, à cause de leur fondatrice, la vénérable mère Jeanne Delanoue, extrêmement populaires dans la ville[3]. Elles entretenaient et nourrissaient trois à quatre cents pauvres femmes idiotes ou épileptiques. Pendant la Révolution, à l'époque même de la Terreur, les sœurs de la Providence restèrent réunies en communauté : elles cessèrent seulement de porter le costume religieux. Le bien qu'elles firent alors est incalculable.

Les Visitandines, livrées à leurs pieux exercices, se faisaient respecter par la sainteté de leur vie, et chérir à cause des nombreuses aumônes qu'elles distribuaient à la misérable population du quartier des Ponts.

Enfin l'hôpital était dirigé par des religieuses hospitalières de l'ordre de Saint-Augustin, dont la Supérieure était sœur Marie Jaunet.

La noblesse, fort peu nombreuse à Saumur, n'y jouissait que d'une médiocre influence. Presque tous ses représentants étaient âgés, infirmes ou pauvres. Les gentilshommes riches, les aînés de famille, habitaient la cour ou leurs terres. Les

[1] Biblio. de M. Allain-Targé. Noms des prêtres de l'Oratoire en 1789. *Regnard, Ducasse, Savoie, Bouhier, Hérillard.* Il y avait en outre huit confrères et trois frères.

[2] Trente-trois en 1789, vingt-sept en 1790.

[3] Jeanne Delanoue, morte en odeur de sainteté le 17 août 1736, dans une misérable chambre du faubourg de Fenet. En 1788 la population de l'hospice était de 420 — en 1789 de 401.

cadets eux-mêmes ne revenaient en province que ruinés par le jeu ou estropiés par la guerre. Ils affectaient de dédaigner les charges municipales, vivaient petitement et chichement de leurs pensions, fiers de quelques privilèges, plus honorifiques que réels, qui leur restaient, etc, ependant, objets d'envie de tous les riches bourgeois.

On comptait à Saumur quelques familles d'ancienne noblesse, mais en bien petit nombre. Les Sanglier[1] qui prétendaient descendre des anciens Comtes du Maine, les Eveille-Chiens ; les Brie-Serant, seigneurs du Bellay ; les Aubert, fort nombreux dans le Saumurois, ils se divisaient en Aubert du Petit-Thouars, Aubert de Boumois, d'Artenay.... ; les Le Noir, seigneurs de Chaîntre et de Varrains, et le chevalier de Pas de Loup, son fils, qui était lieutenant aux carabiniers ; les Caux, seigneurs de Chacé. Le représentant de cette famille fut nommé suppléant du député de la noblesse aux Etats Généraux de 1789. Les Saint-Hubert, de Fay... ; puis un certain nombre de gentilshommes, anciens officiers, qui s'étaient fixés à Saumur par suite de leurs mariages : Les Foucauld, officiers de carabiniers, les Rodhays, les d'Escajeul[2].

Il y avait aussi quelques familles de plus récente noblesse. Presque toutes avaient été anoblies par des charges dans les finances ou dans les parlements. Les principales étaient celles des Gigault, dont un des membres, Gigault de Marconnay, était trésorier de France ; des Desmé, l'un occupait la charge de lieutenant-général de la Sénéchaussée, l'autre celle de lieutenant du maire ; les Quesnay, qui descendaient du

---

[1] Famille originaire du Loudunais. Elle était représentée à Saumur, en 1789, par deux vieillards. Jean-Jacques Sanglier âgé de 80 ans, et François son frère cadet, ancien lieutenant-colonel d'infanterie. Ce dernier avait pour fils Hippolyte, chevalier de Sanglier, qui fut guillotiné à Tours en 1793. Archives municipales, Registre des décès-1792. La terre de la Tremblaye avait appartenu à cette famille. C'était d'elle que Foulon de Doué l'avait acquise. Foulon l'avait revendue peu de temps après à Abraham Carrefour de la Pelouze.

[2] Propriétaire de la Motte Saint-Bonnet, aujourd'hui dans la famille des la Motte-Baracé.

fameux économiste. Le chef de cette famille, Quesnay de Saint-Germain, ayant obtenu la charge de président à la Cour souveraine des Gabelles établie à Saumur, s'était fixé dans cette ville. Venaient ensuite les Thoreau de la Martinière, les Bellère du Tronchay, les Vallois, famille de magistrats et d'avocats : les Richaudeau de Parnay et de Mongeville, les Dupuy de Briacé[1] les Sourdeau de Beauregard[2], les la Guerivière, Pitatouin de la Touche, Cyret de Bron, de Sutaine, de la Noblaye, etc.... Enfin quelques chevaliers de Saint-Louis[3] : Blondeau, Girard, Baudin, Vilmet, ancien officier de Carabiniers, qui fut le premier commandant de la garde nationale de Saumur. Les de Nueil, Marchant de Verrière, Le Doyen de Clesne, Chol de Torpane, officier d'infanterie, Desfayette de Clairval....

Il faut ajouter à ces noms ceux de MM. de Mondomaine et Peltier de Peltot, le premier major, le second lieutenant de la compagnie des Invalides, et ceux de quelques dames veuves et de vieilles demoiselles nobles : Mesdames de Varancé, veuve de M. de Solage, des Charnières de la Porte, de Montigny et sa fille, religieuse à Fontevrault, qui fut guillotinée à Saumur en 1793; de Losandière[4], Sextier de Champrobert[5], Gallichon de Courchamps[6], Mademoiselle Olivier de Boumois....

On verra peut-être avec quelque surprise, comptées parmi

---

[1] Dupuy (César-Concorde), né à Saumur en 1762. Ancien officier d'infanterie. Il accepta dans l'armée des côtes de la Rochelle la charge de commissaire de guerre.

[2] Ancien maître des comptes au parlement de Bretagne, prit son nom de la terre de Beauregard, commune des Verchers. Il épousa en secondes noces Louise de Fay.

[3] La croix de Saint-Louis ne donnait pas la noblesse transmissible, et les chevaliers de Saint-Louis, qui n'étaient pas nobles par eux-mêmes, ne furent pas compris dans l'ordre de la noblesse aux assemblées bailliagères de 1789 ; néanmoins dans les rapports de société on les comptait parmi les gentilshommes.

[4] Veuve de Budan de Russé, président trésorier de France au bureau des finances de Poitiers.

[5] Françoise Bineau.

[6] Veuve de Becquet de Sonnay, lieutenant des Maréchaux de France.

les gentilshommes, des personnes n'ayant pas ce que l'on appelle aujourd'hui la particule nobiliaire. Jamais, avant la Révolution, la particule ne fut regardée comme une preuve de noblesse ; à peine en était-elle une présomption. Maint roturier la possédait, beaucoup de nobles de race ne l'avaient pas, et dans tous les cas les gentilshommes ne l'employaient presque jamais en signant. La particule ne peut en effet indiquer que la possession d'une terre et jamais terre n'a anobli son possesseur. Quant à la placer devant un nom propre, cela est absolument grotesque[1]. Ce fut seulement au milieu du XVIIIᵉ siècle que l'usage de remplacer le nom de famille par le nom de la terre prévalut. La bourgeoisie avait donné l'exemple, la noblesse, par un esprit de vanité mal entendu, le suivit. On abandonna de vieux noms patronymiques honorables et quelquefois illustres pour se parer de noms nouveaux et de titres ronflants. La particule devint, aux yeux du peuple, un signe infaillible de noblesse[2]. En réalité, les seules preuves certaines de noblesse sont : l'exemption de la taille personnelle et l'admission dans l'ordre de la noblesse lors de la tenue des assemblées bailliagères. L'État toujours à court d'argent, les intendants, toujours stimulés par les besoigneux ministres des finances, mettaient impitoyablement à la taille les faux nobles, malgré leurs noms et leurs titres retentissants. Quant aux assemblées bailliagères, celles qui furent tenues en 1789 furent extrêmement rigoureuses, et il fallut pour être admis dans l'ordre de la noblesse soutenir ses prétentions de preuves sérieuses. C'est donc dans le rôle des collecteurs des tailles et dans les procès-verbaux des assemblées des bailliages qu'il faut chercher les noms de ceux qui formaient avant 1789 la classe, beaucoup moins nombreuse qu'on le croit généralement, de la noblesse.

Ainsi, ni par leur nombre, ni par leur fortune, ni par leur situation personnelle, ni par les charges publiques,

---

[1] Monsieur de Petit-Jean, Ah ! gros comme le bras !

[2] Il en est encore ainsi aujourd'hui.

les nobles ne pouvaient exercer une influence quelconque
dans les assemblées des habitants ; ce n'était qu'indirec-
tement et par l'intermédiaire de la haute bourgeoisie dont ils
étaient issus, presque tous, et à laquelle de fréquentes alliances les rattachaient. Les intérêts des familles nobles et
roturières étaient donc confondus, et il n'y avait pas, à
Saumur, cet antagonisme de classes que l'on se figure aujour-
d'hui avoir existé. Quant aux opinions politiques, elles ne
dépendaient en rien, au début de la Révolution, du rang que
l'on occupait dans la société : tel noble ne rêvait que réformes, alors que tel bourgeois défendait les anciennes institutions.

L'administration de la ville était donc entièrement entre les
mains des notables bourgeois de la cité. Sans doute, il y avait
bien, de temps à autre, des assemblées générales où tous les
habitants étaient convoqués, ou chacun d'eux pouvait donner
son avis, motiver son vote, enfin prendre part à la gestion
commune, mais dans la pratique les principaux habitants
y concouraient seuls. Ainsi en était-il, par exemple, pour
l'élection du Maire.[1]

La ville, d'ailleurs, n'était rentrée en possession de son droit
électoral que depuis 1781. A cette époque, les habitants
avaient maintenu dans leurs offices MM. Gilles Blondé de
Bagneux[2] et Paul Desmé du Puy-Girault[3], qui exerçaient les

---

[1] Ordonnance du conseil de Monsieur, concernant les affaires municipales
de son apanage du 30 mai 1788. Archives municipales de Saumur, Registre
165. D'après cette ordonnance, les maires et leurs lieutenants devaient être
élus tous les quatre ans ; les échevins tous les deux ans ; les assesseurs,
procureurs, greffiers, à vie.

[2] Né le 14 juin 1729, décédé le 1er brumaire an IX. Fils de Charles Blondé
et de N. Bineau-Rosny de Doué. Il avait épousé la fille de Nicolas Oudry,
célèbre médecin de Saumur.

[3] Né le 12 décembre 1710, mort le 4 décembre 1799. Cousin-germain du
sénéchal Desmé-Dubuisson. Il fut lieutenant général de police, conseiller
du Roi et de Monsieur, membre de la Commission intermédiaire et l'un des
trois Commissaires nommés par le roi pour la formation du département
de Maine-et-Loire. Il avait été anobli par une charge de secrétaire du Roi.
Sa femme était une Pupier.

fonctions de maire et de lieutenant du maire depuis le 11 mars 1775, en vertu d'un brevet du roi. Les autres membres du Conseil étaient : MM. Fermé, prêtre, et Dufour de Chanteloup, échevins; Cailleau et Lévêque-Devarannes, assesseurs : François-Clément Allain, depuis administrateur du département de Maine-et-Loire, et Monard, tous deux avocats, étaient conseillers. Etienne Commeau, ancien notaire, greffier, et Jean Martin-Fournier, procureur du roi.

Le conseil se réunissait à des époques indéterminées, assez éloignées généralement. Les finances de la ville, critérium d'une bonne administration, étaient prospères et de fréquentes assemblées d'habitants par conséquent inutiles. En 1789, les recettes avaient été de 22.777 livres et les dépenses de 10.206 livres, laissant ainsi un excédent de plus de 12.000 livres, destiné à couvrir une partie des frais résultant de la construction des quais[2].

L'octroi, le tarif, et la capitation sur tous les habitants établis hors barrière étaient les principales sources du revenu de la ville. La première de ces impositions se percevait sur les denrées de toute nature qui entraient dans la ville[3]. Quant au tarif, c'était un impôt établi sur la viande de boucherie, les boissons, les bois, foins ... en remplacement de la taille[4]. Pour cette raison les privilégiés en étaient exempts. C'était au moyen de sols additionnels au principal de la taille que les villes tarifées se procuraient les ressources nécessaires pour acquitter les dépenses locales

[1] Jean-Baptiste Cailleau, fils d'Alexandre Cailleau et d'Anne Miet, né à Saumur le 8 août 1739. Ingénieur en chef de la province de Bretagne et entrepreneur des travaux publics. Il construisit le pont Fouchard et le château de Soulangé, en 1774. Il éleva le théâtre de Saumur et les quais de cette ville. Assesseur de la municipalité depuis 1787. Il fut élu député à l'assemblée provinciale d'Angers, puis maire de Saumur en novembre 1791.

[2] La construction des quais de Saumur avait été adjugée le 10 juin 1784 pour 60.675 l. L'Etat donnait donnait une subvention annuelle de 50.000 l. Arch. mun. Liasse C. C. 9.

[3] Ce droit d'octroi avait été établi en 1683. En 1789 l'octroi était affermé 8.400 livres.

[4] Le tarif fut établi le 22 janvier 1752. V. Arch. munic. Liasse C. C. 9.

extraordinaires. Les assemblées d'habitants votaient un ou plusieurs sols et l'intendant autorisait ou refusait la perception de la nouvelle taxe[1]. La capitation atteignait les habitants demeurant hors des barrières et leurs domestiques, et tenait lieu, pour eux, de l'octroi et du tarif[2].

La ville jouissait en outre des droits de pavage, pontenage ..... sortes de droits de péage prélevés, à l'entrée de la ville, sur les animaux et les voitures, et destinés à fournir les sommes nécessaires pour l'entretien des pavés et des ponts.

Enfin le loyer de certains immeubles appartenant à la ville et une rente de 500 l. dont elle jouissait, portaient les recettes annuelles au chiffre cité ci dessus.

Les dépenses se subdivisaient en deux catégories : Les charges obligatoires et celles qui étaient facultatives

Parmi les premières il faut ranger les droits de minage et de poids du roi, perçus par l'abbaye de Fontevrault. On sait que le droit de minage consistait dans le prélèvement du vingtième boisseau sur les grains mis en vente. La ville, pour éviter la perception directe de ce droit sur les vendeurs, s'était abonnée pour 875 l.[3].

Quant au second de ces droits, l'abbaye en jouissait depuis 1290. D'après ce privilège, toutes les marchandises susceptibles d'être pesées à Saumur, devaient payer une redevance proportionnelle à leur poids. Cette opération se faisait dans un lieu particulier nommé les *Bilanges* (balances), qui était situé près des Halles Les marchands ne pouvaient avoir chez eux de « grands poids » au-dessus de 25 livres. C'était une entrave aux opérations commerciales; aussi la ville avait-

---

[1] C'est ainsi que lorsqu'on résolut à Saumur de construire les quais, l'assemblée des habitants vota 2 sols par livre sur le tarif Le tarif et ces deux sols additionnels produisirent en 1789, 9 000 l.

[2] La capitation donnait 2.400 fr. On prélevait pour ces droits un denier par cheval, bœuf, vache ou porc ; 4 sous et 2 deniers par 100 moutons ; 2 deniers par charrette. Ces droits rapportaient à la ville 1 650 fr.

[3] En 1775 les droits de minage perçus au profit du roi furent abolis. La ville crut qu'il en était de même de celui prélevé par l'abbaye, elle plaida, mais elle perdit son procès.

elle transigé avec l'abbaye et lui donnait-elle, pour que les marchands fussent exonérés de cette obligation, une somme annuelle de 600 l.[1].

Venaient ensuite les indemnités que payait la ville pour les logements du gouverneur de la province, du lieutenant du roi, du major de la place, de l'ingénieur des fortifications, du commissaire des guerres[2]. Puis les droits de vingtième et de centième deniers, prélevés comme dédommagement de l'abandon que le roi avait fait à la ville, de son droit à nommer les officiers municipaux et ceux de la garde bourgeoise.

La plus forte des dépenses facultatives était une subvention de 3000 l. accordée au collège. Le greffier de la ville avait un traitement de 600 l. ; une somme semblable était attribuée au receveur des deniers communs. L'entretien des ponts, des quais, de la maison de ville, du pavé des rues, ne coûtait que 1400 l. ; il est vrai que chaque habitant était tenu à la réparation des pavés devant sa maison. On donnait 300 l. au prédicateur qui prêchait le Carême; 40 l. pour la poudre que l'on brûlait à la procession de la Fête de Dieu ; 120 l. étaient consacrées aux frais d'impression et aux fournitures de bureau. Les deux gardes de la ville et les deux tambours coûtaient 480 l. On leur donnait en plus un habillement[3].

La situation financière de la ville était donc, comme nous l'avons dit ci-dessus, florissante ; aussi Saumur s'embellissait de jour en jour. Les casernes du brillant régiment de Carabiniers, auxquels Bodin attribue malicieusement l'accroissement rapide de la population, venaient d'être achevées[4] ; le théâtre était terminé[5], et le conseil, après avoir longuement

---

[1] Un arrêt du parlement de 1757 avait maintenu l'abbaye en possession de ce droit, moyennant 1 sol pour 100 livres de marchandises pesées.

[2] Au comte d'Egmont, gouverneur de la Sénéchaussée, 500 l. — Au lieutenant du Roi et au major : 800 l. — A l'ingénieur des fortifications : 180 l. — Au trésorier des guerres : 300 l. — A l'ingénieur des ponts et chaussées : 250 l. — Les rentes dues par la ville ne montaient qu'à 682 livres.

[3] Voir aux pièces justificatives les budgets comparés de 1789 et de 1794.

[4] Bodin, t. I, p. 492. La population s'éleva en quelques années de 7500 à 10000.

[5] Le premier novembre 1785, le conseil d'Etat avait autorisé l'émission de 180 actions de 300 l., pour la construction d'une salle de spectacle.

délibéré, venait de faire graver, sur l'arcade du milieu, l'inscription suivante[1] :

Du règne de Louis XVI
Sous les auspices de Monsieur frère du Roi
Monument du zèle des citoyens
Elevé a l'utilité publique

Les armes de la ville étaient placées au-dessus.

L'année 1788 s'achevait dans le plus grand calme. Au mois d'octobre, le passage des ambassadeurs de Tippo-Saïb fut l'occasion d'une de ces fêtes publiques chères à nos aïeux.

Le 14 de ce mois, les ambassadeurs du monarque indien arrivèrent à Saumur vers les deux heures du soir. Les commissaires désignés par le conseil de la ville les conduisirent dans la maison de l'abbé Cailleau, située à l'entrée des ponts dans une belle situation. Elle avait été meublée, suivant « les usages indiens, de tapis, coussins et ottomanes ». Le corps de ville vint haranguer « Leurs Excellences asiatiques » et on leur offrit des corbeilles pleines de beaux pruneaux et de poires de rousselet. Puis on les conduisit au théâtre où toute la ville était réunie. Il y furent reçus avec de chaleureux applaudissements, « auxquels ils ont répondu par des regards « qui semblaient chercher chaque spectateur ». Le lendemain, ils passèrent en revue le Royal-Roussillon, régiment de cavalerie qui avait remplacé à Saumur les carabiniers, partis de cette ville au mois d'avril[2].

Deux mois ne s'étaient pas écoulés, depuis la réception des ambassadeurs indiens, que le décret du 27 décembre, ordon-

[1] Cette inscription diffère un peu de celle donnée par Bodin. Elle a été copiée dans le registre des Délibérations n° 165, séance du 10 juin 1788. —

[2] Arch· muni. Reg. des délibérations 165, séance du 10 et 15 octobre. — Les carabiniers avaient en réalité été remplacés par les dragons de Penthièvre qui ne restèrent que quelques mois à Saumur. Au nombre des capitaines de ce régiment était Florian, l'auteur des gracieuses pastorales d'Estelle et de Galathée.

nant la réunion d'Etats Généraux où le Tiers jouirait d'une double représentation, vint ouvrir l'ère des révolutions.

Dès lors on ne s'occupa plus que d'élections.

Le 29 décembre, le maire convoqua une assemblée générale des habitants à laquelle assistèrent :

MM. Gasnier et Meignan, prêtres, députés du chapitre de Nantilly ; Caffin et La Miche, prêtres, députés du chapitre de Saint-Pierre : Nacquefaire, prêtre, député du chapitre de Saint-Nicolas ; MM. Sanglier, de la Noblaye, le comte Lenoir, le chevalier de Moulins, Thoreau, représentèrent la noblesse.

Le Doyen de Clesne, Baudin et Girard, chevaliers de Saint-Louis, Gigault de Targé, de Parnay et Guillon de la Fresnaye, députés de la Sénéchaussée ; Delafargue, avocat du roi ; Lorier, procureur du roi ; Drouineau, conseiller à l'élection ; Besnard, procureur du roi au dit siège, députés de l'élection. — Bizard et Merlet, députés des avocats ; Peffault-Latour, des médecins : Rossignol-Taillefert et Rossignol du Parc, des notaires ; Loir-Mongazon et Son-Dumarais, des procureurs ; Delouche, Bourgeois, de Cigogne, Boislève, Pupier l'aîné, Laúmonier, Boutet-Maisonneuve, députés des négociants ; Vachon et Avril, des marchands de draps de soie ; Colel-Bazille, Lory, Sébille, Gilloire, Allain, députés des épiciers. Renéaume, Robin, Le Blanc, Guignon, Commeau, syndics des paroisses ; Dezé greffier ; Coquin, Dézaunay, Gauchais, Gamichon, Boizard, la Genevraye, Derouette, Gambais... .. marchands et bourgeois de Saumur....

L'assemblée se prononça en faveur du rétablissement des Etats d'Anjou, et de leur tenue alternative dans chacune des principales villes de la province, donnant ainsi une preuve de cette tendance qu'avaient les populations à se délivrer du système centralisateur inauguré par le cardinal de Richelieu. Les membres de l'assemblée demandèrent aussi que le Tiers eût autant de voix que les deux autres ordres réunis ; que les députés fussent pris dans leur ordre respectif ; que toute personne dont l'anoblissement était transmissible fut considérée comme noble, mais que ceux qui ne pouvaient faire jouir leurs enfants de cet avantage votassent avec le Tiers.

Jusqu'à la fin de février, l'agitation fut grande à Saumur, il n'y était question que de réformes. Brochures, pamphlets, journaux, répandus par milliers, échauffaient les esprits et, dans cette ville où l'élément bourgeois dominait, le mot de l'abbé Sieyès était dans toutes les bouches Le Tiers, qui jusqu'alors n'avait rien été dans l'E.at, devait y tenir la première place.

Sieyès, dans sa brochure. exprimait non seulement les idées et les aspirations du troisième ordre, mais celles du roi lui-même et de son ministre. Avant la réunion des Etats Généraux les illusions de Louis XVI étaient telles, qu'il comptait trouver dans les députés du Tiers des alliés pour mettre à la raison les privilégiés et les parlementaires. C'est le roi qui voulut la réunion des Etats ; c'est lui qui ordonna le doublement du Tiers. Le calme profond qui régnait dans cet ordre à la veille des élections, lui donnait lieu de croire qu'il y avait là des auxiliaires dévoués et soumis de la royauté. qui se contenteraient de quelques concessions.

Louis XVI d'ailleurs était sincèrement disposé en faveur du peuple, et le peuple le comprenait si bien que dans nombre de bailliages et de sénéchaussées, les élections se firent au cri de : « Vive le Roi, vive notre bon père ! »

La multitude ignorait donc le but auquel on tendait ; sans doute les communes désiraient des réformes, mais elles les attendaient du roi. Les véritables révolutionnaires étaient alors les nobles de province, qui voulaient retirer le gouvernement des mains des grands seigneurs, le duc d'Orléans, qui espérait monter sur le trône à la faveur des troubles, Necker, qui courait après la popularité en convertissant la dette du roi en dette de l'Etat.

Le 27 février, le maire de Saumur convoqua les habitants en assemblée générale et leur donna connaissance de la lettre du roi du 24 janvier et du règlement pour la nomination des députés.

Le clergé devait comprendre quatre catégories : 1° les possesseurs de bénéfices ayant chacun une voix ; 2° les communautés cloîtrées ayant, de même, droit à un député ; 3° les membres des chapitres, une voix sur dix ; 4° les curés, leur voix personnelle.

La noblesse était divisée en deux catégories : 1° les gentilshommes possédant fiefs. 2° les gentilshommes non possesseurs de fiefs. Les premiers avaient droit à un suffrage, et pouvaient se faire représenter par procureurs. Les seconds n'avaient que leur suffrage personnel, sans représentation. Ils étaient présidés par le bailli ou sénéchal d'épée.

Enfin le Tiers, comprenant tous les habitants nés français, âgés de vingt-cinq ans, domiciliés et compris dans le rôle des contributions.

Afin d'éviter la confusion qu'aurait entraîné un suffrage directement exprimé par tous les citoyens, il avait été décidé que les électeurs, réunis en assemblées primaires, nommeraient des députés-électeurs chargés de rédiger les cahiers et de choisir les députés aux Etats Généraux. D'après le règlement du 24 janvier, les corporations des arts libéraux et des négociants devaient élire deux députés par cent électeurs inscrits, quatre par deux cents. Celle des arts et métiers n'avaient droit qu'à un seul député pour le même nombre d'électeurs. Il en était de même pour les habitants non réunis en corporation.

Furent élus députés-électeurs : MM. Bonnemère de Chavigny et Guillon de la Fresnaye, pour la sénéchaussée ; Hervé et Sébastien Besnard, pour l'élection ; Louis Villier et Joseph Adam, pour le grenier à sel ; Bizard et Merlet, représentèrent les avocats ; Ricou et Riffault les médecins ; Nicolas et Charles Rossignol les notaires ; Mongazon et Son-Dumarais les procureurs ; Baudry et Pauvert les huissiers ; Phélypeau et Serain les chirurgiens ; Poupard et Perthuis les apothicaires ; Cigongne et Pupier les négociants ; Bédane et Miet les habitants non réunis en corporations. Les députés des corporations étaient : Taupelin pour les drapiers, Allain pour les épiciers ; Gracien pour les boulangers ; Rathouis pour les maçons ; Jullienne pour les fondeurs.....

Le duc d'Orléans, Necker, et le parlement avaient dans chaque bailliage, dans chaque sénéchaussée, des agents secrets. Leur rôle était de diriger les députés des assemblées primaires, de telle sorte que les aspirations, un peu vagues, du Tiers prissent un corps à peu près uniforme et que tous les cahiers de doléances renfermassent les mêmes revendications.

Le notaire Rossignol du Parc était, à Saumur, l'agent des révolutionnaires. Le 9 mars, il prononça dans l'assemblée des députés du Tiers un discours fort long, fort doucereux, mais qui renfermait en substance toutes les réformes accomplies depuis lors. Ce discours fut une révélation ; il indiqua l'état d'esprit de certains hommes, il fit connaître leur force aux députés électeurs et leur désigna le but auquel ils devaient tendre. Sous des dehors hypocrites, et tout en affectant des formes respectueuses, on entendait gronder dans ce discours le bruit de la menace, et l'on y sentait la tyrannie brutale du nombre prête à se substituer au despotisme plus formaliste des classes privilégiées. « N'attendez pas, disait Rossignol en « s'adressant à la noblesse, que l'ordre du Tiers armé du « glaive de la raison primitive et de la justice éternelle, sou- « tenu par une administration sage et réfléchie, vous arrache « des contributions. Votre cœur généreux et sensible va en « faire le doux sacrifice. .. et vous, seigneurs ecclésiastiques, « mettant à profit les sages préceptes de notre religion, vous « vous hâterez de briser le chaînon qui nous retient à la glèbe. » Puis il soumet à l'assemblée le résultat de ses *Réflexions* qui n'étaient autre chose que le programme envoyé de Paris pour servir de modèle aux cahiers du Tiers. Une fois ces réformes réalisées l'ancienne société n'existait plus : suppression des droits seigneuriaux, des grands offices de la couronne, de la garde du roi, des ambassadeurs... et voilà la noblesse

anéantie ; abolition des charges de secrétaires du roi, maîtres
des requêtes, intendants de provinces, gouverneurs des maisons royales « et surtout de ces réduits ténébreux ou languit
« souvent l'innocence opprimée », et voilà l'administration
détraquée. Quant au haut clergé, il n'était pas plus ménagé.
Rossignol demandait une nouvelle répartition des biens ecclésiastiques, répartition réglée par la nation et dans laquelle
« les pasteurs qui n'ont pas de revenus proportionnés à leurs
« soins assidus, à leur dignité et aux charités que l'humanité
« exige » ne seront pas oubliés.

Comme on le voit, rien de bien neuf dans ce discours ; toujours l'appel à l'intérêt personnel, toujours la provocation
contre les détenteurs de la richesse publique, toujours le cri
furieux de l'envie qui retentit depuis que l'homme existe.
Cependant dans un des points de son programme, le notaire
Saumurois se montrait original. Ne se bornant pas à régir la
société, il voulait la moraliser et c'est au nom de la morale
qu'il demandait qu'un impôt fut établi sur tous les célibataires
laïques, non militaires, âgés de plus vingt ans[1]. Cette dernière
réflexion, bien vue sans doute des demoiselles de Saumur,
ne fut cependant pas admise par les rédacteurs du cahier de
doléances.

La rédaction de ce cahier ne put être terminée que le 8
mars. Le même jour, les délégués des corporations nommèrent les huit députés chargés de représenter la ville de Saumur à l'assemblée générale du Tiers qui devait se tenir le
lendemain, sous la présidence du sénéchal Desmé-Dubuisson.
MM. Blondé de Bagneux, Bizard, Cigongne, Miet, Bonnemère
de Chavigny, Pupier, Rossignol, et Villier furent élus.

Le lundi, 9 mars, le comte de la Galissonnière[2] qui, en sa
qualité de grand sénéchal héréditaire de la province d'Anjou
et pays saumurois, devait présider les assemblées baillia-

<hr>

[1] Arch. nationales, Ba. 78. Discours prononcé par M. Ch. Rossignol du Parc,
notaire royal à Saumur, le 5 mars 1789 dans l'assemblée de l'ordre du Tiers-État.

[2] Augustin-Félix-Élisabeth Barrin, chevalier, comte de la Galissonnière.

gères, se transporta à huit heures du matin dans l'église de
Saint-Pierre. Les députés des trois ordres y étaient réunis :
à droite le clergé, à gauche la noblesse, au milieu le Tiers.

Après la messe du Saint-Esprit solennellement célébrée, le
premier huissier audiencier, Abraham René Baudry, procéda
à l'appel.

Le nombre considérable des représentants de clergé ne me
permet pas d'en donner la liste complète[1], d'ailleurs il y avait
parmi eux deux cent trente-et-un bénéficiers, titulaires de
chapelles de peu d'importance, sur lesquels plus de la moitié
ne comparurent pas.

L'appel du clergé terminé, on commença sans désemparer
celui des membres de la noblesse présents et des mandataires
des gentilshommes qui n'assistaient pas à l'assemblée. Un
fort petit nombre de nobles firent défaut. On peut donc considérer la liste ci-jointe[2] comme le catalogue de la noblesse
du Saumurois en 1789. On fut très rigoureux pour les admis-
sions ; tous ceux dont la noblesse était douteuse furent impitoyablement rejetés dans le Tiers.

L'appel de la noblesse fut terminé le 11 mars à trois heures
de l'après-midi. Celui du Tiers commença immédiatement.

Il y avait à appeler les députés de 179 communes[3] ; treize
seulement n'avaient pas envoyé de délégués. Les représentants des communes étaient pour la plupart des laboureurs,
des fermiers, même de simples journaliers, fort peu lettrés
en général, quelques-uns ne sachant pas lire. On comptait
parmi eux un très-petit nombre de bourgeois, de notaires ou
d'avocats. La grande majorité des électeurs était donc incapable, non seulement de rédiger les cahiers, mais même
d'émettre un vote. Les députés de Saumur et une vingtaine
d'autres membres, délégués par les petites villes de la sénéchaussée, jouèrent un rôle prépondérant. Ce furent eux qui

[1] Voyez la liste aux pièces justificatives.
[2] id. ibid.
[3] Voir aux pièces justificatives la liste des députés du Tiers.

dirigèrent les débats, éclairèrent les députés sur leurs droits et leur dictèrent leur choix.

Les députés de Saumur furent :

MM. GILLES BLONDÉ DE BAGNEUX, maire de Saumur.

JEAN-ÉTIENNE CIGONGNE, négociant.

JEAN-FRANÇOIS MIET, entrepreneur des ouvrages du roi.

JOSEPH-TOUSSAINT BONNEMÈRE DE CHAVIGNY, conseiller à la sénéchaussée.

NICOLAS ROSSIGNOL, conseiller du roi, receveur des consignations, notaire royal à la sénéchaussée de Saumur.

JOSEPH VILLIER, président du grenier au sel.

ANTOINE PUPIER, négociant.

L'appel des députés et la vérification de leurs pouvoirs furent terminés le jeudi 12 dans l'après-midi. M. de la Galissonnière écrivit le soir même au garde des sceaux pour lui rendre compte de l'esprit qui animait les délégués des trois ordres. « J'ai infiniment de satisfaction, lui disait-il, à vous annoncer que jusqu'à présent l'assemblée a été tranquille ; beaucoup d'union dans la noblesse, moins dans le clergé et une légère fermentation dans le Tiers. » Il lui transmettait aussi le désir témoigné par les deux premiers ordres de nommer un suppléant au député auquel ils avaient droit. Le clergé et la noblesse faisaient observer avec raison que dans le cas où ce député tomberait malade ou qu'un empêchement quelconque ne lui permettrait pas de se rendre à Versailles, ils seraient sans représentation ; M. de la Galissonnière appuyant cette réclamation, le garde des sceaux y fit droit.

Desmé-Dubuisson, que ses fonctions de lieutenant-général avaient appelé à la présidence du Tiers, fit de son côté un rapport des premières opérations de l'assemblée. Moins optimiste que le sénéchal d'épée, il signalait à son chef, le garde des sceaux[1], l'esprit de susceptibilité et de méfiance des

[1] M. de Barentin.

députés du troisième ordre, esprit qui les disposait à accueillir
sans contrôle tous les propos malveillants à leur égard que
l'on imputait aux gentilshommes. C'est ainsi qu'un curé de
campagne, ayant répandu le bruit que M. de Montsabert aurait
dit « que le Tiers était comme des chiens qu'on faisait rentrer
dans le chenil à coups de fouet », loin de laisser tomber ce
propos indiscret, les députés du Tiers le relevèrent. Ils
appuyèrent la plainte qu'un sénéchal de campagne adressa, à
ce sujet, à M. de la Galissonnière et le forcèrent à faire comparaître devant lui le trop bavard curé. Interrogé, le curé
déclara, qu'en admettant qu'il eût prononcé les paroles incri-
minées, il y aurait indiscrétion à les répéter. Là-dessus, M. de
la Galissonnière réconcilia les parties ; le dénonciateur et le
curé s'embrassèrent et la procédure commencée fut anéantie.
« Les battements des mains ont duré un quart d'heure, écrivait le comte, et le jugement le plus simple a été honoré de la
comparaison du jugement de Salomon[1] ! »

Dans une question d'une bien autre importance, le Tiers
donna une nouvelle preuve de cet esprit de suspicion qui
l'animait à l'égard de la noblesse. Un député du second ordre,
le comte de la Motte-Baracé, ayant demandé que le Tiers fût
invité à se réunir aux autres ordres pour rédiger en commun
les cahiers de doléances, cette proposition fut rejetée. L'offre
de M. de la Motte-Baracé était cependant véritablement patriotique et sa thèse fut développée, dans une adresse aux trois
ordres, avec une réelle habileté.

« Nous ne pouvons penser qu'avec douleur, Messieurs,
« disait-il, aux divisions qui ont précédé cette assemblée et
« au nombre prodigieux d'écrits répandus pour allumer la
« discorde. Nous avons le choix, soit de nous séparer par
« ordre, pour nommer nos députés, soit de nous tenir unis,
« dirigés par un esprit véritablement patriotique, former nos
« cahiers en commun et nommer de même nos députés. »

[1] Archives nationales, D^a 78. Lettres de MM. de la Galissonnière et Desmé-
Dutuisson au garde des sceaux.

Si cette proposition avait été acceptée et appliquée dans tous les bailliages, la Révolution eût été évitée. Les discussions soutenues dans ces assemblées particulières n'auraient pas eu le retentissement que leur donnèrent la tribune des États Généraux ; lés députés seraient arrivés à Versailles avec un programme commun et les efforts des citoyens, au lieu d'être dirigés les uns contre les autres, n'auraient tendu qu'à assurer le bonheur de la France.

Quelle était en effet la principale cause des divisions qui existaient entre les ordres ? C'était l'exemption dont jouissaient les deux premiers en matière d'impôts. Mais, comme le disait M. de la Motte-Baracé, si le Tiers rentrait dans son droit inaliénable de consentir l'impôt, si, comme le clergé en avait conservé l'usage, il répartissait et levait lui-même les impositions qu'il votait, tous les ordres ne seraient-ils pas au même niveau et ne partiraient-ils pas du même point ? Toute cause de jalousie cesserait et à quoi bon alors cette double représentation si désirée par le Tiers, qui espérait ainsi résister, par le nombre, aux autres ordres et constituer, à lui seul, un véritable corps législatif. Le clergé et la noblesse n'étaient pas les ennemis du troisième ordre et n'auraient pas l'injustice de s'opposer à ce que le Tiers rentrât dans ses droits. « Quand à nous qui avons l'honneur d'appartenir à l'ordre « de la noblesse, nous serions fâchés, dit en terminant, M. de « la Motte-Baracé, de lui voir obtenir une prépondérance « légale. Tenons-nous en donc, Messieurs, à l'ancienne « constitution de nos pères, laissons aux trois ordres le pré- « cieux avantage d'être arrêtés dans leurs entreprises par la « volonté d'un seul. »

C'étaient là de nobles et de patriotiques sentiments. Malheureusement le clergé, auquel le comte de la Motte-Baracé s'adressait aussi bien qu'au Tiers, ne semble pas avoir compris l'intérêt de cette réunion. La lutte entre les curés et les bénéficiers l'absorbait, et le préoccupait plus que les questions politiques ; l'offre du comte fut mal accueillie. Quant au Tiers il fut surpris ; mais accepter c'était renoncer à satisfaire ces vieilles rancunes qu'il avait contre la noblesse et bon nombre de bourgeois voyaient dans la Révolution bien plutôt l'occasion de se venger d'humiliations séculaires que de réformer l'Etat. M. Merlet[1] fut chargé de répondre : il le fit en termes convenables, mais son argumentation fut faible. Il conclut ainsi : « Nous voulons secouer les chaînes qui nous accablent et en alléger le poids ; nous demandons que vous en supportiez une partie proportionnée à vos forces et cette opération ne peut se faire avec une parfaite harmonie, un accord unanime, entre la partie souffrante et les parties qui ne souffrent pas ou fort peu. » Pourquoi ? Le remède indiqué par M. de la Motte-Baracé valait la peine d'être essayé ; la réponse de M. Merlet n'était pas une réfutation, c'était un refus poli que quelques-uns trouvèrent trop modéré. On aurait voulu quelque chose de plus violent qui accentuât les divisions[2].

Cette tentative de conciliation ayant échoué, la séparation des trois ordres s'imposait. Le 13 mars, à huit heures du matin, le grand sénéchal d'épée héréditaire se transporta en l'église de Saint-Pierre, où tous les députés étaient réunis. On procéda à un nouvel appel, puis, sur la réquisition du procureur du roi, tous les membres de l'assemblée prêtèrent, entre les mains du président, le serment « de procéder fidèle- « ment en leurs âmes et consciences à la rédaction des « cahiers de leurs demandes, souhaits et doléances, et à la « nomination de leurs députés aux Etats Généraux ». Le clergé se retira ensuite dans la salle de l'auditoire[3] sous la

---

[1] Merlet, Jean-François-Honoré, né à Martigné-Briand le 25 septembre 1761. Avocat à Saumur. Elu le 8 septembre 1791 député à l'Assemblée Législative il ne fut pas réélu à la Convention. Pendant la Terreur il fut obligé de se cacher. Il revint à Saumur après e 9 thermidor et rouvrit son cabinet d'affaires. Conseiller général en l'an VIII, il fut préfet de la Vendée puis d'Indre-et-Loire, commandeur de la Légion d'honneur, baron de l'Empire. Il rentra dans la vie privée à l'époque de la Restauration. (Voy. C. Port).

[2] Biblio. d'Angers, H. 1559 — Recueil de pièces. — Adresse aux trois Ordres par le comte de la Motte-Baracé.

[3] A l'Hôtel de Ville.

présidence du curé de Louerre ; la noblesse alla siéger dans la grande salle du pavillon des Casernes, sous celle de M. de la Galissonnière, et le Tiers resta dans l'église Saint-Pierre. Desmé-Dubuisson, lieutenant-général de robe longue, le présidait avec l'assistance de M° Lorier, procureur du roi.

ASSEMBLÉE DU CLERGÉ.

Le même jour, à 3 heures de l'après-midi, MM. du clergé nommèrent à haute voix, pour président de leur ordre, messire Nicolas Le Peu, curé de la paroisse de Louerre, comme étant le plus ancien curé de l'assemblée. François Paterne, curé de Vaudelnay, fut choisi pour secrétaire. On procéda de suite à la nomination des commissaires.

L'assemblée décida que pour donner à ses commissaires le temps de rédiger les cahiers de doléances elle se prorogerait jusqu'au lundi 26 du mois de mars, et qu'elle procéderait, ce jour-là, à l'élection d'un député.

A la date indiquée, les représentants du clergé s'assemblèrent dans leur salle. Le cahier des remontrances fut soumis à leur approbation. Il était divisé en trois chapitres dont voici l'analyse sommaire.

Chapitre I. — DES LOIS.

1. — Le roi sera humblement supplié de donner à la Nation un code clair et précis des lois constitutives de la monarchie française, lequel sera discuté, rédigé et vérifié dans l'assemblée des Etats Généraux.

2. — Suppression des maîtrises, jurandes et corporations. — Egalité dans le partage des biens.

3. — Tout citoyen arrêté en vertu d'une lettre de cachet sera sur-le-champ remis à la justice.

4. — Abolition de la vénalité et de l'hérédité des offices de judicature. — Création de nouveaux tribunaux.

6. — Responsabilité ministérielle.

10. — Liberté de la presse ; l'auteur et l'imprimeur seront punis selon les lois, pour tout ce qui est contraire à la religion, au gouvernement aux bonnes mœurs et à l'honneur.

14. — Etablissement d'un bureau de charité dans chaque paroisse, d'une sage-femme, d'une école, et d'une municipalité présidée par le seigneur et en son absence par le curé « laquelle serait juge de paix et déciderait des affaires de peu d'importance ».

CHAPITRE II. — DE L'IMPOT.

1. — Vœu en faveur d'un double impôt, substitué à tous les autres, personnel et réel, perçu sur tous les citoyens, assis sur les fonds, rentes, capitaux, industries.

2 et 3. — Suppression des vingtièmes, gabelles, aides, droits sur le tabac..... recul des douanes aux frontières du royaume.

4. — Les biens de l'Église soumis aux mêmes charges que les autres.

5. — Ce double impôt consenti à la pluralité des voix recueillies par tête, dans l'assemblée des Etats-Généraux.

CHAPITRE III. — DU CLERGÉ.

1. — Retour aux curés des dîmes possédées par les ecclésiastiques séculiers et réguliers.

3 à 6. — Eriger toutes les desservances en cures.

8 à 9. — Que les prébendes et les canonicats, notamment ceux des cathédrales, soient la retraite des curés, vicaires et autres prêtres qui auront desservi pendant vingt ans les églises paroissiales.

12. — Que les gros bénéfices ne soient plus multipliés sur une seule tête.

17. — « Un grand bien pour l'Eglise de France serait qu'elle n'eût qu'un catéchisme, qu'un bréviaire, qu'une seule liturgie. Un plus grand bien encore pour le maintien de sa discipline et de sa liberté serait de renouveler la tenue des conciles provinciaux, celle des synodes, et qu'en révoquant le concordat de François 1er, le roi rétablit la liberté des élections. »

Ces réformes furent admises sans discussion; les curés formaient la majorité, et l'esprit qui les animait était extrêmement libéral. Les députés du haut clergé et des communautés religieuses étaient en trop petit nombre pour peser par leurs votes, sur les délibérations. Aucun d'eux d'ailleurs, n'avait la moindre influence, sauf peut-être le supérieur de l'Oratoire de Saumur, M. Servan Duvivier, mais il partageait les idées des membres les plus avancés du bas clergé.

L'élection se ressentit des tendances révolutionnaires de la majorité des députés et le choix des scrutateurs put faire pressentir de son résultat. MM. Rénéaume, prieur, curé de Dampierre, Pinson, curé de Saint-Lambert, et Mesnard, prieur d'Aubigné, furent choisis pour recenser les billets.

Le 27, à cinq heures du soir, eut lieu l'élection. Clément Mesnard, ayant réuni la pluralité des suffrages, fut proclamé député. Le suppléant fut messire Louis-Bertrand Le Livec de Lanvoran, curé d'Anloigné.

Le président Le Peu remit au nouvel élu le cahier des remontrances, les copies des procès-verbaux des diverses opérations, et déclara l'assemblée dissoute.

Rien dans le passé du curé d'Aubigné ne semble l'avoir désigné particulièrement au choix de ses confrères ; son seul mérite était de partager toutes les idées de la majorité du bas clergé Aussi, dès son arrivée à Versailles, se rangea-t-il du côté des partisans de la réunion des trois ordres. Dans la séance du 19 juin, il vota pour la vérification des pouvoirs en commun et fut un des premiers curés qui se réunirent au Tiers. Dès lors il accepta toutes les mesures favorables au nouvel ordre des choses. Le 27 décembre 1790, il prêta le serment civique avec MM. Dillon, Marsay, curé de Nueil-sur-Dives, député de la sénéchaussée de Loudun, Lecesve, Rangeard.....[1]. Son rôle fut du reste des plus effacés. Après la dissolution des États Généraux, il reprit à Aubigné ses fonc-

---

[1] *Monit. Univ.* T. VI. 739.

tions pastorales, que son neveu, M. Brouard d'Argenté, avait remplies pendant son absence. Il mourut vers 1807[1].

ASSEMBLÉE DE LA NOBLESSE.

L'élection du député de la noblesse ne donna lieu à aucun incident. Les électeurs s'étaient réunis dans le pavillon des Casernes. M. de la Galissonnière les présidait. Ils choisirent pour secrétaire Abraham Carrefour de la Pelouze, ancien chef de brigade d'artillerie. Le marquis de Maillé, le marquis d'Escajeul, le comte de la Motte-Baracé, Boulay du Martray, Daviau de Piolan, Desmé du Puy-Girault, le comte de Montsabert, le marquis de Ferrières furent désignés pour prendre connaissance des cahiers et pour les fondre en un seul.

L'assemblée reçut ensuite une députation du Tiers qui venait complimenter la noblesse et l'adjurer de concourir aux réformes nécessaires à l'Etat.

Le lendemain nouvel échange de politesses entre les trois ordres, puis les délégués de la noblesse se prorogèrent jusqu'au 26 pour laisser aux membres du bureau le temps de dépouiller les cahiers.

Il n'y eut donc pas de nouvelles réunions avant cette date. Au jour indiqué, le comte de Montsabert donna lecture du cahier ; chaque article fut discuté, modifié et définitivement rédigé. On nomma ensuite MM. de Sanglier, de Brie et de Pas de Loup pour recevoir les billets de vote. Le marquis de Ferrières, M. de Caux, et le Marquis de Maillé furent élus scrutateurs.

Le soir, on reçut une députation du clergé, puis on vota 348 fr. pour les frais de l'impression des cahiers et des procès-verbaux. Toutes les procurations furent de nouveau vérifiées

---

[1] L'abbé Brouard prêta le serment civique, fut maire de la commune d'Aubigné, puis nommé desservant de cette paroisse en 1810. Notes communiquées par M. J.-B. Cousin, curé d'Aubigné. — Voir Arch. nationales, B. III. 140.

il y avait soixante-dix-sept gentilshommes présents et soixante-treize qui s'étaient fait représenter.

Le lendemain eut lieu l'élection ; le marquis de Ferrières ayant réuni 70 voix fut élu député et M. de Caux de Chacé fut nommé suppléant par 83 voix.

Le nouvel élu était un gentilhomme poitevin. Il était né à Poitiers le 27 janvier 1741 et il descendait, par sa mère, des du Bellay. Son oncle, l'abbé du Bellay, avait dirigé ses premières études qu'il avait terminées au collège de Puigarreau à Poitiers, puis à celui de la Flèche, tenus l'un et l'autre par les Jésuites. Envoyé à l'école des chevau-légers du roi, son goût pour la musique et l'étude des lettres le préservèrent des séductions du vice. En 1766 il épousa Mademoiselle Henriette de Monbielle d'Hus, fille d'un gentilhomme du bas-Poitou. Il en eut deux filles et se retira alors au château de Marsay, aux environs de Mirebeau, où il partagea son temps entre la culture des lettres et l'éducation de ses enfants. Son premier ouvrage fut dirigé contre l'athéisme ; il avait pour titre *Le Théïsme*[1], traité philosophique. Peu de temps après il publia un roman moral, *Justine et Saint-Flour*.

En 1789 quelques amis l'engagèrent à se rendre à l'assemblée bailliagère de Saumur, où comme nous venons de le voir il fut choisi pour représenter la noblesse aux Etats-Généraux.

Ferrières, dans ses *Mémoires*, nous explique modestement les causes qui le désignèrent aux suffrages de ses concitoyens. « Les nobles de province, dit-il, rejetaient absolument les grands seigneurs, qui trafiquaient des intérêts de la noblesse. Ce fut à ma position qui me rendait indifférent à l'ambition et encore plus à mes principes bien connus, mais

---

[1] *Le Théïsme* ou Recherches sur la nature de l'homme et sur ses rapports dans l'ordre moral et dans l'ordre politique avec les autres hommes. Son livre se termine ainsi : Ne faites pas de votre nation, dit-il aux législateurs, un assemblage bizarre de toutes les nations en admettant en son sein des mœurs, des lois, des religions opposées et contradictoires, en accordant le droit de citoyen à des hommes qui ne sauraient nulle part être citoyens. Si vous ne pouvez donner pour base à votre Constitution la vertu, créez l'honneur.

très-éloignés du despotisme, que je dus ma nomination. On crut trouver en moi un milieu que l'on désirait, entre tout abandonner et tout reprendre[1].

Le 28, une nouvelle et dernière lecture du cahier de doléances fut faite, puis M. de la Galissonnière, qui était venu d'Angers pour présider ces trois séances, déclara l'assemblée dissoute et prévint les membres de la noblesse de se rendre en corps à l'église Saint-Pierre pour assister au serment prêté par leur député et par son suppléant, conjointement avec ceux des deux ordres[1].

Les cahiers de la noblesse de la sénéchaussée de Saumur sont fort peu intéressants, il semble en les lisant que les nobles ne se rendaient pas compte de la gravité de la situation et qu'à leurs yeux la réunion des Etats Généraux n'avait d'autre but que de faire voter des subsides par le Tiers. Ils acceptaient cependant, en principe, le rachat des droits féodaux, mais seulement de ceux que l'assemblée considérerait comme contraires à la liberté des citoyens et nuisibles au commerce ou à l'agriculture. Puis ils retombaient dans leurs préoccupations de caste]: fixer lalargeur des chemins ruraux, admettre les puînés mâles aux successions directes, par dérogation à la coutume d'Anjou, réclamer une représentation double de celle du clergé dans les assemblées des Etats Généraux ; voilà ce à quoi ils pensaient, alors que leur existence était en jeu et que le Tiers visait, non seulement à reprendre dans la société le rang auquel il avait droit, mais à y occuper la première place[3].

Les gentilshommes de province ignoraient complètement

---

[1] Le marquis de Ferrières s'occupa dans l'assemblée de réformes économiques. Ce fut lui qui proposa la création d'une Caisse territoriale, sorte de Crédit Foncier agricole, à laquelle tous les propriétaires pourraient emprunter en hypothéquant leurs biens. Ce projet fut rejeté — *Mémoires du marquis de Ferrières* — Notice sur sa vie p. ij et iij.

[2] Bibl. d'Angers, H. 1569. Recueil de pièces — Procès-verbaux de l'ordre de la noblesse. Cahiers de cet ordre.

[3] Bibl. d'Angers, H. 1559.

l'état des esprits. Sans être hostiles aux réformes dont presque tous reconnaissaient la nécessité, bien peu étaient capables de les formuler, aucun de les appliquer. Lecteurs assidus de Rousseau et des écrivains de son école, imbus de ces théories sentimentales si fort à la vogue à cette époque, ils professaient cette philanthropie un peu niaise, incapable d'améliorer le sort d'un seul malheureux, et qui rêve cependant de faire le bonheur de tous.

ASSEMBLÉE DU TIERS.

Les députés du Tiers étaient autrement positifs ; les réformes qu'ils réclamaient étaient précises, ie but vers lequel ils tendaient parfaitement déterminé.

Immédiatement après la séparation des ordres, le Tiers, resté dans l'église Saint-Pierre, procéda à la nomination des dix-huit commissaires chargés de la rédaction des cahiers.

Furent élus :

MM.   Blondé de Bagneux, maire de Saumur.

Jacques Abraham, laboureur à Meigné.

Guillemet, notaire à Saint-Lambert-des-Levées.

Ragonneau, avocat ducal à Richelieu.

Richard des Forges, avocat au parlement à Richelieu.

Louis-Jacques Ayrault, docteur-médecin à Mirabeau.

Marin Arnault, notaire royal à Mirebeau.

Bourgoin de la Touche.

Quétineau-Bourgjoly, fermier à Sanzay.

Aubert, bourgeois à Maçon.

Jean Nallis, notaire royal à Montbrun.

Guényveau de la Raye, président à l'élection de Montreuil.

Jean-François-Joseph Gaudichau, marchand à Cléré.

Jacques Caillard, fermier à Méron.

MM.   Gui Delavau, maire de Doué.

Ollivier, bourgeois à Cizay.

Gabriel Mory, fermier au Coudray-Macouard.

Henri Cartier, notaire royal à Richelieu.

Cette élection, faite sous l'influence du lieutenant-général Desmé et de Mᵉ Lorier, procureur du Roi, fut très favorable au parti modéré. Aucun des députés de la ville de Saumur, sauf le moins avancé d'entre eux, Blondé de Bagneux, ne réussit à se faire élire. Ils en furent extrêmement mécontents, en voulurent beaucoup à M. Desmé et mirent tout en œuvre pour réparer cet échec lors de l'élection des députés.

Les commissaires eurent douze jours pour rédiger le cahier ; ils le soumirent le 26 à l'approbation de leurs collègues.

En voici les principaux articles :

1. — Le Tiers devra composer au moins la moitié des assemblées nationales. Les délibérations seront communes entre les trois ordres et les suffrages comptés par tête.

2. — Aucune loi ne pourra être établie sans le consentement des Etats Généraux.

3. — La nation seule aura le droit de s'imposer.

4. — Le retour des Etats Généraux aura lieu périodiquement tous les cinq ans.

5. — Tous les privilèges seront abolis et tous les sujets contribueront également aux charges de l'Etat.

Ces cinq articles contenaient en germe toute la Révolution. Prééminence du Tiers dans l'ordre politique. — Décadence des deux autres ordres ; le pouvoir exécutif placé dans la dépendance du pouvoir législatif.

Aussi les députés du Tiers, « dans le cas où les cinq articles ci-dessus ne seraient pas accordés, ne pourront délibérer sur aucun autre objet, tous pouvoirs leur étant dès lors révoqués. Ils seront tenus néanmoins de rester à toutes les séances pour y protester contre tout ce qui sera fait et en demander acte. »

Les articles suivants n'étaient que les conséquences forcément déduites des cinq premiers. Réduction des dépenses de toute nature, suppression de toutes les anciennes impositions, abolition des douanes, péages, publicité des comptes de finances.

Les articles 17 et 18 avaient trait aux assemblées provinciales et aux municipalités. Les cahiers demandaient que les États provinciaux fussent annuels et qu'ils se tinssent alternativement dans les principales villes de la province. Les membres de ces Etats devaient être chargés d'établir l'assiette des impôts consentis par les États-Généraux. Quant aux municipalités, leur rôle consisterait à repartir à leur tour l'impôt entre les membres de la communauté, à surveiller les ouvrages publics, à faire exécuter les règlements de voirie et de police.

Beaucoup d'autres réformes d'une incontestable utilité étaient aussi réclamées : l'uniformité des poids et des mesures, la liberté de la presse, le secret des lettres, la révision des traités de commerce, l'abolition des lettres closes et celle des lois récentes qui interdisaient aux personnes du Tiers le service, en qualité d'officier, dans les troupes réglées, enfin l'accès à tous les emplois, militaires, civils, ecclésiastiques pour ces mêmes personnes.

Les cahiers demandaient aussi l'augmentation des portions congrues des curés et des vicaires pour arriver à la suppression totale des casuels et des quêtes ; le rachat facultatif des rentes féodales, la réduction de la milice en temps de paix, l'augmentation de la maréchaussée..... Enfin venaient certaines revendications particulières au Saumurois : l'établissement à Saumur, « ville très commerçante », d'un consulat, l'achèvement de la canalisation du Thouet, de la Dive, de l'Argenton ; draguage de l'Authion.....

Il n'y avait dans ces aspirations rien que de fort sage, mais

il n'était nullement nécessaire de bouleverser la société pour
obtenir ces réformes, sur l'urgence desquelles tout le monde
à peu près était d'accord.

Le 26 mars, les députés du Tiers se réunirent donc à huit
heures du matin, sous la présidence du sénéchal Desmé-
Dubuisson, dans l'église Saint-Pierre. Le procureur du roi,
M⁰ Lorier, assisté de Nicolas Lagofin, greffier de la sénéchaussée, et d'Abraham Baudry, premier huissier audiencier,
était présent. Un vase destiné à contenir les billets de vote
fut placé au milieu de la salle ; trois scrutateurs s'assirent au
bureau et l'appel des électeurs commença en suivant l'ordre
alphabétique des paroisses. « Les billets ayant été comptés,
ouverts et vérifiés, aucun des concurrents ne s'est trouvé
réunir une voix au-dessus de la moitié des suffrages de l'assemblée au moyen de quoi les dits billets ont été incontinent
brûlés ».

Le second tour de scrutin fut fixé à trois heures.

Cette fois il y eut un résultat. Jean-Étienne Cigongne,
négociant à Saumur, et Maurice Bizard, avocat en cette ville,
furent élus. Le premier était originaire de Nantes et était venu
s'établir à Saumur après son mariage avec Jeanne Maupassant. Jusqu'alors il n'avait joué aucun rôle politique. Il était
d'opinions modérées. Il vota cependant avec la majorité de
l'Assemblée Constituante. De retour à Saumur, il fut élu président du tribunal de Commerce et administrateur du canton
nord-ouest de cette ville. Député à la Convention après le 9
thermidor, il lutta contre Duhem et Carrier[1].

Son collègue Bizard était plus connu et avait plus de valeur.
Ancien officier de dragons, il avait été blessé à la bataille de
Lawfeld et était venu reprendre sa place d'avocat au bureau
du présidial de sa ville natale. Maire de Saumur en 1761 et
1774, il donna sa démission en 1777 et dès lors s'occupa exclusivement d'affaires. Son cabinet était très réputé et son talent

---

[1] *Monit. Univ.* Tom. XXII, 408. 576. — Cigongne mourut en 1813. (V. C. Port
à ce nom). — Bougler. *Le mouvement provincial.* T. I, p. 334 et suiv.

d'avocat distingué. Cependant il siégea sans grand éclat et ne prit pas la parole à l'Assemblée Constituante. De retour à Saumur, en 1791, il fit partie du bureau de conciliation, puis, l'année suivante, fut élu conseiller près du tribunal civil. Il se cacha pendant la Terreur et mourut, en 1814, procureur impérial à la cour d'appel d'Angers[1].

Le 28, on procéda à l'élection du suppléant. Le premier tour de scrutin ne donna pas de résultat et « l'assemblée s'ennuyant d'un second, et peut-être d'un troisième scrutin et les membres désirant presque tous se retirer chez eux », le lieutenant-général Desmé-Dubuisson consentit à ce que les scrutateurs fissent connaître le nom de celui qui avait réuni le plus de voix. Le sieur Ragonneau, avocat ducal à Richelieu, ayant obtenu plus de voix que ses deux concurrents, fut proclamé suppléant par acclamation générale, à l'exception cependant des six députés de la ville de Saumur. Le président de l'assemblée invita alors les délégués du Tiers à assister à la réunion qui devait se tenir le même jour, à trois heures du soir, dans l'église Saint-Pierre, et déclara l'assemblée dissoute[2].

Tel est le compte rendu officiel de l'élection des députés du Tiers de la sénéchaussée de Saumur, mais une lettre du lieutenant-général Desmé-Dubuisson au garde des sceaux et une protestation signée par un certain nombre d'électeurs vont nous faire voir que les choses ne se passèrent pas avec autant de tranquillité.

En raison de son importance, je transcris en entier la lettre du président Desmé.

Tours, 30 mars 1789. — Le bailliage de Saumur a terminé ses opérations le 28 de ce mois ; je n'ai pu avoir encore le précis du cahier des ordres ; l'Eglise et la noblesse vont faire

---

[1] Arch. nationales, B. III. 140. Procès-verbaux des séances des 27 et 28 mars 1789.

[2] Id. ibid.

imprimer les leurs ; le Tiers-Etat avait aussi délibéré de
faire imprimer les siens, mais étonné lui-même, m'a-t-on
dit, de l'absurde excès de ses demandes, il a changé d'avis.
Ce cahier, signé des commissaires, a encore été augmenté à
la lecture qui en a été faite à l'assemblée générale. Ce qu'il y
a de plus fâcheux, c'est que ces assemblées de convocation se
sont cru, pour la plupart, investies de l'autorité souveraine,
et les paysans s'en sont retirés persuadés qu'ils sont affran-
chis de la dîme, de la prohibition de la chasse, de l'acquittement des droits seigneuriaux...

Au surplus, dans l'ordre du Tiers, tout s'est fait à Saumur,
comme ailleurs, par cabale ; les billets à mettre dans le vase
du scrutin s'y distribuaient ouvertement, passaient de main
en main, se mettaient en gros caractères au bouton du
chapeau. Une famille de fermiers, du nom de Grignon, composée de six frères, était à la tête de cette cabale, digne éma-
nation de la Jacquerie, car on me les indique comme gens à se
faire chefs de séditions ; ce sont eux qui ont dicté l'élection
et le travail des députés du Tiers ; cela s'est mieux passé
dans l'Eglise et surtout dans la Noblesse...' »

Comme on le voit d'après cette lettre, les électeurs avaient
été fortement travaillés. On avait promis aux paysans ce qui
leur tenait le plus à cœur, l'abolition des droits et des re-
devances féodales. Avant même que l'assemblée de la Nation se fût réunie, la révolution territoriale était, à leurs
yeux, un fait accompli, leur main s'était abattue sur le sol
et s'y était si bien cramponnée, que ni les armes de l'étranger,
ni les efforts des nobles et des prêtres ne pourront leur faire
lâcher prise.

L'aîné de ces frères Grignon, que le président Desmé si-
gnale dans sa lettre comme l'un des principaux propagateurs
des idées nouvelles parmi les paysans, était syndic de Grésillé.
Client du notaire Rossignol, il obéissait au mot d'ordre qu'il

---

¹ *Archives nationales*, B, 78. Lettres de Desmé au garde des sceaux.

recevait de lui. Par sa situation, par celle de ses frères, qui tous appartenaient à cette classe de riches marchands fermiers qui détenait, à cette époque, les terres seigneuriales, il jouissait d'une influence considérable sur les paysans. Ce fut lui qui fit les élections du Tiers.

Si M. Desmé n'était pas satisfait des électeurs, ceux-ci lui rendaient la pareille. Une protestation, rédigée par les députés de Saumur et signée par un grand nombre d'électeurs, reprochait au président du troisième ordre de s'être servi de son influence personnelle pour exercer une pression sur certains membres illettrés de l'assemblée. On l'accusait, dans l'élection du suppléant, d'avoir violé le secret du scrutin et d'avoir autorisé « une personne étrangère à la réunion et mécontente de la Révolution[1] » à haranguer le public.

Le véritable motif de la mauvaise humeur des signataires de la protestation n'était pas là. Ce qui, dans la conduite du sénéchal, les blessait profondément, c'était été de voir le président se ranger, comme un simple particulier, parmi les membres de la noblesse, plutôt que de paraître à la tête du troisième ordre[2]. Ils demandaient qu'à l'avenir, lorsque le Tiers serait présidé par un noble, il optât entre l'exercice de sa présidence ou sa place dans le second ordre[3].

Sauf ces légers désaccords, les élections avaient été assez calmes à Saumur et M. de la Galissonnière, en rendant compte au garde des sceaux des dernières opérations, pouvait se féliciter de la manière dont les choses s'étaient passées.

Il lui écrivit de Pescheul, une de ses terres, la lettre suivante, en date du 15 avril.

« L'ordre du Tiers ayant enfin terminé ses séances dans la

---

[1] C'était M⁰ Lorier, procureur du roi.

[2] Dans les assemblées bailliagères, le Tiers-Etat devait être présidé par le lieutenant du sénéchal d'épée. Or il pouvait arriver que ce lieutenant fut un noble, qui votait alors avec son ordre. Cela avait eu lieu à Saumur pour le lieutenant-général Desmé.

[3] *Archives municipales*. Reg. des D., séance du 2 avril.

matinée du 28, j'ai réuni les trois ordres, l'après-midi du même jour, dans l'église Saint-Pierre, et, après un discours que j'ai prononcé, j'ai reçu le serment des députés et j'ai fait la clôture de l'assemblée.

Tout s'est passé avec assez de tranquillité ; j'ai quitté Saumur et Angers avec la satisfaction de voir tous les citoyens contents de ma conduite.

J'ai joint, au moyen d'une représentation prudente et raisonnée, tous ceux qui pouvaient tendre à rapprocher les trois Etats ; j'ai eu l'attention de donner chaque jour à dîner indistinctement à des membres de toutes les classes et cette attention a réussi[1]. »

[1] *Archives nationales*, B⁰ 78.

CHAPITRE II

L A fièvre électorale se calma après le départ des députés; les affaires reprirent leur cours, le corps de ville et les habitants s'absorbèrent dans leurs préoccupations accoutumées. On apprit, sans grand émoi, que les pouvoirs des députés avaient été vérifiés le 13 juin, et que, dans la séance du 19 du même mois, l'abbé Mesnard avait voté pour la réunion des trois ordres[1]. Mais, ni les difficultés qui sur-

[1] Procès-verbal des séances de l'assemblée des communes, t. I, n° 4, p. 2. Les pouvoirs du marquis de Ferrières ne furent vérifiés que le 1er juillet.

girent à cette occasion, ni les déclamations de Mirabeau, ni les concessions du roi, ne semblent avoir eu un grand retentissement à Saumur. Il fallut la nouvelle de la prise de la Bastille pour tirer les habitants de cette ville de leur indifférence, pour montrer aux uns leur situation menacée par la Révolution, pour faire luire aux yeux des autres l'espoir que le bouleversement dont la chute de la citadelle royale semblait être le signal, allait les placer au premier rang de la nouvelle société.

Le corps de ville ne sut trop, tout d'abord, comment apprécier ce grave événement. L'Assemblée était-elle d'accord avec le peuple? Marchait-elle à sa remorque ou le précédait-elle dans la voie révolutionnaire? Qu'allait faire le roi? Céderait-il devant les menaces de l'émeute ou ferait-il appel à la force pour dissoudre l'Assemblée? Cette incertitude remplissait les cœurs d'angoisse. Aussi, dès que le maire eut appris la réconciliation du roi et des députés, s'empressa-t-il de convoquer les habitants et de leur faire part de l'heureuse issue de ce conflit. « En témoignage de la joie que faisait éprouver à la nation la patriotique résolution du roi », on décida qu'un *Te Deum* serait demandé au clergé, que des feux de joie seraient allumés et que les habitants seraient invités à illuminer. Enfin, on convint qu'une adresse serait envoyée à l'Assemblée pour la remercier des mesures qu'elle avait prises, « pour étouffer dans sa naissance un incendie dont la consommation aurait embrasé tout le royaume[1]..

M. de Bagneux offrit d'aller lui-même à Versailles : il n'était pas fâché de se rendre compte de la situation politique si embrouillée, à laquelle les meilleurs esprits ne comprenaient rien. Son offre fut acceptée; il partit avec M. Merlet, et le 23 juillet, admis en présence de l'Assemblée, il lui offrit, dans sa harangue, « le cœur de la ville de Saumur, seul tribut digne de la vertu et du patriotisme de ses augustes membres[2]. »

[1] *Archives municipales.* Registre 165.
[2] *Moniteur universel*, t. I, p. 189.

Pendant son absence, de graves événements se passèrent à Saumur.

Un des côtés les plus originaux de la Révolution de 1789, et, au reste, de toutes celles qui l'ont suivie, est certainement cet amour subit et immodéré de l'uniforme qui se glissa dans les cœurs les plus pacifiques. Il n'y eut alors bourgeois qui ne rêvât de l'épaulette, marchand qui n'aspirât à échanger son aune contre la pique ou le fusil, bourgade qui ne voulût avoir sa milice et sa garde nationale.

Les plus petites villes, à l'instar de Paris, eurent leur 14 juillet et leur prise de la Bastille. A Angers, le peuple s'empara du château et en chassa la compagnie de vétérans qui y tenaient garnison. A Saumur, on se contenta de faire occuper par la milice bourgeoise les corps de garde des Invalides.

M. Baudesson fut envoyé à Angers « pour resserrer les liens qui devaient unir les habitants de ces deux villes, et pour s'entendre avec la municipalité sur les meilleurs moyens d'assurer les droits de la nation et la liberté des Français[1]. » Il revint enthousiasmé. La garde nationale était le remède à tous les maux dont souffrait la France. Il racontait comment M. de Pérochel, abbé de Toussaint, avait demandé à être inscrit sur les rôles de celle d'Angers comment bourgeois et gentilshommes se disputaient à qui monterait la garde et ferait patrouille.

Saumur ne pouvait moins faire que sa rivale. Il fut donc résolu qu'une garde bourgeoise, composée de quarante fusiliers, serait établie. On demanda des armes à M. du Petit-Thouars, chaud partisan, lui aussi, de la milice nationale. Il découvrit dans l'arsenal du château cinquante-sept vieux fusils et carabines, avec autant de sabres. Il mit le tout à la disposition des soldats citoyens. MM. Baudin, chevalier de Saint-Louis, Pupier le jeune, Cailleau le jeune, Cochon, administrateur des Messageries, furent élus officiers.

---

[1] *Archives municipales*. Liasse EE 2. — Registre 165. Séance du 21 juillet.

Cette distribution d'armes, faite à quelques favorisés, alluma la jalousie des « Compagnons de l'Arquebuse. »

La compagnie d'arquebusiers, la « Compagnie rouge », comme on l'appelait, à cause de la couleur de son uniforme, était d'origine fort ancienne. De tout temps il y avait eu à Saumur des compagnies d'arbalétriers, mais en 1606 l'arbalète était une arme fort démodée, dédaignée par les jeunes gens. Le roi Henri IV, passant par Saumur, fut sollicité « par quelques jeunes compagnons de cette ville, forts et puissants hommes », de leur permettre de prendre le nom d'arquebusiers. Il leur octroya cette demande et aussi celle qu'ils lui firent d'élever un papegault. En 1789, l'usage de tirer le papegault était tombé en désuétude, mais la compagnie des arquebusiers continuait à se recruter parmi les jeunes bourgeois les plus riches de la ville et conservait, avec un soin jaloux, ses privilèges[1]. Les membres trouvèrent mauvais la création d'un nouveau corps d'élite : ils protestèrent contre les nominations faites par le corps de ville. Le lieutenant du maire et M. du Petit-Thouars eurent un peu de mal à calmer leur susceptibilité.

Cette petite émotion était le prélude de faits plus graves.

Les délégués des électeurs primaires de Saumur, MM. Bonnemère de Chavigny, Rossignol, Pupier[2], Miet[3] ... avaient conservé une grande autorité dans la ville. Quoique leur mandat, qui consistait à élire les députés aux Etats-Généraux, fut légalement expiré, le peuple n'en continuait pas moins à les regarder comme les véritables représentants de l'opinion publique.

Le plus influent d'entre eux, parce qu'il était aussi le plus sincèrement convaincu, Joseph-Toussaint Bonnemère, avocat

[1] Parmi les privilèges octroyés aux compagnons de l'arquebuse, se trouvaient l'exemption de la taille et des autres droits de ville, accordés au roi de l'arquebuse.

[2] Un des plus riches négociants de Saumur.

[3] Architecte à Saumur. Il construisit le quai Royal à Angers. Il était beau-frère de Jean-Baptiste Cailleau.

au Parlement, avait succédé à son père dans son office de conseiller à la sénéchaussée. On le connaissait sous le nom de Bonnemère de Chavigny, à cause de sa propriété du Petit-Chavigny[1] située dans la paroisse de Varennes-sous-Montsoreau. C'était, comme son ami M. du Petit-Thouars, un fervent disciple de Rousseau. Il travaillait avec une ardeur d'apôtre à propager les idées nouvelles. Il y avait en lui, ses discours en font foi, un grand fond de naïveté et beaucoup d'illusions qui tombèrent sous les coups des événements. Comme un grand nombre de ses contemporains, Bonnemère se croyait investi d'une mission régénératrice; il ne pouvait s'imaginer que les réformes qu'il rêvait pussent ébranler l'édifice social au point de causer sa chute. Loin de là, l'influence de la bourgeoisie succédant à celle de la noblesse ne pouvait que consolider le trône, assurer à jamais le bonheur de la France et la tranquillité de l'État. C'était un très honnête homme et un citoyen dévoué à son pays. Les résultats inattendus qu'amenèrent les théories philosophiques qu'il goûtait si fort lui causèrent un chagrin extrême. Homme d'ordre, il vit avec effroi l'émeute diriger le gouvernement; monarchiste constitutionnel, il assista avec douleur à l'humiliation, à la déchéance, à la mort d'un roi qu'il aimait. Lui du moins, dans cette terrible journée du 10 août, sut donner au souverain tombé cette marque de pitié que tant d'amis de la première heure lui refusèrent. Chéron et lui furent en effet les seuls députés qui appuyèrent la motion de Bigot de Préameneu d'envoyer une députation pour protéger les jours du roi et ceux de sa famille contre le fer des assassins. Lorsqu'il revint à Saumur, à la fin de la Législative, ses amis et sa famille furent frappés de sa pâleur

---

[1] Ancien fief, paroisse de Varennes-sous-Montsoreau. A appartenu à la famille de Rabelais. — En 1616, Nicolas Hannequin la vendit à Pierre Lopitau, élu de Saumur. En 1650 elle appartenait à Nicolas Maillochau, prêtre. En 1729 à Joseph Bourneux. Cette terre passa par alliance dans la famille Bonnemère (V. C. Port.) Ce fief avait appartenu antérieurement à la famille Maumoine, seigneurs de Chavigny. C'est ce qui explique son nom de Petit-Chavigny.

et de l'altération de ses traits. Dix mois de législature l'avaient vieilli de dix ans.

A cette époque, les événements n'avaient pas encore modifié les idées de Bonnemère et il accueillait avec faveur toutes les innovations. La mode était alors aux comités ; à Paris il y en avait de toute sorte ; Saumur voulut avoir le sien[1]. Bonnemère et ses amis demandèrent la convocation d'une assemblée générale d'habitants pour élire les membres d'un comité permanent.

Desmé du Puy-Girault, qui présidait le corps de ville en l'absence du maire, n'osa rejeter cette demande. Le 29 juillet, une très nombreuse réunion d'habitants eut lieu à la suite de laquelle MM. Bonnemère, Jouane[2], Maupassant de la Croix[3], Gautier[4], Miet, Pupier, Rossignol, Taillefert, Vachon[5], Esnault[6], Sailland[7], Coustard[8], Merlet, Delafargue[9], furent

[1] Joseph-Toussaint Bonnemère, né le 6 novembre 1746 à Souzay, fils de Joseph Nicolas. Il fut maire de Saumur en 1789, député à l'Assémblée Législative le 11 septembre 1792. Il siégea à droite, sans grand éclat. Il avait épousé Angélique-Louise Desmé, fille de Paul-Claude-François. Il mourut du typhus à Souzay le 23 août 1793. *Mém. de Vaublanc*, p. 221. Choudieu, à la proposition de M. Bigot, s'écria que les commissaires envoyés à la cour le 20 juin avaient été calomniés et insultés, et qu'il ne fallait pas que l'assemblée subît de nouvelles avanies.

[2] Notaire

[3] Négociant.

[4] Procureur.

[5] Négociant.

[6] Esnault (Pierre-René-Jean-Baptiste), né à Angers en 1747. Avocat à Saumur. — En 1791, commandant des volontaires saumurois. Il alla ensuite habiter Cholet comme chargé de régler les affaires de la maison de Maulévrier. Il fut élu président de la Société populaire de cette ville. Fait prisonnier le 15 mai 1793 par les Vendéens, il accepta de faire partie du comité royaliste institué par eux dans la ville de Cholet et ce fut à ses prières que les prisonniers du Bois-Grolleau furent relâchés. Après la prise de Cholet par les Républicains, il fut incarcéré dans la citadelle d'Angers, mais les services qu'il avait rendus aux grenadiers de Saumur lui sauvèrent la vie. En l'an IV il revint à Saumur où il fut attaché au tribunal civil, comme juge. Le 16 brumaire an IX, il fut nommé président du tribunal de cette ville. Il mourut le 10 septembre 1814.

[7] Conseiller à la Sénéchaussée.

[8] Procureur. Il devint procureur de la Commune.

[9] Avocat du Roi.

élus membres du comité permanent. Le lendemain, nouvelle assemblée. Bonnemère fut nommé président du comité et l'on décida que MM. Vilmet[1], Baudesson[2] et Desmé du Puy-Girault seraient appelés à le compléter en cas de maladie de l'un de ses membres.

Les attributions de ce comité étaient fort étendues. Trois de ses membres devaient se tenir en permanence à l'hôtel de ville, pour recevoir les plaintes des habitants, mais son but principal était de pourvoir à l'approvisionnement et à la police de la ville. Ses membres avaient droit de donner des ordres aux chefs des milices bourgeoises, de faire arrêter les vagabonds, les étrangers, les gens suspects, et de disperser les attroupements[3].

Quelle autorité restait-il au conseil municipal? Aucune.

A son retour de Paris, le 1er août, M. Blondé apprit ce petit coup d'état; il comprit que sa démission et celle des officiers municipaux s'imposaient. Il convoqua donc une assemblée générale dans laquelle, après avoir rendu compte de la réception que l'Assemblée nationale avait faite aux délégués de Saumur et de son entretien avec le général Lafayette, il offrit sa démission et celle du corps de ville. Elle fut refusée et l'assemblée proposa un partage d'autorité avec le comité permanent que Blondé et ses officiers ne pouvaient admettre. Enfin devant la ferme résolution qu'ils témoignèrent de se retirer, on dut céder.

Le lendemain les élections municipales eurent lieu; Bonne-

---

1. Vilmet (Dominique-Noël), né à Monthermé (Champagne) le 15 novembre 1735. Milicien au bataillon de Réthel en 1752. Fourrier, puis porte-drapeau au régiment de carabiniers de Monsieur. Réformé le 1er avril 1776. Replacé lieutenant en 1780. Il se retira du service avec le grade de capitaine et la croix de Saint-Louis. Commandant de la garde nationale de Saumur en 1790, il fut nommé, en mars 1793, adjudant-général et commanda une des ailes de l'armée de Leigonnier. Blessé dans une reconnaissance d'un coup de feu à la cuisse, il devint incapable de tout service actif et se retira à Saumur. Au mois d'août 1793, il quitta cette ville et alla s'établir à Saint-Cyr où il mourut.

2 Il devint inspecteur-général des subsistances militaires de l'armée de l'Ouest.

3 *Archives municipales.* Reg. 165. Séances des 29 et 31 juillet 1789.

mère réunit trente-neuf voix contre trente-cinq qui se portèrent sur Desmé du Puy-Girault. Il fut proclamé maire et
Esnault, sur le refus de Desmé, fut désigné pour son adjoint.
MM. Drouyneau[1] et Rossignol furent élus échevins ; Chasles
et Vachon, assesseurs ; Taupelin et Coustard, conseillers ;
Son-Dumarais fut le procureur de la commune, Brosseau le
greffier et Rénéaume le receveur.

A peine installée, la nouvelle municipalité eut à lutter avec
le comité permanent, et le maire dut protester contre les prétentions exagérées de cette assemblée. L'entente fut longue
à s'établir entre ces deux pouvoirs rivaux ; enfin, dans une
assemblée générale des habitants, tenue le 3 septembre, Bonnemère obtint gain de cause. Il fut décidé que le comité serait
fondu dans la municipalité qui prendrait le nom de comité
municipal permanent. Le nombre des membres de cette
nouvelle administration fut porté à vingt-huit. MM. de Brie
et Sanglier[2] y entrèrent comme représentants de la noblesse ;
MM. Duvivier et l'abbé Caffin comme ceux du clergé ; enfin
MM. Villier, Jullienne et Babin furent les délégués des artisans.

M. du Petit-Thouars, ami et parent du nouveau maire ,
voulut lui être agréable. Il proposa de prêter serment, lui,
ses officiers et ses soldats, à la nouvelle municipalité. Bonnemère accepta avec empressement. C'était un acte de reconnaissance de la suprématie du pouvoir civil sur l'autorité
militaire, tout à fait dans les idées du temps. Il fut convenu

[1] Drouyneau de la Citardière (Pierre-Fortuné) fut, depuis, un des administrateurs du district de Saumur, puis accusateur public près du tribunal de
cette ville. D'opinions très modérées, il fut dénoncé comme étant hostile au
nouvel ordre de choses. Arrêté le 2 germinal an II, il fut transféré à Angers,
passa devant la Commission militaire, fut condamné et exécuté le 19 floréal.
Ses parents reclamèrent contre ce jugement et il fut reconnu qu'il avait été
guillotiné par erreur. (Note communiquée par M. Allain-Targé. Voir *Reg.
d'Ecrou*, nº VI.)

[2] Ces deux membres ayant donné leur démission, à cause de leur grand
àge, furent remplacés par MM. Varice de Vauléard et Thoreau de la Martinière. *Registre de délibérations*, 165.

[3] Bonnemère et du Petit-Thouars avaient épousé l'un et l'autre une Desmé.

qu'à l'issue de la cérémonie on remettrait les Invalides du château en possession des postes qu'avait occupés la garde nationale le lendemain du 14 juillet.

Cette prestation de serment eut lieu le 20 août. Ce fut l'occasion d'une de ces fêtes patriotiques si communes pendant la Révolution.

Précédés des tambours et d'un détachement de la garde bourgeoise, le maire et la municipalité se transportèrent au château. Ils furent reçus par M. du Petit-Thouars entouré de son état-major. On les fit entrer dans la chapelle où ils prirent place sur des fauteuils, en face de l'autel. Le gouverneur prononça alors un discours où, après avoir comparé l'époque actuelle aux beaux jours de Rome, et la garde nationale de Saumur aux légions de César, il félicita la municipalité du calme dont jouissait la province, alors que des troubles éclataient de toutes parts. « Pas une goutte de sang n'a été répandue, pas une pierre n'a été déplacée, pas une paille n'a été incendiée, pas un citoyen n'a été vexé, et cela, Messieurs, grâce à votre sagesse et à votre activité. » Puis se tournant vers le P. Agraffel, aumônier du château : « Ministre des autels, s'écria-t-il, veuillez nous rappeler les obligations et la sainteté du serment. »

Le discours du prêtre terminé, les soldats de la garnison et les gardes du gouvernement jurèrent fidélité à la Nation, au Roi, à la Loi. Tous les officiers, ainsi que MM. Maupassant et Boisard, officiers de la compagnie du gouvernement, répétèrent ce serment. Le *Domine salvum* fut chanté, après quoi le maire remercia M. du Petit-Thouars de l'exemple qu'il donnait et de son zèle pour le bien public. Puis les vétérans allèrent remplacer les gardes nationaux dans les postes du château.

Quelques jours après, les troupes régulières et la milice bourgeoise prêtèrent serment à leur tour. La cérémonie eut lieu au Chardonnet, non sans de nombreux discours, comme bien l'on pense. Le marquis de Roy, lieutenant général, chef de la division des troupes de l'intérieur, était venu à Saumur pour assister à la fête. Le comte de Briqueville, colonel du Royal-Roussillon, MM. de Garsault, lieutenant-colonel, de Gironde, major[1]...... jurèrent les premiers ; les officiers et la troupe répétèrent la formule du serment.

Puis ce fut le tour de la garde nationale et des compagnies de volontaires. Le chef de la milice, M. Vilmet, fit former le cercle aux huit compagnies. Le maire se plaça au centre et prononça un long et chaleureux discours pour inviter à la concorde les soldats citoyens. De grandes dissensions régnaient parmi eux. Mais pour en comprendre les causes il faut remonter à l'origne des milices bourgeoises.

La Révolution n'avait pas inventé la garde nationale, elle n'avait fait que démocratiser l'ancienne institution des milices bourgeoises. De tout temps, sous la monarchie, les habitants avaient fait eux-mêmes la police de la cité. A Saumur, ils étaient formés en cinq compagnies de cinquante-six hommes chacune, sous les ordres d'un capitaine, d'un lieutenant et d'un enseigne. Ces chefs étaient nommés par le corps de ville, mais leur nomination était soumise à la sanction royale. Les ministres des finances de l'ancien régime avaient trouvé là une occasion de battre monnaie. Les officiers des milices bourgeoises avaient été taxés et devaient verser dans les caisses de l'Etat, pour être confirmés dans leurs grades, les capitaines sept cents livres, les lieutenants quatre cent quarante livres[2].

Lorsqu'après la prise de la Bastille il fut question d'établir

[1] Noms des officiers du Royal-Roussillon : Comte de Briqueville, colonel attaché, de Garsault, lieutent-colonel, vicomte de Gironde, major, Morel, quartier-maître trésorier, Wadeux, Larivière, Boisteux, porte-étendards. Du Meilet, de Clapiers, de Rigault, chefs d'escadron. D'Assas, de Beaufort, de Couetpon, Dujon, Grasleuil, Chasseloir, capitaines. De Gofrion, De Kerampuil, de Baumes, de Béraud, du Meilet, fils, de Sommyevre, de Boismeilan, lieutenants.

[2] *Archives municipales.* Liasse E E 2. La ville avait racheté à l'Etat ce droit pour 3 000 livres. Elle se trouva dès lors en possession de nommer, d'établir, de recevoir et d'instituer les officiers de sa milice bourgeoise.

une garde nationale à Saumur, les anciennes compagnies bourgeoises furent englobées dans la nouvelle milice.

Leurs officiers furent maintenus dans leurs grades, mais comme tous les citoyens de vingt à soixante dans furent incorporés dans la garde nationale, on fut obligé de créer les cadres de trois nouvelles compagnies et d'augmenter le nombre des officiers des anciennes. Le comité permanent désigna donc ceux des habitants qu'il croyait les plus aptes à remplir ces emplois. Ses choix furent blâmés ; on lui contesta même le droit de nommer les officiers de la milice. Ceux de l'ancienne garde bourgeoise cabalèrent, s'indignant qu'on ne les eût pas promus aux grades supérieurs ; les citoyens qui faisaient partie des compagnies du centre jalousèrent les grenadiers et les chasseurs, enfin il y eut là tout un ferment de discorde à laquelle Bonnemère fit allusion dans son discours[1]. « Vos amis, vos concitoyens, vos frères, auxquels votre choix a confié les honorables fonctions de la municipalité, vous adjurent de mettre de côté vos jalousies... Dans les milices bourgeoises, les grades les plus élevés n'ont d'autres prérogatives qu'une plus fréquente activité... » Et il leur montrait de grands personnages, des évêques eux-mêmes, « guidés par le flambeau étincelant « du patriotisme », s'enrôler comme de simples gardes nationaux.

Après ce discours, les huit compagnies prêtèrent le serment aux cris mille fois répétés de : Vive la Nation, vive le Roi, vive le Royal-Roussillon.

Puis le défilé commença : En tête s'avançait la nouvelle milice nationale, en habit bleu de roi avec parements et collet écarlate, passe-poils blancs, manches à la batelière, boutons dorés aux armes de la ville, culottes et bas de drap blanc, le chapeau orné de la cocarde aux trois couleurs[2].

---

[1] *Archives municipales*. Liasse E E 2.

[2] L'uniforme de l'ancienne milice bourgeoise était fort coquet : Habit de drap bleu de roi, avec un petit collet droit, les parements et les revers écarlate. Sur les revers un petit galon d'or de quatre lignes. La doublure en raz

Puis venaient les cinquante chevaliers de l'arquebuse[1], revêtus de leur brillant uniforme écarlate, aux parements et au collet bleu de ciel avec passe-poils blancs. Ils portaient l'épaulette d'or et un panache de plumes noires au chapeau. A leur suite marchait le corps des volontaires saumurois[2]. Leur tenue était moins brillante. L'habit était de drap blanc à parements et à collet écarlate, avec l'épaulette et les boutons blancs. Enfin suivait la compagnie d'artillerie escortant quatre couleuvrines. Ces pièces avaient été données à Saumur par le cardinal de Richelieu, dont on voyait encore les armes gravées sur la culasse. Pendant de longues années elles étaient restées dans l'arsenal du château, où M. du Petit-Thouars les retrouva, lorsqu'il fut question d'organiser la garde nationale. Ces pièces furent prises par les Vendéens le 16 mars 1793, au combat de Coron[3].

Loin d'être exclu des fêtes patriotiques, le clergé, au début de la Révolution, y était toujours convié. Celui de Saumur, fort épris des idées nouvelles, prêtait de bonne grâce son concours à toutes les démonstrations nationales. C'est ainsi que, quelques jours après la grande revue du 20 août, il y eut dans l'église Saint-Pierre une belle cérémonie : la compagnie de volontaires faisait bénir son drapeau. Le comte de Briqueville, colonel du Royal-Roussillon, le présenta. Il était accompagné de M. Esnault, capitaine de la compagnie des volontaires saumurois, des officiers de son régiment, de MM. Delafargue et Fréméry, capitaines de la compagnie des arquebusiers. Le marquis de Maillé de la Tour-Landry,

ou voile bleu de roi. Culotte de drap écarlate, boutons en pince-bec sur dorés, épaulettes d'or au boisseau avec franges à graines d'épinards, chapeau galonné. La Revellière qui avait toujours des idées bizarres avait proposé d'écrire sur la partie la plus apparente de l'habit des gardes nationaux ces mots : Constitution, Liberté, Egalité et en dessous le mot : Veillez.

[1] Leur capitaine était M. Delafargue.

[2] Ils étaient cent vingt.

[3] Coron, bourg à 9 kilom. de Vihiers. Ce fut dans cette affaire que les Vendéens s'emparèrent de la fameuse Marie-Jeanne. C'était une des pièces mentionnées ci-dessus. *Archives municipales*. Reg. 165. Séances du 26 et 27 août. *Mém. de M. de la Rochejaquelein*, p. 83, édition 1814.

colonel de la milice de Vernantes, Choudieu, commandant des volontaires de l'Anjou, Desbuttes, Américain, capitaine des volontaires de Thouars, y assistaient.

A l'issue de la messe, il y eut banquet, discours, enfin tout l'accompagnement obligatoire des fêtes de cette époque.

Mais le comité permanent avait d'autres soucis que ceux de discuter sur la couleur des passepoils des uniformes. Il devait songer à assurer les subsistances de la ville.

Un des premiers résultats de la Révolution avait été de provoquer en France une famine factice[1]. En pleine récolte on ne trouvait plus à acheter de blé. Le duc d'Orléans, les aristocrates, les accapareurs, ont tour à tour été accusés de cette rareté des grains, sans que la culpabilité d'aucun d'entre eux n'ait jamais été bien démontrée. La véritable raison de ce phénomène bizarre d'une nation mourant de faim au milieu de l'abondance, est la peur. La peur, la grande instigatrice des crimes de la Révolution. C'est elle qui causa la famine de 1791, c'est elle aussi qui fit dresser les échafauds en 1793 et qui transforma le paisible bourgeois en sanguinaire sans-culotte.

La disette avait commencé à Saumur aussitôt après la prise de la Bastille. Les approvisionnements du marché se firent rares, puis cessèrent. Chaque village, chaque hameau mit obstacle à la libre circulation des grains. On parlait d'accaparements, de pacte de famine ; on disait que les nobles voulaient, pour se venger, affamer le peuple. Il y eut quelques voitures de grains pillées, quelques bateaux arrêtés sur la Loire[2]. Il n'en fallut pas davantage pour que les paysans cessassent d'amener leurs denrées au marché.

---

[1] Le prix du blé pendant le temps que dura cette famine prouve qu'elle était bien factice. Il fut fixé par la municipalité de Saumur aux chiffres suivants. Le quintal de froment 12 l. 3 s. 2 d., — le méteil 10 l. 6 s. 5 d, — le seigle 8 l. 9 s. 5 d. Ce ne sont pas là des prix de famine.

[2] A Souzay on arrêta des bateaux chargés de grains A Gennes, un négociant d'Angers, M. Cesbron, chargé de faire des achats pour le compte de cette ville ne put obtenir du curé et du syndic l'autorisation de faire sortir les grains qu'il avait achetés. Il fallut que les députés de l'Anjou fissent intervenir le pouvoir exécutif.

Le 27 juillet, le peuple, inquiet de ne pas voir sous les halles de Saumur la quantité habituelle de grains, contraignit Baudesson, major des volontaires, de faire porter sur le marché et de faire vendre du blé mis en dépôt dans une auberge de la ville par des boulangers de Blois. Le 31 du même mois, les dames Ursulines, qui instruisaient deux cents jeunes filles de la ville, et les sœurs de la Providence, qui entretenaient deux cent cinquante pauvres femmes infirmes ou idiotes, prévinrent la municipalité qu'elles manquaient de grains.

Le comité fut dans l'embarras. Il chargea deux de ses membres de dresser un état des ressources que l'on pouvait trouver chez les boulangers de la ville et chez les habitants ; il fit un appel pressant aux fermiers et aux propriétaires des environs, leur promettant pleine liberté de prix pour les grains qu'ils amèneraient sur le marché de la ville, enfin il décida qu'une souscription patriotique serait ouverte.

Ces mesures ne suffirent pas à rassurer les vendeurs ; le blé ne fut pas plus abondant sur le marché ; alors on eut recours à de véritables réquisitions. Sur la dénonciation d'un voisin, quelques soldats de la maréchaussée, quelques volontaires partaient de Saumur, allaient chez les propriétaires dénoncés comme détenant du blé. On fouillait leurs greniers, on chargeait le grain sur des charrettes et on le conduisait en triomphe à la ville. Le blé était déposé dans les anciennes prisons de la tour Grenetière. La municipalité le vendait aux boulangers.

Chacun contribuait cependant, dans la mesure de ses forces, à atténuer la crise. L'abbesse de Fontevrault, Mme d'Antin, fit de grandes charités. Elle envoya à la ville quatre fournitures de froment et 937¹ pour la contribution patriotique. Cette souscription avait produit 6 300¹. Le comte de Montsabert avait donné 240¹, la comtesse de Trèves 120, Mlles Guényveau 340.

De son côté, l'assemblée faisait son possible pour ramener

le blé sur les marchés. Elle décréta que toute opposition à la vente des grains dans l'intérie ur du royaume serait considérée comme attentatoire à la sécurité de la nation. Mais cette mesure, loin de produire l'effet désiré, provoqua les plus vives réclamations. Beaucoup de gens y virent la source des plus grands malheurs. Si le blé pouvait ainsi circuler librement, il n'en resterait plus pour la consommation des villes et des bourgs? C'était donc la famine que voulait l'Assemblée. Aussi, partout on s'opposa à la sortie des grains; tout transport de blé, quelle que fût sa destination, nécessita une escorte, et la garde nationale fut sans cesse commandée pour ce service[1].

Jusqu'alors il n'y avait eu dans le Saumurois ni pillages, ni incendies de châteaux. Les gentilshommes cependant y étaient fort molestés. Il n'était avanies que les paysans, exagérant les conséquences du décret du 4 août, ne fissent à leurs anciens seigneurs : brisant leurs armoiries, tuant leur gibier, saccageant leurs forêts, enlevant leurs bancs dans les églises, les commandant sans cesse de garde.... enfin froissant de mille manières leur amour-propre. Heureux encore lorsqu'ils se bornaient à ces tracasseries, et qu'ils n'essayaient pas, comme à Maulévrier, d'incendier leurs châteaux ou de les piller, comme ils firent chez un avocat de Bourgueil[2].

La situation était donc profondément troublée ; la panique régnait de tous côtés, et de tous côtés on venait demander au comité de Saumur aide et protection. Les gardes nationales des communes voisines cherchaient à s'affilier à celle de la ville, pour, au jour du danger, trouver un appui auprès d'elle.

C'est ainsi que, le 15 septembre, une députation des syndics et des officiers municipaux de Vernantes, ayant à leur tête le marquis de Maillé[3], Marin de Cuissard de Mareil, Guillot

----

[1] *Archives municipales*, Liasse BB 18. — Id. HH 2. *Correspondance des deputés d'Anjou avec leurs commettants* T. iv p. 64. *Bibliotheque d'Angers.*
[2] *Archives municipales*, Liasse BB 18.
[3] Né à Jaslesne le 31 mars 1751. Ancien colonel de cavalerie, chevalier de Saint-Lazare et de Saint-Louis. Incarcéré à Saumur pendant la Terreur avec sa femme et son fils, il mourut en prison, d'après le *Registre d'ecrou*, le 7 pluviôse an II.

de la Renaudière, Claude Brocard, prieur du Louroux, syndic municipal..... vint solliciter cette affiliation si recherchée. M. de Maillé y avait des droits particuliers.

Il avait donné des gages à la Révolution et fait hommage à la ville de Saumur des pièces d'artillerie qui défendaient son château de Jaslesne. Il fit dans son discours un pompeux éloge des milices bourgeoises «établies pour garantir le pays des dangers de l'aristocratie[1]. » Aussi sa demande fut-elle bien accueillie. Bonnemère reçut le serment de fidélité qu'il prêta à la nation, et, en échange de l'appui qu'il lui promit, il lui demanda de faire refluer sur le marché de Saumur le superflu du blé qu'il avait[2].

Dans sa hâte de défaire tout ce qui rappelait l'ancien régime, l'Assemblée nationale sapait par sa base l'édifice social, sans se préoccuper des conséquences de sa chute. Rien n'échappait au marteau de ces impitoyables démolisseurs. Toutes les institutions, celles mêmes qui auraient pu s'adapter aux idées nouvelles, étaient condamnées et frappées avec cette précipitation qui caractérise les législateurs novices. On commit ainsi bien des fautes dont les résultats se font encore sentir aujourd'hui. C'est ainsi que, pour détruire, disait-on, l'esprit de corps et de parti, on abolit les corporations, livrant l'ouvrier seul et sans défense à toutes les exploitations des patrons.

La conséquence politique immédiate de cette supression fut une modification dans le mode de réunion des assemblées primaires. Jusqu'alors elles s'étaient réunies par corporations ; on décida qu'elles se tiendraient dorénavant par districts. Saumur en eut huit[3] : Saint-Pierre, les Basses-Rues, le Puits-Neuf, la Bilange, le Collège, le faubourg de Nantilly, celui de Fenet et celui des Ponts. A la tête de ces districts furent placés des syndics[4]. C'était encore un nouveau pouvoir

[1] *Archives municipales* Reg. 165. Séance du 15 septembre.
[2] *Archives municipales*. Liasse BB 18.
[3] *Archives municipales*. Reg. 165. Séances du 15 septembre.
[4] Dix après l'annexion à la ville des cantons de la Croix-Verte et de l'Ile-Neuve.

qui s'élevait en face de la municipalité et dont le premier
acte fut de décider que le comité municipal n'aurait droit qu'à
huit voix dans les assemblées générales[1].

Pour accepter, à cette époque, les fonctions municipales,
il fallait avoir une foi bien vive dans la Révolution. La vue
de tant de ruines, ces tiraillements sans cesse renaissants
entre l'ancien et le nouvel état de choses, décourageaient les
âmes les mieux trempées. Plusieurs membres du Comité de
Saumur se lassèrent de ces luttes et s'effrayèrent de la marche
en avant de la Révolution. Desmé du Puy-Girault et Maupassant s'étaient depuis longtemps retirés. Sanglier et de
Brie, s'excusant sur leur grand âge, avaient envoyé leur démission. Au commencement d'octobre, Esnault, lieutenant
du maire, en fit autant. Il était alors à Paris, et il voyait avec
effroi que la direction du mouvement était tombée entre les
mains des clubs. « Pardonnez ma franchise et ma faiblesse,
écrivait-il à Bonnemère, je ne puis vaincre les motifs ni les
idées qui m'excluent de ce point de ralliement si flatteur,
mais j'obéis à la loi qui m'impose de vivre à l'exemple d'Ho-
race, *procul negoti's*. C'est le moyen d'être moins agité et
plus à l'abri des fourberies des hommes[2]. »

Jusqu'alors l'ordre matériel n'avait pas été troublé à Saumur. La nomination de Desmé du Puy-Girault au grade de
lieutenant-colonel de la garde nationale causa la première
émeute.

Le conseil municipal avait décidé la création de deux compagnies d'élite, l'une de grenadiers, l'autre de voltigeurs, et
la réception des officiers de ces nouvelles compagnies devait
avoir lieu le même jour que celle de M. Desmé. A la date fixée,
le maire et le corps municipal se rendirent sur la Place
d'Armes, où, d'après les ordres de Bonnemère, devaient se
trouver, rangés en bataille, des détachements de chacune

---

[1] Ces syndics furent : MM. Avril, Tricault, Chalopin, Boislève, Cochon,
Jean Couléon, Huet et Quantin.

[2] *Archives municipales*, rég. 165. Séance des 7 et 22 octobre.

des huit compagnies. Loin de là, à l'arrivée du maire, les officiers et les soldats, qui se trouvaient en grand nombre et en désordre sur la place, se retirèrent avec affectation. Sommés par l'adjudant Mongazon de conduire leurs compagnies au lieu de réunion, les capitaines refusèrent d'obéir et Bonnemère dut se contenter de faire reconnaître Desmé par les compagnies d'élite et par celles des arquebusiers et des volontaires.

Ce fut pour le notaire Rossignol l'occasion d'un nouveau discours, qu'il prononça dans une assemblée générale des habitants. A ses yeux, l'élection seule conférait une autorité légitime, et le choix des officiers appartenait aux citoyens. Quant aux compagnies d'élite et à celles des volontaires, leur existence blessait les principes de l'égalité, « et dans ce temps heureux où le citoyen n'est plus soumis au pouvoir militaire, il fallait se hâter d'effacer jusqu'aux plus légères traces de l'ancien régime », et par conséquent les supprimer. C'était d'ailleurs, ajoutait-il, la manière de voir du général Lafayette auquel il avait soumis ces réflexions.

La théorie du meneur saumurois flattait trop bien les idées étroites des masses, pour n'être pas bien reçue par elles. Aussi, malgré les efforts des officiers menacés de destitution, qui traitèrent Rossignol de cabaleur, d'entêté et de polisson, Bonnemère dut céder. La réception des officiers des compagnies d'élite fut remise à une époque indéterminée[1].

Des préoccupations d'un autre ordre allaient bientôt détourner les esprits de ces querelles mesquines.

Dès la fin de septembre, un membre du comité de constitution, Thouret, avait présenté à l'Assemblée un bizarre projet de division du royaume. La France devait être partagée en quatre-vingts départements de dix-huit lieues carrées. Chaque département serait à son tour divisé en neuf communes et chaque commune en neuf cantons de deux lieues

---

[1] *Archives municipales.* Liasse E E ?

carrées. Ce projet de division géométrique plaisait beaucoup aux mathématiciens de l'Assemblée, mais comme il ne tenait compte, ni des anciennes circonscriptions, ni des limites naturelles, il souleva de si nombreuses réclamations qu'il fut écarté.

Des combinaisons de toute nature virent le jour ; les plus petites villes se bercèrent de l'espoir de devenir chef-lieu de département. On se donna beaucoup de mal à Saumur pour arriver à ce résultat. Il y eut de nombreuses convocations d'habitants qui tous furent unanimes pour demander que le Saumurois conservât son autonomie et qu'il ne fut pas réuni à l'Anjou « en raison de l'animosité et de la jalousie que la ville d'Angers a toujours témoignées à Saumur[1]. »

Quesnay de Saint-Germain fit paraître à cette occasion une brochure[2]. Après avoir combattu le projet de Thouret qu'il traitait de vaine utopie, il s'attachait à démontrer que toutes les conditions requises pour un chef-lieu de département se trouvaient réunies à Saumur : richesse du territoire, commerce considérable, situation admirable entre la Loire, le Thouet, la Vienne et la Dive, population de 15000 âmes en voie d'accroissement..... « Sans doute le Saumurois serait un des départements les moins étendus, mais ce défaut serait compensé par la fertilité de son sol. » Sa superficie serait de trois cents lieues carrés ; il renfermerait vingt villes[3] et trois cents bourgs et villages. En outre on trouverait à Saumur toutes les facilités possibles pour installer les diverses administrations. « Le nombre des religieux des cinq couvents d'hommes[4] qui existent dans cette ville, étant moindre que

---

[1] *Archives municipales.* Reg. 165 séances des 11, 19, 24 novembre et 22 décembre 1789.

[2] *Observations sur l'utilité et la possibilité de choisir Saumur pour chef-lieu d'un département*. Bibl. d'Angers H. 2128. Saumur. D. M. de Gouy.

[3] Montsoreau, Cande, Fontevrault, Chinon, Richelieu, Loudun, Thouars, Oiron, Airvault, Montcontour, Argenton-le-Château, Passavant, Vihiers, Le Puy-Notre-Dame, Montreuil, Doué, Longué, Beaugé, Beaufort, Bourgueil.

[4] Quesnay comptait comme étant de Saumur les bénédictins de Saint-Florent.

ne l'exige le bon ordre et l'économie, on peut facilement les réunir à d'autres maisons, et trouver ainsi les bâtiments nécessaires pour les assemblées départementales, le collège et une école publique des arts et métiers. Enfin le monastère de Saint-Florent est tout désigné pour y loger l'évêque, son chapitre et son séminaire. »

Cette brochure procura à Quesnay une grande popularité, aussi fut-il choisi, avec Delafargue, pour aller défendre la cause de Saumur devant l'Assemblée nationale.

Les députés du Saumurois n'étaient pas, de leur côté, restés inactifs. Le marquis de Ferrières avait rédigé un mémoire où il plaidait la cause de ses commettants. Il demandait que la généralité de Tours fût divisée en cinq départements au lieu de quatre. Il invoquait, à l'appui de sa thèse, la difficulté de la répartition équitable de l'impôt dans un département de trop grande étendue. « Du reste, Saumur était prêt à toutes les concessions. Qu'on lui laisse son ancien arrondissement, que l'on joigne à cet arrondissement l'élection de Loudun qui est aussi de la généralité de Tours , qu'on lui permette d'échanger avec Poitiers une partie de l'élection de Thouars, contre le Mirebalais.. . et Saumur sera content[1]. »

Sur ces entrefaites, Quesnay et Delafargue arrivèrent à Versailles. Ils étaient porteurs d'un mémoire qu'ils remirent à l'Assemblée. Les arguments qu'ils invoquaient étaient les mêmes que ceux qu'avaient précédemment employés Quesnay et Ferrières, mais, afin de s'assurer l'appui de la députation du Loudunais, ils acceptaient que Loudun et Saumur fussent alternativement chefs-lieux du département. Ils appuyaient aussi sur la répugnance invincible qu'avaient les Saumurois à se soumettre à ces Angevins « qui se vantaient déjà d'avoir conquis Saumur. » — « Il serait à craindre, ajoutaient-ils, que le mécontentement des habitants ne dégénérât en une anarchie funeste au pays. Prévenez donc les

---

[1] *Archives National s* D iv[b] 10. Mémoire imprimé s. l. n. d. 12 pages, signé de Ferrières.

inconvénients qui pourraient résulter d'un divorce absolu entre Saumur et Angers.... Nous savons que quelques députés angevins portent leur ambition jusqu'à s'opposer même à l'alternage, mais nous en connaissons, et c'est sans doute le plus grand nombre, qui en sont d'avis. L'Assemblée a décrété l'alternage, c'est pour préserver les villes du second ordre de l'aristocratie des villes de première classe[1].... »

Tant d'efforts n'aboutirent pas : les députés de la généralité de Tours qui s'étaient réunis en conférence chez le duc de Praslin se prononcèrent, le 20 novembre, par trente-trois voix contre trois, en faveur de la division en quatre départements[2]. Saumur dut renoncer à l'espoir de former un département et désormais borner son ambition à demander l'alternage avec Angers.

Cette querelle, qui rappelait les luttes soutenues au Moyen Age par quelques villes de province pour assurer leur prépondérance sur des villes rivales, était d'une importance bien secondaire en comparaison de la situation que les réformes décrétées par l'Assemblée avaient faite aux finances de l'État et à celles des villes elles-mêmes. La subversion soudaine de l'ancien régime avait couvert le pays de ruines, et lorsque Mirabeau faisait voir aux députés la banqueroute frappant aux portes de la France, il énonçait une trop réelle vérité. L'Assemblée ne put fermer plus longtemps les yeux ; elle vota, le 6 octobre, une contribution extraordinaire, dite patriotique, qui devait s'élever au quart des revenus de toute nature, et les atteindre tous, sauf ceux des établissements hospitaliers et ceux inférieurs à quatre cents livres. Mais comme les déclarations étaient volontaires, les députés ne comptaient guère sur cette imposition ; ils se préparèrent à recourir à des mesures plus révolutionnaires, telles que la spoliation des biens du clergé.

---

[1] *Archives nationales*, D IV[b] 10.

[2] *Archives nationales*. Ces conférences eurent lieu les 12 et 20 novembre. Voy. Bibl. d'Angers, H. 2025. *Correspondance des députés d'Angers avec leurs commettants*, t. III, p. 511, 512.

Les villes, qui n'avaient pas, comme leurs députés, la facilité de battre monnaie avec le bien d'autrui, étaient fort embarrassées pour équilibrer leur budget. A Saumur, ainsi que nous l'avons dit précédemment, les principales ressources financières de la ville étaient le tarif et les droits que l'on percevait aux barrières. Or, pour un grand nombre de gens, la Révolution consistait à ne plus payer d'impôts, ou du moins à faire payer ses impôts par les autres. Aussi les fermiers et les receveurs des droits d'entrée étaient-ils un objet d'horreur pour le peuple, qui chaque jour éclatait en menaces contre eux. Las d'être constamment en butte à l'animosité populaire, M. Alluzet, principal commis des droits, donna sa démission[1]. Le peuple crut dès lors que les droits cesseraient d'être levés, et quand il s'aperçut que l'on en continuait la perception, une formidable insurrection éclata.

Dans la nuit du 2 au 3 janvier 1790, la barrière de la Croix-Verte, située à vingt pas d'un corps de garde, fut renversée et jetée à la rivière. Celle de la Gueule-du-Loup eut le même sort. Les perturbateurs se disposaient à en faire autant à Nantilly et à Notre-Dame lorsqu'ils furent dispersés par des patrouilles et quatre d'entre eux arrêtés et conduits en prison.

Le lendemain, à sept heures, le conseil de la commune se réunit et il fut décidé que les prisonniers seraient conduits dans la prison prévôtale de Chinon par la maréchaussée. Leur départ fut fixé à deux heures.

Une demi-heure avant qu'ils fussent extraits de la prison une foule énorme de femmes et de citoyens armés de fusils, d'épées et de sabres, envahit subitement la place Saint-Pierre et les rues adjacentes, exerçant de nombreuses voies de fait sur les détachements de la milice, de la maréchaussée et du Royal-Roussillon. En même temps d'autres séditieux, montés dans les clochers, jetaient l'alarme dans la ville en sonnant le tocsin.

---

[1] Les fermiers des droits étaient les frères Pupier. Ils avaient soumissionné le 2 mai 1786, pour 4200 livres. *Observations de MM. Pupier.* Bibl. M. Allain-Targé.

Le maire accourut à l'hôtel de ville et n'hésita pas à faire proclamer la loi martiale. Le drapeau rouge fut hissé à la principale fenêtre et des détachements de gardes nationaux, précédés d'un drapeau de même couleur et accompagnés d'un officier municipal, se portèrent au-devant des révoltés. Les trois sommations réglementaires furent faites et les attroupements dispersés par la force. Mais le peuple continua à réclamer à grands cris la liberté des détenus. Une partie de la garde nationale se joignit à lui et une foule considérable se porta vers la prison, menaçant de l'incendier si on ne mettait pas les prisonniers en liberté. Vainement les compagnons de l'arquebuse, les volontaires saumurois et des détachements de cavalerie du Royal-Roussillon s'efforcèrent-ils de disperser la foule. Loin de se calmer, l'effervescence populaire croissait. Les troupes étaient accueillies par une grêle de pierres et de coups de fusil. Bonnemère et son conseil, redoutant de grands malheurs, crurent devoir céder. On donna l'ordre de mettre en liberté les prisonniers et on commanda aux soldats de se retirer « ce qu'ils firent avec autant de prudence que de courage. »

Cette concession faite à l'émeute ramena un peu de calme ; la nuit fut plus tranquille qu'on ne l'espérait, mais le lendemain le désordre recommença. Les barrières des Ursulines et celles de Notre-Dame furent détruites, les corps de garde démolis, avec menaces contre ceux qui tenteraient de les rétablir.

En présence de la persistance du sentiment populaire, le maire et les syndics des districts crurent devoir réunir les habitants en assemblée générale. La réunion eut lieu le 7 janvier. Bonnemère fit connaître les démissions de MM. Vilmet, Desmé et Baudesson. Le premier, qui avait montré une grande énergie pendant l'émeute, était devenu impopulaire ; les autres s'excusèrent sur leur mauvaise santé. Bonnemère, lui aussi, déclara que les fonctions de maire étaient incompatibles avec celles de colonel de la garde nationale et il invita les officiers à se choisir un chef pourvu de connaissances militaires suffisantes.

L'assemblée vota la suppression du tarif[1], elle exigea que le maire et les membres du comité jurassent d'oublier tout ce qui avait précédé et suivi la destruction des barrières, et que tous les rapports et procès-verbaux relatifs à cette affaire fussent détruits.

L'émeute était triomphante, mais pour peu de temps.

Le 14 janvier eut lieu une nouvelle réunion des habitants. Le maire annonça que les municipalités du royaume étaient supprimées et que de nouvelles élections étaient nécessaires. La municipalité actuelle devait donc, à son sens, se borner à l'administration de la ville, laissant à celle qui lui succéderait la mission de discuter les projets d'impositions destinées à remplacer le tarif. Néanmoins, pour faire honneur aux engagements pris par la ville, il demanda que les droits d'aides, d'octroi de pavage et le sol pour le collège continuassent à être perçus pour l'année 1790. L'assemblée se prononça dans ce sens[2].

On procéda, dans cette même réunion, à la division de la ville en quatre quartiers ou districts, en vue des élections[3].

Le 25 janvier eurent lieu les élections municipales. Elles furent laborieuses. Les électeurs, qui le premier jour s'étaient présentés au nombre de 399, se lassèrent des réunions réitérées que nécessita l'élection du maire. L'émeute du 5 janvier avait beaucoup nui à la popularité de Bonnemère ; les hommes d'ordre lui reprochaient sa faiblesse, le parti avancé craignait au contraire son énergie. Les voix se divisèrent.

---

[1] Cette suppression entraîna une diminution de neuf deniers par livre sur le prix de la viande.

[2] *Archives municipales*. Registre 166. Séances des 5, 7 et 14 janvier. *Moniteur universel*. T. III p. 207.

[3] Les électeurs des Basses-Rues, Nantilly, Bourgneuf se réunissaient aux Récollets. Ceux de Saint-Pierre, Fenet, Beaulieu... aux Cordeliers. Ceux de la rue Saint-Jean, des Ponts à l'Hôtel-de-Ville. Ceux du Puits-Neuf, de la rue Cendrière... dans la chapelle du Collège.

MM. Quesnay et Blondé en eurent beaucoup et Bonnemère ne fut élu qu'au troisième tour de scrutin[1].

Les jours suivants, les opérations électorales continuèrent MM. Allain, Villier, Maupassant, Dandenac, Drouyneau, Cailleau, Lévêque-Devarannes, Gaudais, Merlet[2], Chasle, Hervé furent élus. Coustard fut nommé procureur de la commune avec Quantin pour substitut[3] ; on nomma ensuite les vingt-quatre notables.

La nouvelle municipalité se constitua le 4 février. A l'occasion de la prestation du serment des nouveaux officiers municipaux, de nombreux orateurs prirent la parole, promettant tous au nouveau conseil une existence paisible et sans orages. « Jusqu'à ce jour, d'après Delafargue, l'autorité, le crédit, la faveur, avaient régné sur la France avec un sceptre de fer, mais cet empire est détruit, l'égalité est rendue aux Français et tout va aller au mieux dans le royaume régénéré. » Les autres discours roulèrent sur le même thème. Nous détenons le pouvoir, tout est donc parfait.

A peine installée, la municipalité dut se préoccuper de remédier au déficit causé par la cessation du payement des droits de tarif et l'augmentation des dépenses. Le rétablissement définitif des barrières et une imposition sur les denrées paraissaient les seuls moyens d'obvier à cet état de choses, lorsque le décret qui autorisait les villes à acheter les biens nationaux vint tirer d'une situation difficile les membres de la commune de Saumur.

L'Assemblée nationale avait décrété, le 19 décembre, la mise en vente de 400 millions de biens appartenant au clergé. Ces biens ne trouvèrent pas d'acquéreurs, non que ces derniers fussent arrêtés par des scrupules religieux, (les hommes de

---

[1] Il fut élu par 175 voix sur 259 votants.

[2] Merlet ayant refusé fut remplacé par Monard.

[3] La nouvelle municipalité comptait un grand nombre de membres d'opinions avancées, comme Allain, Dandenac, Villier... qui devinrent depuis d'ardents républicains.

cette époque n'auraient pas hésité à acheter les biens des moines alors très impopulaires), mais parce qu'ils ne croyaient pas à la durée d'une Révolution qui démolissait si vite. Cette précipitation était, aux yeux des sages, de mauvais augure.

L'assemblée se trouvait fort embarrassée ; elle avait compté sur cette mesure inique pour fournir à la Révolution un trésor inépuisable et surtout pour intéresser à la durée du nouvel ordre de choses le plus grand nombre possible de Français, devenus acquéreurs des biens des congrégations. La combinaison allait échouer et la Révolution avorter dans la banqueroute, lorsqu'on imagina d'autoriser les villes à servir d'intermédiaires entre l'Etat et les particuliers. Les municipalités purent acquérir les domaines ecclésiastiques à leur convenance et les revendre aux particuliers. Elles devaient remettre à l'Etat les trois quarts de la valeur des biens, en quinze obligations. Le dernier quart leur était abandonné comme prime et devait servir à doter les curés, les établissements de bienfaisance et d'instruction. Mais pendant les premières années de la Révolution il n'y eut ni curés, ni professeurs à payer ; ce quart servit alors à solder les dettes des villes et surtout leur permit de supprimer les droits d'entrée et autres impositions locales. Quant aux obligations ou billets municipaux que les villes donnaient en payement, une fois entrés dans les caisses de l'Etat on leur donna cours forcé. Ce fut l'origine des assignats ; trois ou quatre milliards de francs[1] furent ainsi dévorés en quelques années, ce qui du reste n'empêcha pas la Révolution de faire banqueroute.

Pendant un moment, les villes eurent de l'argent en abondance. A Saumur, l'assemblée des habitants[2] autorisa le

---

[1] Les opinions varient beaucoup sur la valeur des biens du clergé en 1789. Taine, Foville, Léouzon-le-Duc... estiment les revenus du clergé à 100 ou 120 millions ce qui donnerait à 3 0/0 un capital de 3 millards à 3 millards et demi.

[2] Ce fut la dernière assemblée générale.

conseil à acheter pour 3 millions de biens ecclésiastiques et à gager un emprunt de 200 000 francs sur la part qui devait revenir à la ville. Il ne fut donc plus question de tarif et d'octroi. Les autres droits qui composaient le revenu de la commune cessèrent peu à peu d'être perçus et finirent par être abolis, si bien qu'en 1794 les recettes prévues au budget ne s'élevaient plus qu'à la somme de 566 l. 8 s.[1]. La vente des biens nationaux et les subventions de l'Etat suffisaient à tout.

Grâce à cette combinaison les biens mis en vente trouvèrent des acheteurs. Il en fut vendu à Saumur en 1791 pour 1 million 197000 livres[2] et, ce qui semblera peut-être étrange à ceux qui jugent les hommes de 1789 avec les idées modernes, c'est que ces biens furent acquis, pour la plus grande partie, par les membres des classes de la société que l'on croit aujourd'hui avoir été hostiles à la vente des propriétés du clergé. C'est ainsi qu'un très grand nombre de curés devinrent propriétaires des biens des prieurés et des abbayes situés dans leurs paroisses. On peut citer parmi eux MM. Juteau, curé de Chétigné, Pastourel, curé de Saint-Hilaire-L'Abbaye, Paterne, curé de Saint-Just-sur-Dives, Guillot, curé de Varennes... Caffin, chapelain de Saint-Pierre de Saumur... J'ai choisi ces noms parmi bien d'autres, parce que ces prêtres étaient des hommes religieux, qui refusèrent le serment ou qui du moins se rétractèrent. Quelques-uns d'entre eux payèrent même par la déportation ou par la vie leur attachement à la foi catholique. L'acquisition des biens des communautés n'était donc pas, à leurs yeux, une action coupable, presque sacrilège, qui ne pouvait être le fait que d'un ennemi de la religion. Quant aux gentilshommes, ils ne se firent aucun scrupule de profiter d'une bonne occasion d'agrandir leurs terres. M. de la Selle d'Escheuilly acheta pour plus de

[1] Voyez pièces justificatives, budgets comparés de 1789 et 1794.

[2] Une circulaire du 4 janv. 1790 prévenait les habitants que la ville avait acheté pour 3 millions de biens dans de bonnes conditions de vente. (Bibl. de M. Allain Targé).

quatre cent mille livres de biens ecclésiastiques[1], les Blancler pour deux cent cinquante mille livres[2]. La prairie du
Breil fut vendue pour soixante-douze mille francs à M. Commeau, ancien notaire ; Bonnemère acheta des prés à Cande,
Vilneau, la métairie de la Touche ; Maupassant, riche négociant de la ville, fit de nombreuses acquisitions[3].

La ville eut pour sa part les établissements religieux situés
dans son enceinte. Le couvent des Récollets, le prieuré de
Nantilly, l'enclos des Cordeliers[4], où se trouve aujourd'hui le
tribunal et la prison, une partie de celui des Ursulines et
enfin le couvent des Capucins[6].

Depuis l'émeute du 3 janvier, le calme était loin de régner
dans la ville ; à l'excitation des idées se joignaient la rareté
des grains et le manque de travail. Le bureau de charité ne
pouvait subvenir aux besoins de tous les malheureux ; ils
étaient en trop grand nombre pour être tous secourus et
cependant jamais les aumônes n'avaient été plus abondantes.
Le produit des quêtes s'éleva à 6872 l. ; les Bénédictins de
Saint-Florent donnèrent en une seule fois deux fournitures
de froment estimées 750 livres ; un inconnu versa 800 l. La
charité privée se multiplia. Les volontaires donnèrent une
représentation au théâtre, les maîtres de danse une redoute... On put ainsi distribuer aux pauvres plus de
12000 livres. Mais la rigueur de l'hiver était excessive, le

[1] L'abbaye de la Guyonnière, le prieuré des Verchers, l'abbaye de Bignon,
celle d'Asnières.

[2] En particulier l'abbaye de Saint-Florent avec quatre cents boisselées de
terre autour.

[3] Il n'y eut guère de familles de noblesse ou de bourgeoisie qui ne
devinssent acquéreurs des biens des couvents. Voy. *Archives municipales.*
Rég. contenant le nom des acquéreurs des biens nationaux en 1791. Voy.
Notes de M. Rimbaut, bibl. de Saumur Table alphabétique des acquéreurs
des biens nationaux. Première catégorie 10 janvier 1791.

[4] On établit dans le couvent une usine pour fondre le métal des cloches
sous la direction de Lévêque-Devarannes.

[5] Le reste de l'enclos acheté par la famille de Fos fut revendue par elle à
la ville. Le Collège et le Lycée des filles occupent aujourd'hui cet emplacement.

[6] Dans le faubourg des Ponts.

froid était extrême et la terreur régnait déjà à un tel point
dans les campagnes, que les paysans refusaient de porter,
non seulement du blé, mais toutes sortes de denrées au
marché. Malgré une prime de deux francs par cent de fagots,
offerte par la ville aux marchands, le bois manquait. Les
pauvres en souffraient beaucoup ; ils se réunissaient par
bandes de deux ou trois cents et se répandaient dans les bois
dépendants de l'abbaye de Saint-Florent et les ravageaient.
Et lorsque les commis de garde aux barrières voulaient s'y
opposer et saisir les bois, ils les menaçaient de les jeter à
l'eau. Ils ne comprenaient pas que l'on mît obstacle à leurs
déprédations. Ne disait-on pas, dans l'Assemblée et dans les
clubs, que les biens des moines appartenaient à la nation ;
pourquoi alors laisser le peuple mourir de froid, lorsqu'il ne
s'agissait que d'étendre la main pour se chauffer.

Le maire donna des ordres sévères à la garde nationale et
à la maréchaussée et établit des postes aux barrières. Le bois
saisi devait être déposé au bureau de charité et les délinquants mis en prison ; mais il recommanda à M. Vilmet, qui
venait d'être réélu colonel de la garde nationale, d'agir avec
la plus grande modération. Il craignait une émeute ; elle ne
tarda pas à éclater.

Le 27 avril, le peuple arrête quelques voitures de grains,
éventre les sacs à coups de couteau ; le maire et Frémery,
capitaine de la compagnie de l'arquebuse, sont assaillis à
coups de pierre. Ce dernier est blessé grièvement. Le 2 mai,
nouvelle émeute. Une femme de Distré, exaspérée de voir
l'orge à trente sous le boisseau, s'écrie qu'il faut pendre le
maire et s'emparer des grains. Les gardes nationaux du poste
de l'Hôtel de Ville l'arrêtent et la conduisent en prison, mais
la foule entoure la maison d'arrêt et accable de pierres la
troupe et la garde nationale ; le tocsin sonne à Saint-Pierre
et à Nantilly. Pour faire cesser le tumulte, il faut proclamer
de nouveau la loi martiale et faire tirer aux fenêtres[1].

[1] *Archives municipales,* carton n° 193. Police.

Ce qui contribua plus que la force armée à rétablir le calme dans la ville, ce fut la promesse que fit le maire d'envoyer acheter des grains à Orléans. M. Boisard fut chargé de cette mission. Il partit à la fin de mai et fit expédier de la capitale de la Beauce du blé et de la farine en quantité suffisante pour attendre le moment de la récolte[1].

En vue de l'organisation prochaine de l'administration des départements, les municipalités avaient dû procéder à un recensement exact de la population. Il fallait en effet déterminer le nombre des électeurs auxquels chaque circonspection électorale avait droit. Ce nombre variait avec la population.

D'après le décret de l'Assemblée, tous les citoyens nés ou devenus Français, âgés de vingt-cinq ans, domiciliés dans la ville ou le canton, payant une contribution égale à trois journées de travail[2], inscrits sur le tableau de la garde nationale, et ayant prêté le serment civique, étaient électeurs primaires. Ces citoyens actifs se réunissaient de plein droit le second dimanche de mars et nommaient les électeurs au nombre de un par cent, deux par cent cinquante.

Ces électeurs, pris parmi les habitants propriétaires d'un bien évalué de cent cinquante à deux cents journées de travail, nommaient les membres du district, ceux du département et les députés aux Assemblées nationales[3].

On fit ce recensement, à Saumur, dans les derniers jours de février. On trouva 10917 habitants, nombre qui fut porté à 11831 par suite de l'annexion à la ville des cantons de la Croix-Verte et de l'Ile-Neuve. On désigna, dans chacun de ces can-

---

[1] *Archives municipales*, reg. 166. Séances des 27, 29 avril, 2, 3. 10, 25, 30 mai. Les boulangers de la ville avaient avancé une somme de 9000 livres.

[2] Le prix de la journée de travail fut fixée en 1790 à 14 sols.

[3] Le nombre des journées de travail exigé variait avec la population. Les électeurs se réunissaient de plein droit le dernier dimanche de mars et nommaient eux-mêmes leur président.

tons, un notable, pour présider les assemblées primaires¹. Le
chiffre des citoyens actifs de la ville étant de 1994, Saumur eut
droit à vingt-deux électeurs : Les quatorze autres cantons qui
composaient le district en élurent environ une soixantaine.
Ce furent, pour Saumur : MM. Blondé, Hervé, Drouyneau,
Ducamp, Quesnay, Delavau, Bonnemère, Merlet, Raymond,
Allain, Meignan, vicaire de Nantilly, Le Blanc, médecin,
JJ. Maupassant, entrepreneur des levées de la Loire, Riffault,
Guillemet, Quantin, Gigault, juge suppléant au tribunal,
Hobbé, vicaire, Monard, Toupelin, Vachon, Coustard.

Parmi ceux qui furent nommés par les cantons ruraux on
peut citer : Bouvet, de Saint-Lambert, Vilneau, curé de Varrains, Saillant, curé de Vivy, Fouquetau, maire de Saint-
Hilaire-Saint-Florent, Abraham, de Vivy, Maugeis, sénéchal
de Montreuil, Mory, de Courchamps, Moricet et Boullet, de
Fontevrault, Grignon Grand-Maison, maire de Grézillé, Guéniveau de la Raye, commandant de la garde nationale de
Montreuil, Delavau, de Doué, Launay, curé et maire de
Hobbé vicaire, Saint-Martin de la Place².

Les électeurs avaient été convoqués pour le 10 mai à Angers, à l'effet de nommer les membres du corps administratif du département. Le roi avait désigné trois commissaires pour diriger les travaux de cette assemblée. C'étaient
MM. de Houlières, maire d'Angers, Delaunay l'aîné, et Desmé
du Puy-Girault, membre de la commission intermédiaire³.

---

¹ Le quartier le plus populeux, celui de Fenet, comptait 2269 habitants. Il
y avait à Saumur 2717 feux. 5463 hommes et 6368 femmes. Les présidents
des Assemblées primaires furent : MM. Quantin, pour l'Ile-Neuve, Hervé, pour
Saint-Nicolas, Drouyneau, pour le collège, Lévêque-Davarannes, pour Fenet,
Coustard, pour les Basses-Rues, Monard, pour Saint-Pierre, Gaudais, pour
l'Hôtel de Ville, Dandenac, pour les Récollets, Cailleau pour Beaulieu, et
Chasteau, pour la Croix-Verte.

² Bibl. de M. Allain-Targé. Listes des citoyens actifs et des électeurs de
l'Assemblée électorale de 1790.

³ La commission intermédiaire était composée de quatre membres, qui
recevaient chacun 600 livres ; d'un procureur-syndic et d'un greffier en chef
payés chacun 2400 livres. Elle avait pour mission de répartir dans la généralité certaines dépenses, en particulier celles qui devaient être faites sur
les chemins, soit que ces travaux fussent exécutés par voie de prestation,
ou par les ateliers de charité. En 1789, dans la généralité de Tours, 1.100.000
avaient été employés de cette sorte.

Le rôle de ces commissaires fut absolument nul, et se borna à remettre à la nouvelle assemblée les titres et les papiers de la commission. Delaunay le jeune[1], avocat d'Angers, dirigea les débats. Il fut élu président et profita de ce poste pour entretenir dans le pays une agitation favorable au développement des idées révolutionnaires. Les députations et les discours furent sans fin ; les adulations prodiguées « aux sages et doctes membres de l'assemblée » furent sans bornes. Tous les corps de la ville d'Angers et des environs, garde nationale, troupe réglée, clergé, magistrature, écoles de droit et de médecine, volontaires de toutes les couleurs, pères de l'Oratoire, frères des Écoles chrétiennes, et jusqu'aux élèves des collèges, vinrent « apporter à l'illustre assemblée le tribut du respect qu'elle méritait. »

Delaunay répondait à tous ces discours, recevait tous ces compliments. Ce rôle de président le mettait en relief et servait de tremplin à sa popularité. Aussi faisait-il traîner les choses en longueur. On mit dix-huit jours pour élire les trente-six membres du département. L'inexpérience des scrutateurs et l'ignorance des électeurs contribuaient aussi à retarder les opérations. Sur six cent quarante-huit électeurs admis par les commissaires vérificateurs, beaucoup ne savaient pas écrire. On fut obligé d'annuler quarante-et-un bulletins complètement illisibles.

Tous cependant n'étaient pas illettrés ; les députés de Saumur se firent remarquer dans les discussions auxquelles donnèrent lieu l'alternat.

Né de l'exagération du principe égalitaire qui ne permettait pas d'accorder à une ville les avantages que l'on refusait à une autre, l'alternat consistait à transporter, à tour de rôle, les services publics dans les principales villes du département. L'assemblée, avons-nous vu, avait repoussé

---

[1] Delaunay (Pierre-Marie), né à Angers 14 octobre 1755. Inscrit sur le tableau des avocats de cette ville en 1781. Procureur-général syndic du département ; Député à la Convention.

la prétention des Saumurois de faire de leur ville un chef-lieu de département, mais elle s'était prononcée en faveur de l'alternat. Dans la séance du 10 janvier 1790, elle avait décrété la division du département de Mayenne-et-Loire en huit districts, avec Angers pour chef-lieu : « Néanmoins, était-il dit, cette ville alternera avec Saumur, à moins que le département assemblé ne juge cet alternage contraire à ses intérêts[1]. » C'était donc l'Assemblée électorale qui devait décider en dernier ressort ; aussi gardait-on, à Saumur, quelque espoir de faire triompher ce système et les députés de cette ville avaient été spécialement chargés de cette mission.

Ils s'en acquittèrent avec zèle et habileté : MM. Delafargue[3], Desvarannes et surtout Merlet firent les plus grands efforts pour convaincre leurs collègues de la nécessité de cette mesure. M. Merlet fit observer que l'Assemblée nationale avait admis l'alternat entre Angers et Saumur, et que, pour l'enlever à cette dernière ville, il fallait prouver que l'intérêt du département l'exigeait. M. Blondé de Bagneux fit de son côté la peinture la plus sombre des conséquences funestes qui résulteraient de la prise de possession, par une seule ville, de toute l'autorité. Ce fut en vain : les jalousies locales s'en mêlèrent. Le marquis de Beauvau montra le ridicule et l'égoïsme des prétentions des Saumurois, en demandant que les mêmes avantages fussent accordés à tous les chefs-lieux de districts du département. Delaunay, qui ne trouvait pas dans cette question matière à politique, écourta tant qu'il le put la discussion, et se borna à insister sur les dépenses

---

[1] *Archives nationales* A. D. XVI, *Correspondance des députés*, p. 509. III.

[2] *Archives départemental.* District de Saumur n° 37.

[3] Delafargue (Jacques-André), né à Angers en 1731. S'établit à Saumur en 1758. Conseil des bénédictins de Saint-Maur, puis avocat du Roi et avocat de Monsieur. Capitaine de la compagnie des arquebusiers. En 1790 commissaire près du tribunal de Parthenay. Arrêté le 14 mars 1793 comme royaliste, transféré à Angoulême où il fut mis en liberté par le représentant Normand. Attaché au commissariat de guerres. Il revint à Saumur où il rouvrit son cabinet d'affaires. Nommé nombre du conseil de préfecture en 1801. Meurt en 1811. (V. C. Port.)

considérables qu'occasionneraient aux habitants l'installation d'un tribunal à Saumur, situé à l'extrémité du département.

Ce n'était du reste qu'une première lance rompue sur la question de l'alternat. L'assemblée demanda l'ajournement de la discussion après l'élection des membres du corps administratif.

Le débat recommença le 23. M. Desvarannes chercha à prouver que Saumur était aussi central qu'Angers. C'était une thèse difficile à soutenir. Delaunay lui répondit. Il insinua malignement que quelques mois auparavant les Saumurois avaient montré d'autres prétentions et qu'ils étaient mal venus de se poser en défenseurs d'une circonscription territoriale dont ils n'étaient les membres qu'à leur corps défendant. M. Delafargue voulut lui répondre ; mais l'assemblée était lasse de cette discussion, son opinion était faite, et M. Guillier de la Tousche déclara que ses collègues, suffisamment éclairés, ne demandaient qu'à retourner chez eux.

On vota donc, et, par 532 voix sur 636 votants, Saumur fut à jamais débouté de ses prétentions[1].

Les Saumurois n'eurent pas d'ailleurs lieu de se plaindre de la part qui leur fut faite dans l'administration départementale. Villier, Allain, Blondé, Olivier de Fos furent élus administrateurs. Delaunay le jeune, en récompense du mal qu'il s'était donné pour organiser l'assemblée électorale, fut nommé à la place importante de procureur-syndic du département.

Les électeurs partirent d'Angers emportant, grâce aux adulations qui leur avaient été prodiguées, une haute idée de leur valeur et de leurs droits. Avant de quitter cette ville, ils avaient demandé aux commissaires du Roi de fixer au 7 juin la convocation des électeurs chargés de nommer les membres du district de Saumur.

---

[1] *Archives nationales*, F III. Voyez aussis Bougler : *Le mouvement provincial*, t. II, p. 24 et suiv. Il donne beaucoup de détails sur l'assemblée du 10 mai.

L'assemblée électorale réunie dans ce but se tint au couvent des Cordeliers. Ce fut la répétition de celle d'Angers : mêmes prétentions de la part des délégués, mêmes flatteries de celle des corps constitués.

M. Blondé de Bagneux fut élu président. Vivement touché de cet honneur, il remercia l'assemblée en ces termes : « Messieurs, vous ne mettez point de bornes à vos bontés, vous m'en avez donné d'éclatantes et d'honorables marques en me nommant un des administrateurs de Mayenne-et-Loire, et par un nouveau bienfait vous m'élevez à la dignité de votre président.. » Il les loue ensuite des choix qu'ils ont fait, « choix qui prouvent leur sagesse et qui sont de sûrs garants « de ceux qu'ils ont encore à faire.

Dans la séance tenue le soir du même jour une députation, ayant à sa tête M. Merlet, fut envoyée à l'hôtel de ville pour remercier la municipalité des soins qu'elle avait apportés à l'aménagement de la salle où l'assemblée tenait ses séances.

Les députations se succédèrent alors presque sans interruption. Malgré la banalité et la platitude de la plupart des discours, je citerai néanmoins les passages de quelques-uns d'entre eux. Rien ne fera mieux connaître l'esprit dont étaient animés, à cette époque, les plus notables des habitants de Saumur.

Le clergé se présenta le premier. M. Martin Duchesnay vint en personne complimenter « l'auguste assemblée » et lui offrir le tribut de sa confiance et de ses respects. « Conciliateurs entre ceux qui gouvernent et ceux qui sont gouvernés, dit-il, c'est à nous d'inspirer à tous l'amour de la paix, de la fraternité et de la justice. J'en dépose, Messieurs, dans votre sein l'engagement scellé dans le plus intime de mon âme dès le commencement des grandes opérations qui renouvellent la face de la France. Si les délais de ma fixation dans la place que j'occupe ont retardé la prestation publique de mon dévouement à la nation, à la loi et au Roi, je le jure à cette époque solennelle... »

Le lendemain ce fut le tour des R. P. Cordeliers, Récollets
et Capucins. Le P. Couronné, gardien des Cordeliers, après
avoir rendu hommage « aux lumières des respectables
membres de cette assemblée, réitère le doux serment d'être
fidèle à la nation, à la loi et au roi. » Le président de l'assemblée ne pouvait moins faire que de complimenter les bons
moines de leur généreuse et patriotique abnégation, aussi
chercha-t-il à les consoler de la perte de leurs biens maté-
riels, en les assurant que l'Assemblée nationale avait sur
eux « des vues maternelles ».

Le maire et le conseil de la ville furent ensuite introduits,
puis les chapelains, les professeurs du collège, les officiers
de la garde nationale, que le président appela « des citoyens
guerriers. » Et toujours les mêmes discours, les mêmes témoignages de respect, les mêmes flagorneries à l'adresse de
cette nouvelle puissance, le peuple, qui surgissait sur les
ruines des anciens pouvoirs.

Beaucoup d'orateurs profitèrent de cette occasion pour
faire publiquement leur profession de foi politique. M. Servan
Duvivier, supérieur de l'Oratoire de Saumur, après avoir
rendu hommage « aux respectables citoyens que le peuple a
jugé dignes d'exercer ses droits », eut soin de rappeler que
les Pères de l'Oratoire s'étaient empressés, il y avait quatre
mois, par un acte solennel déposé aux archives de la ville,
de prononcer le serment civique d'être fidèles à la nation, à
la loi et au roi. « Cette prestation anticipée de serment a été
pour eux l'effet d'un mouvement naturel qui leur rend plus
chère encore cette douce et sage liberté. »

Un discours que l'on attendait avec impatience était celui
que devait prononcer M. Desmé-Dubuisson. On le savait très
hostile à toutes ces nouveautés. Le vieux parlementaire souffrait beaucoup d'être contraint de s'incliner devant cette autorité qui n'émanait pas du roi. Il hésita longtemps On le
décida cependant à venir, mais il ne put se résoudre à s'a-
baisser ainsi « que par obéissance et à l'imitation de son

souverain. » « Gardiens de la loi, amis du peuple, conservateurs de la liberté, dit-il fièrement, les officiers de la sénéchaussée de Saumur donneront toujours l'exemple de la fidélité à la nation et au Roi qui veut bien n'être que le premier citoyen du pays, mais qu'ils ne cesseront cependant de regarder comme la première autorité de l'Etat. »

Pendant les courts moments de répit qu'il y eut entre tant de députations et tant de discours, l'Assemblée procéda à l'élection des membres du district. Il y en avait douze à nommer. MM. Maugeis, sénéchal de Montreuil-Bellay, Abraham, de Vivy, Robert, notaire aux Rosiers, Fouqueteau maire de Saint-Hilaire Saint-Florent, Desvarannes, avocat à Saumur, Duvau, laboureur à Gennes, Rossignol, Taillefert, notaire à Saumur, Dandenac, avocat à Saumur, Guillon de La Fresnaye, conseiller à la Sénéchaussée, Hocbocq, procureur à Fontevrault, Morry, électeur à Courchamps, Delavau père, de Doué, furent élus. Merlet fut désigné pour remplir les fonctions de procureur-syndic du district.

M. Baudesson, montant alors à la tribune, proposa de nommer des Commissaires pour aller remercier les différents corps qui étaient venus rendre leurs hommages à l'Assemblée et les inviter au *Te Deum* qui devait être chanté dans l'église Saint-Pierre. Cette motion fut favorablement accueillie et après la lecture d'une adresse à l'Assemblée nationale pour lui demander de décider, contrairement au vœu de l'Assemblée départementale, l'alternat en faveur de Saumur, les électeurs, précédés d'un détachement des volontaires, de la compagnie de grenadiers et de toute la musique, se rendit dans l'église Saint-Pierre où étaient réunis tous les corps constitués. A l'issue de la cérémonie, le président déclara l'Assemblée dissoute et engagea les électeurs à signer les procès-verbaux[1].

L'administration des nouvelles circonscriptions territoriales étant ainsi organisée, les conseils ouvrirent leur session au

___

[1] *Archives départementales*, district de Saumur, n° 37.

commencement de juillet et procédèrent à la nomination des membre des directoires du département et du district. Les sessions de ces conseils étaient annuelles et ne devaient durer qu'un mois[1]. Pendant l'absence des administrateurs, le pouvoir était exercé par un directoire exécutif composé : pour le département, de huit membres[2] ; pour le district, de quatre membres.

Ces membres étaient élus pour deux ans : ils nommaient leur président et leur secrétaire. A Saumur, MM. Dandenac, Rossignol, Guillon et Morry, ayant été choisis par leurs collègues, furent proclamés membres du directoire. Ils appelèrent à la présidence Dandenac et choisirent Allain pour secrétaire. Mais dans ces nouvelles administrations, le ressort le plus puissant était les procureurs syndics : Delaunay à Angers, Merlet à Saumur[3].

Ces administrations, bases matérielles du système nouveau, furent loin d'acquérir l'importance que leur attribuait dans la Constitution l'Assemblée nationale. Habiles à démolir, les hommes de 89 furent malheureux dans leurs tentatives de reconstitution sociale. Là aussi ils échouèrent. Ce pouvoir exécutif, morcelé entre un si grand nombre d'agents, n'avait activité ni dans le commandement, ni dans l'exécution.

Dans ces conseils on discutait au lieu d'agir ; aussi, lorsque les événements exigèrent des décisions plus rapides, une action plus prompte et plus énergique, s'empressa-t-on de transformer les administrateurs en agents subalternes dont le rôle fut de transmettre et de faire exécuter les arrêtés des proconsuls de la Convention.

---

[1] On ne peut mieux comparer ces conseils qu'aux conseils généraux et aux conseils d'arrondissement actuels. Ils en avaient toutes les attributions.

[2] Les membres du directoire du département furent : MM. Druillon, avocat à Angers ; Villier, membre du conseil de la commune de Saumur ; Goffaux, maire de Mouliherne ; Fillon du Pin, électeur à Morannes ; Boulet, sénéchal à Fontevrault ; Crestault de la Motte, maire de Chanzeaux.

[3] Les directoires exécutifs avaient les mêmes attributions que les préfets et les sous-préfets actuels.

CHAPITRE III

Jusqu'alors la Révolution n'avait engendré que des ruines
et tous les Français, sans distinction d'opinions, avaient hâte

de jouir des bienfaits de cette liberté pour la conquête de
laquelle de si grands sacrifices avaient déjà été faits. Ce
désir était tellement vif et si général, qu'oubliant le passé,
tous les partis s'unirent pour célébrer la fête de la Fédération. Ce fut réellement la fête de la nation. Le roi avait donné
l'exemple de la réconciliation des victimes avec leurs oppres-
seurs. « Nous ne professons tous, avait-il dit à l'Assemblée,
qu'une seule opinion, qu'un seul intérêt, qu'une seule volonté,
l'attachement à la Constitution nationale, l'ardent désir de la
paix et du bonheur de la France. » Il était sincère en pronon-
çant ces paroles, et ce fut avec sincérité que l'Assemblée
prêta, entre ses mains, le serment civique.

La nation était jeune à la vie politique, on croyait à l'effi-
cacité du serment, et il fut décidé que, le 14 juillet, la France
entière répéterait la formule magique qui devait apaiser
toutes les haines, calmer toutes les passions.

De tous les coins de la France des délégués partirent pour
Paris et soixante mille fédérés se portèrent garants de la
fidélité de leurs commettants à la nation, au roi et à la loi.

A Saumur la fête fut célébrée avec éclat. A dix heures du
matin un détachement de cinquante hommes de la garde
nationale conduisit le conseil de la commune au Champ-de-
Mars[1]. Là, sur une éminence de soixante pieds de base, on avait
élevé un autel triangulaire. Un immense écusson aux armes
de la France était suspendu aux arbres placés à la droite et à
la gauche de cette élévation artificielle. La compagnie des
Invalides, sous les ordres de M. du Petit-Thouars, la brigade
de gendarmerie, le régiment de Royal-Roussillon, les compagnies des volontaires et celles de la garde nationale, formant
un carré parfait, entouraient l'autel, sur le frontispice duquel
se lisait en lettres d'or la formule du serment. M. Martin
Duchesnay, entouré de tout son clergé, offrit le saint sacrifice.
Tous les prêtres portaient par dessus leur aube une large
ceinture tricolore. Le curé de Saumur prononça à l'issue de

---

[1] Actuellement le Chardonnet.

la messe un éloquent discours. Il avait pris pour texte ce passage du livre d'Esther : « Et ils décrétèrent que le quatorzième jour serait un jour de réjouissances et de festins. » Il invitait tous les citoyens à la fête de la patrie, « il adjurait les hommes, séduits par le prestige d'un égoïsme expirant sous les anathèmes du christianisme et de l'Etat, à ne pas se laisser tromper par les apôtres intéressés à prédire la perte du catholicisme comme inséparable de celui de leurs privilèges. » Ce discours faisait pressentir la conduite que tiendrait le curé de Saumur, et les applaudissements dont il fut couvert indiquaient l'état d'esprit d'un grand nombre de ses auditeurs. M. Martin Duchesnay termina son discours par l'éloge du nouvel ordre de choses. « Beaux siècles de l'église, s'écria-t-il, vous allez donc revivre, et l'on va voir les hommes devenus frères unis dans une même pensée d'amour et de charité. » Il fit bientôt l'expérience des vertus républicaines.

Le maire et le procureur de la commune prirent tour à tour la parole, faisant appel à la concorde et à l'union. Puis de nombreux exemplaires du serment furent distribués aux troupes et au peuple. Le maire en prononça la formule à haute voix et la foule la répéta. Un cri de : Vive le Roi ! vive la Nation ! sortit de toutes les poitrines et des larmes de joie coulèrent de bien des yeux.

Les compagnies de la garde nationale, ayant au milieu d'elles le maire et les officiers municipaux, défilèrent devant le Royal-Roussillon rangé en bataille, et des cris réciproques de : Vive la garde nationale ! vive le Royal-Roussillon ! témoignèrent de l'union qui régnait entre les troupes régulières et la milice citoyenne. Un banquet de douze cents couverts, servi dans la vaste salle du Manège, termina la fête[1].

Ce fut le seul beau jour de la Révolution, et le dernier où toutes les classes de citoyens s'unirent dans une pensée commune. Les illusions s'évanouirent bien vite lorsqu'on vit l'Assemblée poursuivre et hâter sa marche destructive,

[1] Arch. munic. Reg. 166. Séance du 14 juil. Voy. Biblioth. de M. Allain-Targé.

lorsqu'on la vit troubler les consciences en imposant le serment aux prêtres, blesser l'amour-propre des nobles en supprimant leurs titres, leurs armoiries, tous leurs privilèges honorifiques, hochets auxquels ils étaient plus attachés qu'à leurs droits utiles. En agissant ainsi la Révolution se fit deux ennemis irréconciliables dont les rancunes subsistent encore aujourd'hui.

Le contre-coup de ces fâcheuses mesures ne fut cependant pas immédiatement ressenti dans les provinces. A ne voir que la surface des choses tout sembla aller comme par le passé, et si quelques suceptibilités se trouvèrent froissées elles n'en laissèrent rien apercevoir. C'est ainsi que, poussée, par cette manie d'égalité, l'Assemblée avait décrété la suppression de toutes les compagnies armées, autres que la garde nationale. Les chevaliers de l'arquebuse et la compagnie des volontaires devaient être dissous ; ils se soumirent. Delafargue, capitaine de la Compagnie rouge, remit lui-même l'étendard qu'elle tenait « de ce Roi-citoyen qui conquit le trône de ses pères », et auquel elle était si attachée. Ces drapeaux furent suspendus aux voûtes de l'église Saint-Pierre[1].

L'apaisement produit dans les esprits par la fête de la Fédération avait été de courte durée. Il fallut bientôt revenir aux moyens coercitifs pour assurer la tranquillité publique. La question principale était toujours celle de l'alimentation. La récolte n'avait pas produit les résultats espérés, le blé était toujours rare et, pour éviter une nouvelle émeute, il fallut interdire le port des armes dans les marchés, défendre les qualifications injurieuses à l'égard des vendeurs et confier à deux membres de la municipalité la surveillance des halles.

Malgré ces préoccupations, le conseil s'occupa de réorganiser le collège de la ville.

Bien avant que le cardinal de Bérulle n'eût établi des

___
[1] Arch. munic. — Reg. 166 Séance du) août.

prêtres de l'Oratoire à Notre-Dame-des-Ardilliers, il y avait à
Saumur un collège catholique. Il était situé près de l'enceinte
du château. En 1650, Louis XIV, marchant contre le prince de
Condé révolté, passa par Saumur. Le commandant du château, partisan du prince, livra la citadelle à la première som-
mation, et Mazarin ayant jugé à propos de faire augmenter
les fortifications de la place ordonna la démolition du collège.

Deux ans après, les habitants adressèrent au roi une requête
pour le supplier de pourvoir à la construction d'un nouveau
collège. Le conseil d'Etat accepta les propositions de la ville et
lui imposa l'unique condition de confier la direction du collège
aux Pères de l'Oratoire, alors fort en faveur[1].

En 1656, « maîtres François Hubert, Jacques Lehou, échevins, et Macé Lebœuf, syndic, agissant au nom de la ville,
achetèrent à dame Jacquine Delavau, veuve de maître Dru-
geon, marchand poislier, l'*Hostellerie de l'Ecu*, située à
Billanges, derrière saint Nicolas, pour 14,800 livres. » Le même
jour ils acquirent de Gilles Bourdon, notaire, gendre de ladite
dame Delavau, une autre maison et divers jardins. Ce fut
dans ces maisons que le collège fut établi. En même temps
la ville signait un traité avec les Pères de l'Oratoire, repré-
sentés par Nicolas de Vienne, assistant de la maison des Ardil-
lers, par lequel elle s'engageait à donner chaque année une
somme de mille livres pour l'entretien de cinq régents, chargés des classes de la cinquième à la rhétorique inclusivement.
En outre, les Pères devaient établir, l'année suivante, une
classe de philosophie pour laquelle ils recevraient une subvention annuelle de trois cents livres.

Les Oratoriens installés dans la maison de l'Ecu agran-
dirent considérablement le collège par des acquisitions d'immeubles[2]. Le collège de Saumur prospéra entre leurs mains,

---

[1] Le devis s'élevait à 26000 livr et la ville proposait, pour se procurer cette
somme, d'établir un droit sur le bois merrain, qui, à cette époque, entrait à
Saumur en grande quantité.

[2] Ils achetèrent les maisons du Plat-d'Etain située au carrefour de la rue
de l'Ecu et du Collège, la maison Landais, celle des Bigots.... ?

surtout lorsque l'Académie protestante eut été fermée. De nombreux élèves de la ville et des environs se groupèrent autour d'eux, et tous les enfants de la noblesse, de la bourgeoisie et de la sénéchaussée venaient recevoir dans leur établissement l'éducation secondaire.

Pendant plus d'un siècle les conventions réciproques furent scrupuleusement observées, mais en 1769 le prix des denrées s'étant beaucoup élevé, les Pères demandèrent à la ville une augmentation de dix-sept cents livres. Leur réclamation était fondée, aussi les habitants, qui tenaient à leur collège, n'hésitèrent-ils pas et demandèrent-ils à l'intendant la permission de s'imposer. Le représentant de l'autorité royale leur refusa tout d'abord l'autorisation qu'ils sollicitaient. « Sans doute les services que rendaient les Pères étaient grands, mais la ville avait à faire des dépenses d'un caractére d'utilité plus générale, les quais, les levées, le pont, qui à lui seul absorberait une somme de cent cinquante mille livres. »

En 1783, nouvelle demande des Pères de l'Oratoire. Les bâtiments du collège auxquels la ville n'avait jamais fait faire de réparations étaient dans un tel état de dégradation, que les Pères prévinrent les habitants que si des travaux n'étaient pas exécutés, ils se trouveraient dans l'impossibilité de continuer à régir le collège. On fit un devis qui dépassa soixante mille livres. C'était une grosse dépense. Les habitants préférèrent faire construire un collège neuf. Un projet fut préparé ; on devait édifier un vaste établissement de onze cents toises carrées. Le devis s'élevait à cent trente-huit mille livres. Ce nouveau collège, situé sur le même emplacement que le précédent, entre la rue du Manège et celle des Petites-Ecuries, devait contenir des chambres pour quatre-vingt-dix-huit pensionnaires. Un billard et une bibliothèque seraient mis à la disposition des élèves.

Ce plan obtint l'assentiment de l'intendant. La ville, dont les finances étaient prospères, devait s'acquitter en huit ou neuf ans, avec les deniers de son épargne, sans avoir recours à l'emprunt. L'obstacle vint des Pères de l'Oratoire. Ils demandèrent que l'on insérât, dans le traité qu'ils devaient conclure avec la ville, cette clause : « qu'une fois en possession du nouveau collège, ils auraient droit de demander un supplément de traitement s'ils le jugeaient à propos. » L'intendant effrayé du vague de cette disposition refusa d'autoriser les travaux dans ces conditions. Mis au pied du mur, les Pères demandèrent dix mille livres par an pour entretenir six professeurs d'humanité, deux de philosophie, un préfet supérieur. La ville ne pouvait accepter cette charge, les habitants renoncèrent à leur projet et les Pères de l'Oratoire quittèrent le collège au mois d'août 1785.

On ne pouvait laisser la jeunesse sans instruction. Le corps de ville s'adressa au clergé séculier, et un prêtre de Château-du-Loir, l'abbé Conasse du Rocher, s'offrit pour venir régir le collège de Saumur. Le traité était près de se conclure, lorsqu'un prêtre de Saumur, l'abbé Blondeau, offrit ses services. On les accepta. Le personnel enseignant devait se composer de quatre régents, chargés chacun de deux classes. Il devait y avoir un professeur de logique et de philosophie et un maître de mathématiques. La subvention faite par la ville était de trois mille livres. Chaque interne devait payer quinze livres par an, mais aussitôt que les réparations les plus urgentes auraient été faites aux bâtiments du collège, le prix de la pension serait réduit à six livres, ainsi qu'il en avait toujours été.

En 1790, l'abbé Blondeau, n'ayant qu'un nombre très minime d'élèves en philosophie, demanda au conseil de la commune l'autorisation de supprimer un des régents. Il proposait de créer une classe de langue française, d'histoire et de géographie. Le conseil accepta cette proposition « persuadé que de quelque utilité que soit le latin, il est encore plus important pour les jeunes gens d'apprendre leur langue naturelle et plus intéressant d'être instruits des sciences nécessaires pour former l'esprit et le cœur, que de celles qui trop souvent ne consistent qu'en de vaines disputes de mots. »

L'abbé Blondeau et ses régents MM. Pinvert, Legendron, Blondin, Hoffard, Virfolle, Venor, Duboudeau, prêtèrent le serment civique, le trente janvier 1791, dans l'église de Saint-Nicolas. Six mois après, Blondeau élu grand vicaire de l'évêque constitutionnel d'Angers, M. Hugues Pelletier, proposa au conseil de la commune de le faire remplacer par son régent de philosophie l'abbé Pinvert, auquel les autres régents consentaient à obéir. Cette proposition fut acceptée et Pinvert fut principal du collège de Saumur jusqu'au mois de décembre 1793, époque à laquelle il mourut. Il avait donné à la Révolution les preuves les plus éclatantes de son attachement en abdiquant publiquement son état de prêtre. C'était un des orateurs les plus violents de la Société populaire et un des plus écoutés Il ne fut pas remplacé. Pendant la Terreur les questions scolaires étaient bien secondaires.

Quoique le président de la Société populaire de Saumur, le citoyen Riffault, qui se piquait de belles-lettres, eut demandé que l'on érigeât un temple à l'Instruction, il n'en est pas moins certain qu'aux yeux des sans-culottes, l'enseignement primaire était seul nécessaire. Savoir le latin, écrire le français sans fautes d'orthographe, suffisait pour faire de vous un suspect ; aussi les établissements d'instruction secondaire furent-ils totalement délaissés pendant toute la durée de la Révolution. A la suite d'un décret de la Convention du mois d'avril 1794, qui rendait l'instruction primaire obligatoire[1], on dressa à Saumur la liste des enfants de six à dix ans. Il y en avait cinq cent dix-neuf. On trouva aussi treize instituteurs des deux sexes. Plusieurs, de l'avis du maire, n'étaient guère capables d'enseigner. Faute de mieux on dut s'en contenter. Les écoles primaires ne furent cependant organisées qu'au mois de février 1795. On en établit sept pour Saumur,

---

[1] Le 20 déc. 1792, Lanthenas avait fait un rapport à la Convention sur l'organisation de l'instruction primaire. Il devait y avoir une école primaire dans toutes les communes de 400 à 1500 âmes. Les instituteurs avaient 600 fr. de traitement. Ils étaient élus par les habitants.

Bagneux, Saint-Florent et Saint-Lambert. Deux furent installées dans les cures de Saint-Pierre et de Nantilly, les autres dans des maisons d'émigrés ou de condamnés. L'emploi d'aucun livre relatif à quelque culte que ce soit fut rigoureusement interdit « et les maîtres ne durent enseigner à leurs élèves d'autre morale que la morale universelle ». On leur recommanda surtout d'instruire les enfants dans l'usage du nouveau calendrier et de leur faire apprendre par cœur le Catéchisme républicain, ce livre *sacré*, et la Déclaration des Droits de l'homme.

Les familles durent donc se contenter de l'instituteur primaire jusqu'en l'an IX où MM. Blondeau, l'ancien principal du collège, Hobbé et Lalande, fondèrent un établissement d'instruction dans l'ancien couvent des Capucins. Les pères de famille étaient invités à envoyer leurs enfants dans cette maison, où l'on inspirait aux jeunes gens « le goût des lettres, l'amour de la vertu ». Soit insouciance des parents, soit défaut de confiance dans les professeurs, ce collège ne prospéra pas. Quelque temps après, l'Empire réorganisa l'instruction secondaire, et le collège fut établi dans les vastes bâtiments des Ursulines où il se trouve encore aujourd'hui[1].

Le commencement de l'hiver de 1790 fut marqué, à Saumur, par une terrible inondation. Il n'y avait pas, à cette époque, de quais le long du port Saint-Nicolas, aussi eut-on beaucoup de mal à préserver la rue de la Petite-Bilange. Heureusement la levée d'enceinte ne rompit pas, comme cela avait eu lieu en 1788. Au faubourg de la Chouetterie, dans la rue du

---

[1] *Arch. munic.* Rég. 165-166. Séances du 15 juillet 1786, 8 novembre 1790 et 2 avril 1791. Liasse GG, 96. — Bibl. d'Angers, H. 5127, *Journal du département d'Angers*, T.I, p.81. Reg. des décès de la ville de Saumur, 21 décembre 1793. — Arch. munic. Reg. des Délib. du 25 juin 1793, séances des 7 avril, 3 mai 1794, 3 juillet 1795. Reg. de correspondance 7 octobre 1794 et 20 février 1795. — Reg. des Délib. 26 février 1796. Arch. munic. Pièces non cotées. Nom des instituteurs en 1794 : Perdrian, Chat, Guyet... des institutrices Moreau, Bineau, Rabouin, son mari était concierge de la prison de la Tour, Bonnard. — *Revue d'Anjou, année 1882*, la Société populaire de Saumur, par Albert Bruas, ancien magistrat.

Pressoir-Saint-Antoine et dans toutes les basses rues de Nantilly l'inondation fut effrayante. Les eaux s'élevèrent à plus de cinq pieds. Les levées du Thouet n'existaient pas alors et rien n'empêchait cette rivière de s'étendre jusqu'aux murs de l'église de Nantilly. Le faubourg des Ponts souffrit plus encore ; l'eau monta à huit pieds, et les assemblées électorales, qui se tenaient dans le couvent des Capucins, furent interrompues.

Les électeurs ne chômaient guère en effet ; chaque jour c'étaient de nouvelles assemblées. Le quinze novembre les électeurs avaient été convoqués pour nommer les nouveaux officiers municipaux. La moitié des membres du conseil de la commune, et les notables élus au mois de janvier précédant, devaient, aux termes de la loi, être remplacés. MM. Cailleau, Servan-Duvivier, Ollivier, Pelison, Ducamp, Guéniveau et Tricault, furent élus. Le nouveau corps municipal fut installé le 22 novembre. A cette occasion le maire prononça un discours où l'on voyait déjà poindre le découragement. Le sort commun de tous ces promoteurs de la Révolution fut de perdre, bien promptement, les illusions qu'ils avaient pu concevoir. Les uns, comme Bonnemère, dépassés par le torrent révolutionnaire, moururent avec l'amer regret d'avoir donné la première secousse aux institutions qu'ils aimaient et qu'ils voyaient s'écrouler autour d'eux ; les autres, plus malheureux encore, assistèrent impuissants aux orgies sanglantes de la Terreur et ne survécurent que pour voir sombrer cette liberté à laquelle ils avaient tout sacrifié. « Oui, comme le disait avec mélancolie le maire de Saumur, on avait besoin de courage et de fermeté pour accepter ces charges municipales, que les familles les plus considérables de la ville s'orgueillissaient jadis de remplir, et qui, aujourd'hui, vous mettent en opposition avec les intérêts de vos concitoyens, et vous créent des inimitiés jusque parmi vos parents. »

En ouvrant aux voleurs et aux faussaires les cachots de la Bastille, le peuple de Paris avait cru délivrer le génie de la liberté que le despotisme y tenait enchaîné depuis des siècles. Les flatteurs du peuple,et ils sont nombreux, le lui répétèrent si bien que la grande majorité des Français en est encore aujourd'hui convaincue. Chacun des meurtriers du malheureux Delaunay[1] devint un héros, et la citadelle royale, mise en morceaux, fut distribuée à toutes les municipalités de France, en souvenir de ce glorieux événement.

Saumur ne pouvait, pour bien des raisons, être oublié. La ville était dans le mouvement et un de ses enfants, Aubin Bonnemère[2] avait conquis, « à l'occasion de la prise du vieux donjon », une sorte d'illustration.

M. Cigongne, député de Saumur, sollicita et obtint une pierre du cachot où le comte de Lorges avait gémi pendant trente-deux ans. Il l'offrit au conseil de la commune qui l'accepta avec empressement. C'était une admirable occasion de prononcer des discours ; on ne s'en fit pas faute. Cigongne, qui s'était prudemment abstenu d'aborder la tribune de l'assemblée, s'en dédommagea dans sa ville natale, et ses concitoyens exultèrent de joie en entendant parler « un des Pères de la Révolution ».

Ce fut donc avec une véritable pompe que M. Cigongne fit hommage à la ville de la pierre symbolique que Bonnemère et lui offraient à leurs concitoyens. Il se présenta accompagné de Marie Château, mère d'Aubin, de Jean Château-Bonnemère, de Marguerite et de Marie Bonnemère, de Jean Portesel, sœurs et beaux-frères du libérateur de Mademoiselle de Monsigny.

Sur une des faces de la pierre, Cigongne avait fait graver le plan de la forteresse exécrée, surmonté du sabre et de la

---

[1] Le peuple délivra sept prisonniers : Pujade, Bechade, La Roche, La Caurège, accusés de fabrication de fausses lettres de change ; de Solages, arrêté et enfermé sur les instances de son père pour dettes et inconduite ; Tavernier, fils naturel de Pâris-Duvernier, et de Whyte. Ces deux derniers étaient aliénés et on dut les faire renfermer à Bicêtre. Telles étaient les victimes du despotisme royal en 1789.

[2] Aubin Bonnemère était soldat au régiment de Royal-Comtois infanterie. Dans la réunion tenue le 13 juillet dans l'église Saint-Paul, il reçut le commandement d'une troupe de soixante hommes.

couronne civique que la ville de Paris avait décernés à Bonnemère. Après avoir longuement développé les avantages incal-
culables de la destruction « de l'un des plus odieux repaires
des vengeances ministérielles », le député de Saumur présenta, avec les procès-verbaux attestant la courageuse
conduite d'Aubin, « une pièce de vers où le jeune volontaire
exprimait l'attachement qu'il avait conservé aux murs qui
l'avaient vu naître. »

On me pardonnnera de citer quelques-uns des vers de « ce
jeune héros » dont la modestie ne semble pas avoir été la
vertu favorite :

Un monument affreux a servi trop longtemps
L'implacable fureur de nos cruels tyrans.
Ah ! tandis qu'il n'est plus, tandis que l'héroïsme
A renversé sous lui l'orgueilleux despotisme,
Combien j'aime à penser à ces heureux succès !
J'aime à penser aux miens : ils sont ceux d'un Français
Tout bouillant de valeur, d'audace et de génie.
. . . .
D'un repaire infernal cette image terrible
En leur représentant (*à ses neveux*) mon ardeur invincible,
Colorera leurs traits d'une noble fierté :
Ils lèveront la tête au mot de LIBERTÉ.

Le maire répondit que la ville était profondément touchée
des témoignages d'affection que lui donnait un de ses plus
glorieux enfants, et que le conseil de la commune avait décidé
que la pierre serait scellée dans l'endroit le plus apparent de
la grande salle de l'Hôtel-de-Ville et que cette inscription y
serait gravée :

Dans l'horreur des cachots, sous des monceaux de fers,
J'ai vu le despotisme immoler ses victimes.
Aujourd'hui, dans Saumur, j'annonce à l'univers,
Avec la liberté, ce fléau des pervers,
Le règne des vertus et le tombeau des crimes !

Bonnemère fut inscrit au nombre des citoyens actifs, et des imprimés, contenant le récit des séances de la Commune de Paris des 3 et 5 février, ainsi que les vers de Bonnemer, furent déposés aux Archives.

M. Eugène Bonnemère, dans ses *Etudes Saumuroises*, a raconté, avec beaucoup de détails, la conduite tenue par Aubin le 14 juillet. Je me bornerai donc à un rapide résumé des faits :

Le 14 juillet, Mademoiselle de Monsigny[1] fut arrêtée par un homme du peuple qui la prenait pour la fille du gouverneur de la Bastille. On s'écria que, puisque Delaunay ne voulait pas rendre la forteresse, il fallait faire mourir sa fille. On lui lança un coup de fourche qu'un généreux citoyen para avec sa hallebarde, jurant qu'elle n'était pas celle que l'on croyait. On la laissa aller. Quelques heures après la malheureuse jeune fille retomba entre les mains d'une autre troupe de furieux. Entraînée par eux elle fut jetée sans connaissance sur une paillasse à laquelle on se préparait à mettre le feu Le même citoyen, qui déjà lui avait sauvé la vie, prévenu du nouveau danger qu'elle courait, essaya de l'en préserver. Voyant que, malgré ses efforts, elle allait périr, il la saisit dans ses bras, passe au travers la fusillade et la porte rue Saint-Antoine, où il la remet entre les mains de personnes sûres, puis il revint prendre part à la lutte[2].

Pendant six mois, Monsieur de Monsigny chercha en vain le libérateur de sa fille. Il désespérait de le rencontrer, lorsqu'un jour Mademoiselle de Monsigny reconnut Bonnemère à sa voix. Comme le brave jeune homme refusait d'accepter une récompense pécuniaire, on demanda pour lui, au général Lafayette, un sabre d'honneur. Monsieur Thuriot de la Rosière, membre de la commune de Paris, appuya de toutes

---

[1] M. de Monsigny commandait les canonniers invalides en garnison à la Bastille.

[2] Ce fut lui qui, avec Tournay, empêcha les Invalides de relever le petit pont-levis. V. *Monit. Universel*, T. I, p. 185.

ses forces cette demande[1], et l'assemblée décida qu'une couronne civique serait décernée au jeune volontaire.

Mademoiselle de Monsigny vint elle-même couronner son sauveur, et Bailly, le maire de Paris, en lui remettant les récompenses qu'elle devait décerner, lui dit ces paroles : « Nous honorons la valeur et la vertu et nous les couronnons en vous offrant de couronner ce soldat. » Un certain M. Bineau, témoin de cette scène, fut tellement attendri qu'il constitua à Bonnemère une rente viagère de cinquante livres.

Singulière époque ! Les mêmes hommes qui emplissaient de foin la bouche du malheureux Foulon, et qui forçaient son gendre à baiser sa tête sanglante, pleuraient d'attendrissement en écoutant le récit du couronnement du sergent Bonnemère et la creuse phraséologie du maire de Paris.

Aubin Bonnemère, que l'auteur des *Etudes Saumuroises* a habillé quelque peu en héros de roman, avait cependant des aspirations bien modestes. Son rêve était d'entrer dans la gendarmerie. Il vint à Saumur solliciter lui-même son admission dans ce corps d'élite et à cette occasion prononça un discours (hélas ! qui ne s'en mêlait alors) devant le district. « Je désire, dit-il, ne jamais perdre de vue le drapeau national. Je me prépare en conséquence à demander une place d'officier dans la gendarmerie ». Ses vœux furent comblés[2].

Les parlements avaient donné les premiers le signal de la Révolution, ils en furent les premières victimes. L'Assemblée les abolit et créa trois sortes de tribunaux : un tribunal criminel, par département, un tribunal civil et un tribunal de paix, par district. — C'était une mesure excellente de mettre ainsi la justice à la portée des justiciables, mais il fallut que l'Assemblée la gâtât en prescrivant de se servir de la voie électo-

[1] Thuriot de la Rosière, président du district Sainte-Catherine, avait été sommé par le gouverneur de la Bastille de se rendre. On menaça de tirer sur lui s'il ne se retirait. Bonnemère se mit devant lui. Voy. Arch. Mun. Liasse P. 8. 289.

[2] Arch. munic. Rég. 166. Séances du 5 décembre 1790. — Eugène Bonnemère : Les *Etudes Saumuroises. Monit. univ.* T. I, p. 185. Arch. munic. Pièces non cotées. Carton Bonnemère.

rale pour le choix des juges. On courait ainsi le risque de
voir le peuple désigner de singuliers magistrats. Heureusement les électeurs furent plus sages que les législateurs ;
presque partout les anciens magistrats furent choisis. A
Saumur, le sénéchal Desmé-Dubuisson fut nommé président
du tribunal civil avec MM. Allain, Quesnay, Delavau, Monard,
pour juges.

L'installation des membres du tribunal eut lieu le 7 décembre. A l'issue de la messe du Saint-Esprit, le nouveau corps
judiciaire se rendit dans la grande salle des délibérations à
l'Hôtel-de-Ville, pour prêter serment. Le discours du président
Desmé fut froid et laconique. Il avait été profondément blessé
de l'amoindrissement des prérogatives de l'ancienne magistrature, à laquelle un décret de l'Assemblée avait enlevé la
connaissance des causes de police et de commerce. Il ne dis-
simula pas son mécontement et déclara « que le patriotisme
seul lui faisait jurer le maintien de la Constitution décrétée
par l'Assemblée et acceptée par le roi ».

Coustard, le procureur syndic de la Commune, lui répondit.
Il faisait partie de cette classe de procureurs parmi lesquels
la Révolution trouva ses plus chauds partisans. Aussi profita-
t-il de cette occasion pour donner carrière à cette vieille haine
que les juridictions inférieures avaient de tout temps professée
à l'égard de la haute magistrature. Il attaqua avec violence les
anciennes institutions qu'il accusa « d'avoir pétrifié, dans les
cœurs, l'amour de la liberté » ! « Ils sont anéantis, dit-il, ces
grands corps qui, sous le nom de pères du peuple, mettaient tout
en œuvre pour l'asservir ! » Il s'éleva avec véhémence contre
les parlements « l'effroi du faible et de l'indigent », et surtout
contre la vénalité de l'ancienne magistrature. « Désormais le
sanctuaire de la justice sera accessible à tous. Le père de
famille outragé ne verra plus son honneur, dans la balance
de Thémis, à côté d'une portion du numéraire de son calom-
niateur[1]...... »

[1] Arch. munic. Reg. 166. Séance du 7 décembre 1790

Bonnemère avait profité de l'installation des nouveaux magistrats pour faire accepter, par le conseil de la commune, l'établissement du tribunal dans les bâtiments de la commission des Aides.

Depuis 1757, le tribunal siégeait dans la grande salle des Assemblées générales, à l'Hôtel-de-Ville. L'ancien palais de justice avait été démoli, son état de vétusté ne comportant aucune réparation. Cette installation, qui n'avait jamais dû être que provisoire, avait de grands inconvénients[1]. L'éloignement de la prison, située alors près du château obligeait les malheureux détenus à traverser les rues de la ville, où ils étaient l'objet des insultes d'un peuple aussi facile à s'indigner qu'à s'émouvoir. En outre, les assemblées générales, rares sous l'ancien régime, étaient devenues fréquentes, et l'action de la justice se trouvait ainsi ralentie.

Le conseil décida que les bâtiments où siégeait l'ancienne commission des Aides et la tour Grenetière[2], devenus propriétés nationales par suite de la suppression de la Gabelle, seraient acquis par la ville. La prison fut établie dans la tour que l'on relia, par une galerie, à la chambre d'instruction.

Le décret de la Constitution civile du clergé, sanctionné le 24 août par le roi, avait été rendu obligatoire le 27 novembre suivant. Sur la proposition de Verdel, qui signala à l'Assemblée une soi-disant ligue, formée par les évêques et les curés, contre l'Etat et la religion, l'Assemblée décréta que tous les prêtres seraient tenus de prêter serment de fidélité à la Constitution. La cérémonie devait être publique et se passer dans l'église de la commune. En cas de refus, les insermentés seraient considérés comme ayant renoncé à leurs offices, et il serait pourvu à leur remplacement.

---

[1] L'ancienne prison était sur l'emplacement actuellement occupé par le réservoir des eaux de la Loire. On en voit encore les ruines et le cachot où on *enfergeait* les prisonniers.

[2] Cette tour servait déjà de prison pour enfermer les faux saulniers. Voy. Arch. munic. Reg. des décès de Nantilly, 1710.

En se liant par ce serment les membres du clergé approuvaient implicitement toutes les mesures déjà votées contre eux : la spoliation de leurs biens, la suppression d'un grand nombre d'évêchés, des communautés d'hommes, des chapitres des cathédrales, enfin la rupture des liens qui unissaient le clergé de France au Saint-Siège et la destruction de leur ordre comme corps de l'État. Il n'est donc pas étonnant qu'une loi qui blessait de si nombreux intérêts rencontrât, dans son application, de nombreux adversaires. Aussi le décret que la haine des jansénistes de l'Assemblée avait dicté, et que la cupidité des députés, qui agiotaient sur les biens nationaux, fit rendre exécutoire, trompa-t-il les espérances des révolutionnaires. Ils avaient compté qu'une scission se produirait entre le haut et le bas clergé, que les pauvres curés, séduits par l'appât des quatre-vingt-trois sièges épiscopaux et des douze cents places de vicaires généraux, offerts à leur convoitise, abandonneraient leurs chefs et laisseraient les évêques faire à la Constitution une opposition stérile. Il n'en fut rien. Malgré les explications de Mirabeau pour atténuer la portée du serment, malgré l'étrange aveu de l'abbé Grégoire, que l'Assemblée *n'exigeait pas un assentiment intérieur*, les courageuses paroles de l'évêque de Poitiers, Monseigneur de Beaupoil, décidèrent la grande majorité des curés de l'Assemblée à refuser le serment demandé : « Messieurs, avait dit le vénérable prélat en montant à la tribune, j'ai soixante-dix ans, j'en ai passé trente-cinq dans l'épiscopat où j'ai tâché de faire tout le bien que j'ai pu. Accablé d'années et d'infirmités, je ne veux pas déshonorer ma vieillesse. Ainsi je ne prêterai pas le serment : je saurai prendre mon sort en patience[1]. »

Le seul résultat de cette mesure odieuse fut de faire perdre au parti de la Révolution un grand nombre d'adhérents qui, par le caractère dont ils étaient revêtus, augmentaient considérablement son crédit auprès du peuple. Comment les

---

[1] Mém. du Marquis de Ferrières T. III p. 142.

hommes éclairés qui votèrent cette loi purent-ils s'imaginer
qu'il suffirait d'un simple décret pour modifier ces croyan-
ces religieuses auxquelles l'homme s'attache jusqu'à donner
sa vie. Philosophes incrédules, ils jugèrent les autres d'après
eux-mêmes, et n'éprouvant pas l'influence du sentiment religieux, ils nièrent son existence.

Les cinq sixièmes du clergé de France suivirent l'exemple
de leurs députés. Dans le district de Saumur il n'en fut pas
ainsi ; huit curés et quelques vicaires seulement restèrent
fermes dans leur foi.

Ce fut le 30 janvier 1791 que les ecclésiastiques de Saumur
prêtèrent le serment civique en présence des députés de la
commune. Aucun incident ne se produisit. MM. Martin
Duchesnay, curé ; Hobbé, Moreau, Clavreul, vicaires ; Hardouin, récollet, et Delhumeau, cordelier, prêtèrent le serment
dans l'église Saint-Pierre ; MM. Meignan et Refour, vicaires,
à Nantilly; MM. Durand, Lalande vicaires; Blondeau, Pinvert,
Legendron, Blondin, Hoffard, Virefolle, Venor, Duboudeau,
professeurs au collège, à Saint-Nicolas.

La formule du serment était ainsi conçue : « Je jure de veiller
avec soin sur les fidèles de la paroisse confiée à mes soins,
d'être fidèle à la nation, à la loi et au roi, de maintenir de tout
mon pouvoir la Constitution décrétée par l'Assemblée
Nationale et notamment les décrets relatifs à la Constitution
Civile du clergé[1]. »

La prestation du serment entraînait donc l'adhésion de
l'ecclésiastique qui le prononçait à tous les actes de l'Assemblée. Beaucoup de ces actes étaient, pour les consciences
catholiques, de véritables attentats à la religion. Aussi n'est-
il pas surprenant qu'un grand nombre de prêtres, guidés par
le seul sentiment religieux, aient hésité à le prononcer et
finalement s'y soient refusés. Sans doute, quelques évêques
et quelques prêtres obéirent à des préoccupations humaines

[1] Bibl. d'Angers II. 5176.

en repoussant la Constitution civile, mais que de pauvres curés de campagne, qui avaient tout à gagner en l'acceptant, aussi bien l'amélioration de leur situation matérielle, que l'accroissement de leur influence morale, se soient laissés guider par des mobiles semblables, cela n'est pas possible. Le refus du serment fut une protestation du clergé contre l'immixtion des laïques dans des questions de discipline religieuse. Les intérêts temporels ne furent nullement en jeu et ceux qui le refusèrent avaient tout à perdre et rien à gagner en agissant ainsi.

La formalité du serment donna lieu à quelques difficultés ; certains prêtres plus attachés à la forme qu'à la réalité refusèrent de jurer en levant la main droite[1]. Il fallut que le Directoire du département décidât que, quels que fussent les signes extérieurs, le serment était valable.

Entraînés par l'exemple du clergé de Saumur, tous les prêtres du district prêtèrent le serment. Les seuls curés d'Allonnes[2], de Distré[3], de Gresillé[4], de Louresse, de Chemelle[5], le refusèrent. Ceux de Doué[6], de Forges et d'Ambillou[7], jurèrent conditionnellement.

Les électeurs furent convoqués le dimanche 12 février pour remplacer les prêtres réfractaires. Ils se réunirent dans l'église Saint-Pierre accompagnés des corps civils et militaires. Après l'office on procéda à la nomination des nouveaux curés. « Nous avons fait, écrivait Merlet, procureur syndic du district, aux administrateurs du département, un choix favorablement accueilli du public, et les ecclésiastiques nommés

---

[1] Jusqu'alors les ecclésiastiques juraient en plaçant la main droite sur la poitrine.

[2] Quesneau.

[3] Oger.

[4] Michel Martin.

[5] François Ribay.

[6] François Peltier.

[7] François Boutemy. Il fut remplacé par François Carpentier qui devint général de brigade en 1794.

nous dédommageront amplement de la retraite des anciens, dont les trois quarts sont étrangers au pays....... » Il ajoute : « Aussitôt que Monseigneur l'évêque du département aura reçu la consécration, je vous prie de m'en instruire, afin que je puisse en donner avis aux curés nouvellement élus pour qu'ils obtiennent l'institution canonique[1]. »

C'était là en effet la grande difficulté : trouver des évêques qui consentissent à instituer les prêtres assermentés. L'évêque d'Angers, Monseigneur Couet du Vivier de Lory, avait refusé le serment et on avait dû procéder à son remplacement.

Le 5 février les électeurs primaires s'étaient réunis dans la salle Saint-Aubin, à Angers. Delaunay fut élu président, Villiers, de Saumur, secrétaire. Le premier expliqua à l'assemblée le but de la réunion : « Monsieur Couet, dit-il, évêque de ce département, n'a pas satisfait à la loi. Plus les hommes sont élevés en place, plus ils doivent donner l'exemple de la soumission aux décrets. Le défaut de prestation de serment de Monsieur Couet a rendu l'évêché de cette ville vacant, comme par démission. C'est à vous, Messieurs, d'y pourvoir. »

Il proposa aux électeurs d'assister le lendemain à une messe solennelle célébrée par des ecclésiastiques pris dans le sein de l'assemblée. MM. Duvivier, Peltier, Delbée[2], furent chargés d'inviter les corps administratifs et les gardes nationaux à y assister.

Le 6 février, M. Guillier de la Touche, curé d'Epiré, célébra l'office en grande pompe, et M. Fillon-Dupin, un des scrutateurs, prononça un discours. Il recommanda à ses auditeurs de choisir des curés patriotes, surtout au moment où des levées d'hommes allaient être nécessaires pour défendre le pays que l'étranger menaçait. « Comment auriez-vous les

---

[1] Bibl. d'Angers H. 5427 — *Journal du département.* Le rédacteur ajoute : « Les campagnes suivent la même marche, il n'y aura pas six fonctionnaires de réfractaires. »

[2] Le futur généralissime de l'armée royale n'avait pas été admis dans les assemblées de la noblesse en 1789. Il vota avec le Tiers.

l'onds et les soldats nécessaires, si vous aviez dans le sein de vos communes des ennemis de vos institutions, qui, au lieu d'encourager, dénigreront, qui, au lieu de vous aider, entraveront..... ». Après le chant du *Veni Creator*, l'assemblée rentra dans la salle de ses séances. Il y avait 477 votants. Hugues Pelletier, prieur-curé de Beaufort, réunit 248 voix. Il y eut cinquante-six bulletins nuls.

Le nouvel évêque remercia l'assemblée en quelques mots :

« Il m'en coute, *frères et amis*, de remplacer un supérieur encore vivant, mais la voix de la patrie s'est fait entendre, fils soumis je lui obéis..... Ah! que n'a-t-il vu par mes yeux' cette Constitution civile du Clergé, digne d'un concile général ; il regretterait avec moi qu'elle ne soit pas l'ouvrage du seul clergé de France, qui, par ce plan vraiment apostolique, aurait servi de modèle à l'univers chrétien[2]. »

Delaunay annonça que la proclamation de Pelletier serait faite le 7 février dans l'église, à dix heures du matin, avant la grand'messe, et il invita les députés à y assister. L'évêque fut alors reconduit chez lui au milieu d'un grand concours de peuple qui criait : « Vive l'évêque du département! » En tête du cortège marchait la musique de la garde nationale et celle du régiment de Picardie. Pelletier placé entre Delaunay et Villiers, entouré d'un grand nombre d'ecclésiastiques qui avaient obéi à la loi, fut conduit au Champ-de-Mars où il parcourut les rangs de la garde nationale qui faisait l'exercice sur le Mail.

Le lendemain, les membres de l'assemblée se rendirent à l'église Saint-Maurice. Là le président Delaunay s'étant avancé sur la première marche de l'autel, ayant Pelletier à ses côtés

---

[1] M. Couet de Lory, comme un grand nombre d'ecclésiastiques, s'était montré favorable au mouvement de 1789 et avait prêté le serment civique dans toutes les assemblées auxquelles il avait assisté. Ayant refusé d'adhérer à la Constitution civile du Clergé, les patriotes prétendirent qu'il avait été débauché par les évêques et les prêtres réfractaires.

[2] Jamais tyran ne fut plus bassement adulé dans les assemblées politique de la période révolutionnaire.

prononça un fort long discours pour rappeler aux peuples les avantages de la Révolution et de la Constitution civile. Ches-neau, curé de Saint-Pierre du Lac, célébra la messe, on chanta un *Te Deum*, puis on se rendit dans la salle électorale où une députation d'écoliers vint féliciter le nouvel évêque et lui demander un jour de congé.

L'assemblée fut ensuite dissoute.

Pelletier fut sacré le 13 mars dans l'église de l'Oratoire de Paris par l'évêque Gobel. Son installation eut lieu le 20 mars suivant par un soleil superbe. L'évêque prit possession de l'évêché au son de la musique, et le directoire du département lui donna un banquet splendide dans les cloîtres de Saint-Aubin. Les dames furent admises au dessert et circulèrent, avec leurs enfants, autour des convives qui leur distri-buèrent force dragées[1].

La constitution du clergé ne prescrivait pas aux prêtres réfractaires l'obligation de quitter la paroisse. La plupart con-tinuèrent à y résider et à célébrer le culte dans leurs anciennes églises. On conçoit donc combien l'installation du curé cons-titutionnel dut être difficile dans ce cas. Dans certaines com-munes les habitants refusèrent de communiquer avec l'intrus, qui ne put trouver ni sacristain pour sonner sa messe, ni enfant de chœur pour la servir, ni fidèles pour y assister. Dans d'autres paroisses, sans que les choses allassent aussi loin, la situation était néanmoins fort tendue. Les habitants divisés en deux camps s'accablaient d'injures et les rixes étaient journalières ; des plaintes arrivaient de tous les côtés au Directoire du district.

Des faits de ce genre eurent lieu à Allonnes et à Grésillé. Dans la première de ces localités, le curé Quesneau fut dé-noncé à l'accusateur public. Il avait, disait-on, tenu des propos incendiaires et abusé du tribunal de la pénitence « pour affer-mir le fanatisme dans l'esprit de ses pénitents, en leur inspi-

---

[1] Bibl. d'Angers, H. 2018. — Grille : *Mémoire sur la formation du pre-mier bataillon des volontaires.* T. I., p. 62 et suiv.

rant les plus mauvaises idées sur ses confrères, qui ont satisfait à la loi du serment». Quant au curé de Grésillé, le sieur
Martin, on se plaignait qu'il eut défendu aux fidèles d'aller à
la messe d'un curé voisin parce qu'il était assermenté. Il
avait aussi annoncé publiquement que son dessein était de ne
sortir que par la force de son presbytère, et d'avoir dit que
« les maux de Nîmes et d'Uzès n'étaient rien et qu'on en
verrait bien d'autres. »

L'accusateur public près du tribunal de Saumur était alors
Pierre Drouyneau. Il refusa formellement de suivre l'effet de
ces dénonciations, les faits signalés ne lui paraissant pas
assez graves, et ne voyant, dans les propos des curés, qu'une
opinion fausse, indiscrètement manifestée. Le procureur-
syndic Merlet, poussé par le club des Jacobins, porta cette
dénonciation devant le directoire du département. Cette
assemblée, entièrement dominée par Delaunay et par Villiers,
tous deux fort hostiles au Clergé insoumis, arrêta que la
dénonciation serait notifiée au greffe du tribunal de Saumur,
et que le ministre de la justice serait informé de la conduite
tenue par Drouyneau[1].

Quelques mois après, le malheureux Quesneau fut arrêté,
transféré à Paris, interné aux Carmes où il périt lors des
massacres de Septembre[2].

A Rou, petite commune des environs de Saumur, les
choses se passèrent différemment. Là ce furent les habitants
qui refusèrent de recevoir le curé envoyé par l'évêque d'Angers. Ils lui reprochaient de n'avoir pas prêté serment.
Cependant dans la généralité des communes du Saumurois,
la tranquillité ne fut pas troublée. Les habitants acceptèrent
d'autant plus facilement la nouvelle constitution du clergé,
qu'ils virent leurs anciens curés demeurer au milieu d'eux.

Il n'en fut pas de même dans les autres districts du département où la résistance des paroissiens à recevoir les prêtres

---

[1] Bibl. d'Angers, H. 5427, T. i, n° 3.
[2] *Revue d'Anjou*, année 1858.

constitutionnels fut très vive. Les administrateurs de Mayenne-et-Loire crurent, en employant la force, venir à bout de cette répugnance. Ils ne firent qu'exaspérer les religieux habitants des communes situées au sud de la Loire. Les pèlerinages, les processions nocturnes, les attroupements autour des chênes et des chapelles miraculeuses continuèrent. Dans ces conciliabules, les paysans s'encourageaient à la résistance et le vent de la guerre civile commença à souffler sur ces malheureuses contrées[1].

La conséquence immédiate, pour Saumur, de la nouvelle Constitution du clergé, avait été la division de la ville en quatre paroisses : Saint-Pierre, Nantilly, Saint-Nicolas et Saint-Jacques. Les paroisses de Bagneux, Dampierre et Varains furent supprimées et annexées à celles de la ville. M. Martin Duchesnay resta curé de Saint-Pierre et les électeurs primaires furent convoqués pour nommer les curés des nouvelles paroisses.

L'assemblée se tint le 21 septembre 1791 dans l'église de Nantilly ; il y avait quatre-vingt-huit votants dont les voix se partagèrent entre MM. Minier et Meignan. Le premier, ancien curé de Parnay[2], ne dut son élection qu'au bénéfice de son âge M. Meignan fut nommé curé de Saint-Jacques de la Visitation et fut installé dans sa paroisse le 19 octobre.

L'assemblée avait aboli les vœux monastiques et supprimé toutes les congrégations, sauf celles chargées du soulagement des malades. Ce décret ne fut d'abord appliqué qu'aux

---

[1] Arch. munic. de Saumur : Reg. 166. Séance du 16 mai. — Bibl. d'Angers miss. 908. *Hist. de la garde nationale d'Angers* par Berthe, relieur — *Monit· univer.* T. x. p. 307. Bibl. d'Angers, H. 5426 — H. 5427, T. I. et II. H. 5428. Bibl. de M. Allain Targé — Arrêté du dépt. de Mayenne-et-Loire du 12 mai 1791. — Savary, *Guerre de la Vendée*, T. I. p. 51 et suiv.

[2] L'assemblée électorale était présidée par Blondé de Bagneux. Meignan ne fut installé que le 19 octobre. Il prêta serment ce jour-là avant la grand'messe. Il eut pour vicaires Clavreul et Papin. Je ne sais pour quelle raison il n'y eut pas d'élection de curé à Saint-Nicolas. Le vicaire M. Lalande en fit les fonctions jusqu'à la fermeture des églises. *Arch. munic.* Pièces non notées. Carton de Nantilly et de Saint-Jacques.

communautés d'hommes. Dans les premiers jours de janvier les Pères Cordeliers, Récollets et Capucins, durent quitter leurs couvents. Leur départ fut si précipité qu'un ostensoir et des hosties consacrées restèrent oubliés dans le tabernacle de l'église des Cordeliers[1].

Un grand nombre de religieux, ainsi chassés de leurs couvents, acceptèrent des places de curés en remplacement des prêtres insoumis. D'autres restèrent dans le siècle. D'autres enfin, mais ce fut le plus petit nombre, refusèrent le serment et continuèrent de vivre dans les pratiques de la vie monastique. C'est ainsi que le gardien des Récollets et celui des Capucins, les Pères Papiau et Métayer, restèrent à Saumur, subistant d'aumônes et de charités, jusqu'au jour où ils furent enfermés, avec beaucoup d'autres prêtres, dans le séminaire d'Angers.

Dès les premiers jours de la Révolution, les Oratoriens de Saumur s'étaient fait remarquer par leur ardeur à accepter toutes les réformes. Avant même que le serment civique ne fut exigé ils l'avaient prêté avec ostentation et leur adhésion à la Constitution civile avait été éclatante. S'étant ainsi mis en évidence, il n'est pas surprenant que le nouvel évêque d'Angers, fort embarrassé pour recruter son personnel, songeât à chercher, parmi les religieux de cet ordre, ses principaux coopérateurs. M. Servan Duvivier, supérieur de l'Oratoire de Saumur, avait été un des agents de son élection. Il le récompensa par une place de grand vicaire. Il n'exerça ses fonctions que fort peu de temps. Les électeurs de Luçon l'appelèrent au siège épiscopal de leur ville en remplacement de Monseigneur de Mercy. L'abbé Blondeau, principal du collège de Saumur, lui succéda auprès de l'évêque d'Angers.

---

[1] Arch. munic. Liasse n° 3. Cordeliers. — Le 13 juin 1791, on plaça dans l'église des Cordeliers les chevaux du Royal-Roussillon. On craignait une inondation de la Loire. Le Père Tremblier, ancien Cordelier, fut chargé d'enlever les hosties qui se trouvaient dans le tabernacle, pour éviter une profanation,

L'assemblée, avons-nous dit, n'avait pas exigé la dissolution immédiate des communautés de femmes, mais les religieuses étaient astreintes à une déclaration individuelle exprimant, soit leur volonté de persévérer dans la vie commune, soit celle de quitter leur couvent. Bonnemère se transporta donc le 7 janvier au couvent des Ursulines, où les vingt-cinq religieuses et les six sœurs converses qui s'y trouvaient demandèrent à continuer à vivre en communauté. Il en fut de même à la Visitation. Une seule religieuse[1], Françoise Chessé, profita de la facilité qui lui était offerte pour se retirer dans sa famille. C'est aussi ce que firent la supérieure, la sous-prieure et un certain nombre des sœurs de Saint-Augustin qui dirigeaient l'hôpital de la ville[2]. Beaucoup de ces dames hospitalières déclarèrent ne rester que parce que la modique pension de trois cents livres faite par l'Etat aux anciennes religieuses, ne leur aurait pas permis de vivre dans le siècle.

Bonnemère dut également assister à l'élection des supérieures de ces diverses communautés. Les Ursulines[3] choisirent sœur Marguerite-Félicité Bessin ; les Visitandines, Marie Fidèle Chauvin.

Non contente de spolier de leurs biens temporels les communautés religieuses, la Révolution voulut aussi violenter la conscience de leurs membres. Un arrêté du département, en date du 4 avril, imposa aux couvents de femmes l'obligation de choisir, pour leur aumônier et confesseur, un prêtre assermenté. L'abbé Papin fut désigné pour occuper ce poste auprès des Ursulines de Saumur. Le mécontentement fut grand au couvent. Les religieuses décidèrent, d'un commun accord, de ne pas assister à la messe du nouvel aumônier et de ne pas

---

[1] Il y avait vingt religieuses.

[2] Elles étaient au nombre de vingt-et-une.

[3] Voici le nom de quelques-unes des religieuses Ursulines : Cotelle de Villeneuve, économe ; Vallette de Champbœuf, Desmé, Bernier, Lehou, Cotelle, Micault de la Maillardière, Lallier, Estienvrot... Parmi les Visitandines : Louise Regnard, Julie-Marie de Cigongne, Branchereau, Pelé, Bernier, Raingeard, Hugé, Pineau, Dupuy, Vernier.....

y conduire leurs pensionnaires. Elles continuèrent même à recevoir l'abbé Baudry, prêtre réfractaire, qui venait en cachette les confesser et leur apporter la communion. Le parloir des bonnes sœurs devint le lieu de réunion de tous les prêtres insermentés et de tous les mécontents de la ville.

La municipalité ne tarda pas à être avertie ; elle envoya le procureur-syndic et Vilneau sommer la supérieure de se conformer à l'arrêté du département; mais la sœur Bessin, assistée de toute sa communautée, déclara aux commissaires de la commune qu'elle cesserait les classes gratuites et qu'elle renverrait les pensionnaires, plutôt que d'accepter un prêtre assermenté pour confesseur.

La municipalité, poussée par la Société populaire, demanda au département que la direction des écoles de filles fût enlevée aux Ursulines « en raison des maximes dangereuses qu'elles pouvaient inculquer aux enfants, et que les sœurs de la Providence, ou autres personnes de bonne volonté, leur fussent substituées ». La ville priait aussi le département de l'autoriser à s'emparer, comme bien de la Nation, d'une partie de la communauté et en particulier des salles de classe. Enfin, pour donner satisfaction aux membres du Club des Jacobins, on interdit l'entrée de la chapelle à tous les prêtres non assermentés. Les religieuses durent se contenter des exhortations et des secours spirituels de l'aumônier que les électeurs leur avaient choisi. Les administrateurs du département n'hésitèrent pas à se prononcer en faveur de la municipalité. Ce n'était ni à Druillon, ni à Villiers, ni à Delaunay, que l'on pouvait demander un esprit de tolérance religieuse. Les dames Ursulines durent donc se soumettre. Toute résistance de leur part eût entraîné leur expulsion. Privées de leurs revenus, elles cessèrent de distribuer aux pauvres les aumônes journalières qu'elles faisaient, et fermèrent leurs classes gratuites. Les malheureux en souffrirent, mais les membres du Club des Jacobins triomphèrent[1].

[1] Arc munic. Pièces non cotées. — Carton des Communautés. — Reg. 168 — Séance du 29 mai.

Certes cette querelle était bien futile,et l'opposition de quelques pauvres religieuses à la marche en avant de la Révolution serait presque grotesque, si on ne voyait dans ce fait la révélation de l'esprit tyrannique et tracassier de cette secte jacobine, qui, au nom des principes sacrés de la liberté, va faire régner sur la France le plus odieux despotisme.

Etabli à Paris au mois d'octobre 1789[1], le Club des Jacobins avait, deux ans après sa fondation, couvert la France de ses ramifications. Cent cinquante-deux grandes villes « s'honoraient de compter dans leur sein des sociétés des Amis de la Constitution ». C'était à l'abri de ce nom que les révolutionnaires cachaient alors leurs visées, et qu'ils tendaient à établir en France un gouvernement républicain. Toutes les sociétés de province étaient affiliées à celle de Paris et en recevaient le mot d'ordre. Aucun pouvoir dans l'État n'était plus respecté, mieux obéi que celui des Clubs. Les fonctionnaires tremblaient devant leurs dénonciations ; les municipalités et les directoires se hâtaient d'obéir à leurs injonctions ; l'Assemblée elle-même n'osait voter une loi, promulguer un décret, avant qu'ils n'eussent été discutés aux Jacobins et acceptés par eux. Aussi lorsque les ministres[2], apercevant enfin le danger de ces associations, voulurent les dissoudre, le Club de Paris put rassurer les Sociétés sœurs. « Tous les écrivains patriotiques prendront notre défense, écrivit-il aux clubs de province, le peuple et les soldats seront pour nous et il ne restera à nos ennemis que le bonnet aristocratique qu'on aura bientôt jeté par terre pour faire voir toute la turpitude de nos ennemis. »

Au mois d'avril 1791, Choudieu avait établi à Angers une société des Amis de la Constitution. Il en fut le président

---

[1] Le Club des Jacobins commença ses séances à Paris, le 6 octobre 1789.

[2] Dupont-Dutertre, ministre de la justice, dénonça à l'Assemblée les sociétés populaires comme s'étant érigées en corps politiques. Il ne put en obtenir la dissolution.

jusqu'au jour où, élu député à la Législative, il fut remplacé par Benaben, oratorien défroqué, ancien professeur de mathématiques au collège d'Angers. Merlet, Rossignol, Guillemet, Riffault, Vilneau, Meignan, curé de Saint-Jacques de la Visitation, furent les fondateurs du club de Saumur qui s'installa dans le couvent des Capucins au faubourg des Ponts.

Rien ne peut mieux faire connaître l'esprit et le but de ces clubs, de ces sociétés populaires comme on les applait alors, que quelques extraits des règlements qu'elles se donnèrent. Voici un résumé de celui que les Jacobins de Saumur adoptèrent :

Le but de la Société est de bien se pénétrer des décrets de l'Assemblée, de les propager, de répandre les lumières en discutant publiquement les questions d'intérêt public. Une correspondance active doit relier les sociétés entre elles et surtout avec celle de Paris *dont on accepte la direction politique*. Un président, deux secrétaires, un trésorier et quelques commissaires composaient le bureau. Elu pour un mois, le président n'était rééligible qu'une seule fois, pour le même laps de temps. Les secrétaires et le trésorier devaient être changés tous les six mois. Le sceau de la société de Saumur était un médaillon ovale avec cette inscription : « Vivre libre ou mourir, » et pour légende : « Société des Amis de la Constitution. » Le médaillon était surmonté du bonnet de la liberté et dans le retroussis le mot : « Saumur. »

Les séances se tenaient le jeudi et le dimanche ; elles étaient publiques, mais les seuls membres du club avaient droit de faire une motion. Cependant, les étrangers, faisant partie des Sociétés patriotiques et munis d'une carte d'identité, pouvaient y assister et prendre part à la discussion.

Pour être membre du club, il fallait être âgé de dix-huit ans avoir été présenté par deux secrétaires, verser une cotisation de six francs, et signer un acte d'adhésion au règlement. Les peines disciplinaires étaient : le rappel à l'ordre ou l'exclusion suivant la gravité des cas. Tout membre de la Société qui manifestait, soit verbalement, soit par écrit, des principes contraires à ceux des Droits de l'homme et à la Constitution, était exclu.

Merlet fut le premier président du Club de Saumur, avec Rossignol et Guillemet comme secrétaires.

Tous les partisans des nouvelles réformes, mais aussi tous les intrigants, tous les ambitieux, toute cette lie du peuple que le ferment révolutionnaire fait remonter des bas-fonds de la société, s'empressèrent de se faire inscrire au Club des Capucins. Bientôt tout le pouvoir se trouva entre les mains des clubistes. Ils remplacèrent les assemblées générales des habitants et la municipalité ne fut plus désormais que l'agent chargé d'assurer l'exécution des mesures votées dans les séances de la Société populaire.

D'après la doctrine jacobine, le plus vil des vices, la délation, était devenue une vertu civique. La meilleure preuve que l'on put donner de son patriotisme était de dénoncer les agissements des ennemis de la Constitution. Accapareurs de blé, prêtres réfractaires, émigrés en rupture de ban, suspects de toutes sortes, il ne manquait pas de gens à surveiller. Pendant dix ans, la moitié de la France fut ainsi occupée à dénoncer l'autre. Jamais tyran ne protégea aussi publiquement les délateurs que ne le firent les Jacobins; jamais gouvernement, fût-il plus soupçonneux que celui de Venise, n'osa, comme eux, tenir bureau public de dénonciations, et ne fit de la délation une obligation morale aux bons citoyens. Les Sociétés populaires étaient spécialement chargées de ce rôle odieux et un article de leur règlement était ainsi conçu : « Le Comité de surveillance sera chargé de recevoir les dénonciations, de présenter à la Société les moyens de réprimer les abus et de faire punir les traîtres. Il sera tenu un registre des dénonciations qui devront être signées. Mention sera faite de ceux qui ne le savent[1]. »

, Bibl. d'Angers. L'*Observateur provincial*, H. 5426. Bibl. de M. Allain-Targé. Règlement de la Société des Amis de la Constitution de Saumur.

Les Sociétés populaires avaient aussi pour mission de tenir le peuple dans un état d'excitation propre à favoriser les desseins des députés républicains ; l'émeute, ce dissolvant des gouvernements les mieux établis, était le levier qu'on leur recommandait d'employer pour *démolir* ce qui restait de la royauté et des forces conservatrices. A Paris on soulevait le peuple contre le roi ou contre la droite de l'Assemblée, en province contre une municipalité que l'on voulait forcer à démissionner, ou contre un fonctionnaire que l'on voulait chasser. Tous les prétextes étaient bons, pourvu que le peuple fût perpétuellement agité.

Le 19 juin 1790, les frères Lameth, soutenus par Lafayette et Mirabeau, avaient proposé l'abolition des titres et de la noblesse héréditaire. Le jeune Mathieu de Montmorency, avide de cette popularité que l'on obtient en flattant les passions les plus basses des hommes, renchérit sur cette proposition. Il demanda la suppression des armes et des armoiries, « tous les Français ne devant porter d'autres enseignes que celles de la liberté. » Le décret passa, mais, dans certaines provinces, il ne fut pas mis de suite à exécution.

Cette infraction aux ordres de l'Assemblée fut dénoncée à la Société populaire de Saumur, et la municipalité, mise en demeure d'agir, ordonna que les armoiries placées au-dessus des portes particulières seraient grattées ; que l'inscription gravée sur l'arcade principale des halles serait enlevée comme contenant des énonciations peu exactes, et que les armes de la ville, qui sont inconstitutionnelles, seraient effacées. Les actionnaires du théâtre furent également sommés de faire disparaître l'inscription adulatrice qui existait sur la façade de ce monument et de substituer à l'écusson contenant les armoiries de la ville, un écusson triangulaire avec ces mots : « La Nation, la Loi, le Roi. » Enfin le poteau de la place de la Bilange, qui servait aux expositions, devait être enlevé et transporté dans la cour de la prison.

Ces diverses mesures provoquèrent une émotion populaire.

Le 2 juin, les soldats du Royal-Roussillon, sortant à moitié ivres du spectale, échauffés par les motions des orateurs des clubs, parcoururent les rues de la ville, brisant à coups de sabre les armoiries placées au-dessus des portes des aristocrates. Le lendemain , à peine le poteau fut-il ébranlé, que la foule se précipita, criant qu'il fallait le jeter à l'eau. Un des membres du conseil de la commune, le citoyen Pain, envoyé pour calmer l'émeute, fut insulté, menacé et dut se réfugier chez lui où la foule le poursuivit en l'accablant d'injures[1].

Quelques jours après cette petite émeute, un courrier de l'Assemblée apporta à Angers la nouvelle « de l'enlèvement du roi et de la famille royale ».Les membres du Directoire se réunirent en grande hâte et prirent un arrêté interdisant à tout voyageur de sortir de la ville sans un passeport signé de la municipalité. Les voitures devaient être examinées et fouillées, les étrangers suspects arrêtés. Toutes les troupes réglées, la garde nationale, les corps administratifs et judiciaires furent convoqués au Champ-de-Mars, et le procureur-syndic Delaunay, qui ne perdait pas une occasion de se mettre en scène, leur fit jurer « devant l'Arbitre Suprême des destinées, d'expirer jusqu'au dernier plutôt que de laisser porter la moindre atteinte à la nouvelle constitution et de vivre libre ou de mourir ». En même temps, un courrier partait pour prévenir les huit districts d'avoir à prendre les mêmes précautions[2].

On apprit à Saumur la nouvelle du départ du roi en même temps que celle de son arrestation. Merlet, président du club des Amis de la Constitution, en réunit d'office les membres pour qu'ils protestassent de leur patriotisme, et le médecin Vilneau[3], un des secrétaires, prononça un discours d'une vio-

---

[1] Arch. munic. Reg. 166. Séance du 3 juin.

[2] Bibl. de M. Allain Targé. Arrêté du département du 23 juin 1791.

[3] Vilneau (Pierre), né en 1749. Docteur de la Faculté de Montpellier, qualifié médecin célèbre de Saumur, fut un des membres du Comité révolutionnaire de cette ville. Voy. chap. VI.

lence extrême où les théories régicides s'affichaient avec la plus complète impudence.

« Les Romains, dit-il, tuaient leurs tyrans, nous, nous les arrêtons pour les isoler avec leurs remords et les livrer ensuite au tribunal austère d'une loi terrible, mais équitable. Louis, naguère notre idole, Louis vient de nous compromettre avec la plus indigne perfidie. Il a violé son serment. Voilà ce roi, qui, pour consommer des projets sinistres, qui, pour faire revivre toutes les dépravations, pour conserver l'encens pestilentiel et ruineux de ses adulateurs, pour nourrir la monstrueuse immoralité d'une épouse impudente, qui, pour aller faire tirer contre nous à l'atelier réservé de l'aristocratie tous les glaives et tous les poignards d'une guerre fratricide, n'a pas répugné à parcourir une voie d'immondices, digne chemin de sa gloire et de son entreprise. Voilà le roi que nous allons bientôt avoir à juger[1]. »

Ce discours fut fort applaudi ; certes les membres du club des Amis de la Constitution ne demandaient pas tous la mort du tyran, mais ils n'en éprouvaient pas moins une secrète satisfaction d'entendre l'un des leurs s'ériger en juge de son souverain et à lui voir traîner dans la boue cette royauté jusqu'alors si respectée.

Vilneau, que nous retrouverons, pendant la Terreur, pourvoyeur zélé des prisons de Saumur, obtint, à cette occasion, un véritable succès. Ses déclamations tombaient dans un terrain bien préparé ; les Saumurois étaient dans le mouvement et la République était le but secret des aspirations d'un grand nombre d'entre eux.

L'acceptation de la Constitution par le roi ne calma pas l'effervescence qui régnait dans les esprits. Bien des causes contribuaient à l'entretenir : la cherté des subsistances, la rareté de l'argent, qui était telle que la municipalité dut songer à créer pour vingt mille livres d'assignats municipaux[2], une

---

[1] Bibl. de M. Allain-Targé. Discours prononcé le 26 juin 1791 par P. Vilneau, médecin, au Club des Amis de la Constitution.

[2] Arch. munic. Reg. 166.

inondation terrible de la Loire qui dura dix jours, enfin, plus que tout cela, la crainte de la guerre.

Le décret ordonnant la formation, dans chaque département, d'un bataillon de guerre, avait paru à la fin de juin avec injonction aux Directoires de le mettre promptement à exécution. Chaque bataillon devait se composer de cinq cents soixante-quatorze hommes, divisés en huit compagnies. On nomma les commissaires dans chaque district pour activer l'inscription des engagés. A Saumur, ce fut Ollivier, administrateur du département, qui fut chargé de ce soin. L'enthousiasme fut grand parmi la jeunesse de la ville ; au dire du commissaire on aurait pu composer un bataillon rien que de jeunes Saumurois. Cent dix-huit jeunes gens se firent en effet inscrire[1]. Parmi eux il faut citer Lemoine, fils d'un marchand de la ville. Il avait été sous-officier instructeur dans un régiment d'infanterie, et il fut élu par ses camarades lieutenant-colonel en second du bataillon. Après le suicide de Beaurepaire, il prit le commandement des volontaires. Lemoine fit toutes les campagnes de la République et fut nommé général de brigade à l'armée des Pyrénées-Orientales. Détaché à celle que commandait Hoche en Bretagne, il aida à la défaite des émigrés à Quiberon et présida aux exécutions des prisonniers faits dans cette affaire. C'était un homme dur et sévère ; il déploya dans sa tâche la plus grande rigueur. Lemoine mourut lieutenant-général.

Les deux frères Duchâtel s'engagèrent aussi dans le bataillon. L'un d'eux, Louis, devint colonel d'un régiment de chasseurs, puis général de brigade.

Il faut citer encore au nombre des jeunes saumurois qui s'engagèrent : Constant Juteau, architecte, qui fut tué à Eyleau ; Nicolas Tricault, lieutenant de la troisième compagnie

---

[1] Arch. munic. Reg. pour inscrire les gardes nationaux mis en activité de service en raison du décret du 21 juin 1791. — Pour le second bataillon formé au mois de juin 1792 il y en eut douze.

de la garde nationale ; Blondel, Pierre, ancien bénédictin, qui s'engagea à servir gratis la patrie pendant deux ans; Alexandre-Marie Cailleau, Pierre Vilneau, fils du médecin de ce nom; les frères Chalopin. L'un d'eux, Augustin, surnommé le Beau, devint chef d'escadron au 13ᵉ dragons. En l'an IX, il fut nommé aide-de-camp de Bernadotte et fut tué à la bataille d'Austerlitz. Puis Jules Papin, Pierre Tremblier, Jean Charles, Dominique Degouy, Charles Bédane, Jacques Salomon,[1] Jean Berthelot, René Rossignol, François Commeau, les frères Brard, Louis Hervé....

Le bataillon partit d'Angers le 3 octobre. Il resta cantonné autour de Nantes, à Savenay et à Guérande, jusqu'au premier mai 1792. A cette époque il fut envoyé à Verdun pour y tenir garnison. Après la reddition de cette place et la mort de Beaurepaire, une grande partie des volontaires désertèrent. La plupart de ces jeunes gens appartenaient à des familles riches et n'étaient pas accoutumés aux privations. La sévérité de leur nouveau commandant, la rude campagne d'hiver, que Dumouriez fit faire à ses troupes en Belgique, les dégoûtèrent de la vie militaire. D'ailleurs ils ne s'étaient engagés que pour un an et les événements les rappelaient en Anjou où la guerre civile était sur le point d'éclater. Quelques-uns, de retour dans leurs foyers, reprirent du service dans les armées républicaines qui luttèrent contre les Vendéens, d'autres, mais en petit nombre, entrèrent dans les troupes royales et catholiques. Pour la plupart ils renoncèrent pour toujours au métier des armes.

Le départ d'un grand nombre de ces jeunes gens, officiers ou sous-officiers dans la garde nationale, en acheva la désorganisation. La démission du commandant Vilmet, qui, fatigué des difficultés de service auxquelles donnait lieu la désunion qui régnait entre les compagnies d'élite et celles du centre, et s'était retiré dès le commencement de juin, l'avait déjà com-

---

[1] Depuis médecin en chef de l'armée d'Italie.

mencée. Quarante officiers avaient suivi son exemple, et
Bonnemère, inquiet de la désertion des plus énergiques défenseurs de l'ordre, au moment où la fuite du roi pouvait
causer de graves désordres dans le pays, hâtait de tout son
pouvoir la réor-ganisation de la milice communale. Six délégués furent choisis par compagnie ; ils présentèrent un
projet de réorganisation. La garde nationale de Saumur devait
être divisée en vingt-et-une compagnies de soixante-dix
hommes. Il ne devait y avoir ni grenadiers, ni chasseurs.

Ce projet n'aboutit pas. Le décret du 24 octobre 1791 pres-
crivit la refonte de toutes les gardes nationales de France.
Celle de Saumur fut divisée en quatre bataillons, un par
section, composé de quatre compagnies de simples gardes
nationaux et une de grenadiers. Une section de douze canonniers était attachée à chaque bataillon. Enfin, il devait y avoir
deux compagnies de cavalerie par district[1]. Les officiers
étaient élus dans chaque compagnie par les hommes qui la
composaient, et les chefs de bataillon étaient nommés par
les officiers et par des gardes nationaux délégués par leurs
camarades. MM. Gabriel Lerivain, Georges Aubert Dupetit-
Thouars, Michel Cotelle-Bazile et Jean-Jacques Maupassant
furent élus malgré les efforts de Vilneau qui insistait pour
que l'on repoussât tous les officiers « sortis de ces indignes
Bastilles que le peuple a renversées » et que l'on jugeât les
chefs militaires « non d'après leurs mérites, mais à la bague
de la candeur et du patriotisme ».

Il y eut aussi à Saumur, à l'instar des compagnies de Vétérans organisées à Paris par Callière de l'Etang, une compagnie de Sexagénaires. On forma aussi, sous le nom de
compagnie de l'Espérance, une compagnie d'enfants de douze
à seize ans[2], précurseurs des bataillons scolaires.

Chaque bataillon devait avoir deux pièces d'artillerie ser-

---

[1] On ne put trouver à Saumur qu'une vingtaine de cavaliers, aussi ne
forma-t-en qu'une brigade de cavalerie.

[2] Trente-cinq enfants furent inscrits dans cette compagnie.

vies par vingt-quatre canonniers, mais comme la ville ne voulut acheter que quatre canons, on se borna à créer une seule compagnie sous les ordres de François Mau.

Enfin, au mois de juillet 1792, on procéda à la répartition des cent dix-neuf compagnies du district en deux légions. Celle du Nord eut pour chef de bataillon M. Lerivain[1], chevalier de Saint-Louis, et celle du Sud M. Guényveau de Montreuil. M. Vilmet, à qui ce poste avait été offert, le refusa. Les adjudants furent MM. Ollivier, de Courchamps, et Caffin de Vaudelenay[2].

L'Assemblée Constituante était arrivée au terme de sa carrière ; elle laissait à un peuple profondément divisé une Constitution à peine ébauchée, dont elle avait confié le maintien à des pouvoirs rivaux. Le Roi et l'Assemblée, du fait même de la Constitution, étaient en guerre ouverte et des conflits devaient fatalement se produire entre deux puissances dont les droits étaient si mal définis. De plus, les constitutionnels avaient laissé subsister un pouvoir destructeur de tout gouvernement, le Club des Jacobins, qui paralysait l'action de toutes les autorités et qui devait les renverser les uns après les autres. Enfin, en adoptant le principe de la non-éligibilité de ses membres à la nouvelle assemblée, les anciens députés semblaient avoir renoncé à protéger leur œuvre. Les Jacobins, qui étaient assurés, à l'aide des clubs dont ils avaient couvert la France, d'avoir la majorité aux élections, avaient proposé cette mesure pour écarter les constitutionnels dont ils redoutaient la popularité et le talent. Corrigés par l'expérience de la vie publique, satisfaits des réformes accomplies, les membres de l'ancienne Assemblée étaient arrivés, pour la plupart, à voir dans le roi l'appui et le garant le plus sûr de la Constitution. Ils étaient fermement résolus à ne pas faire un pas de plus dans la voie révolution-

---

[1] Il fut remplacé peu de temps après par Cotelle-Bazile, un des chefs de bataillon de la garde nationale de Saumur.

[2] Arch. munic. Pièces non cotées, Liasse H. Garde nationale.

naire, ne voulant, ni aller jusqu'à la République, avec les Jacobins, ni restaurer l'ancienne Monarchie, avec les aristocrates. Comme tous les partis. arrivés, ils ne comprenaient pas qu'il y eût des mécontents et ils n'admettaient pas que la Constitution, dont ils avaient doté la France, pût être critiquée ou modifiée. Aristocrates et Jacobins s'unirent pour leur fermer la porte de la Législative, et le vote de la proposition de Robespierre fut le résultat de cette alliance inattendue.

Le nombre des représentants attribués à Maine-et-Loire, dans la nouvelle Assemblée, était de onze, et celui des suppléants de quatre. La fuite du roi et l'agitation qu'elle provoqua en France fit retarder la convocation des assemblées primaires. Elles ne se réunirent que le 25 août'. Les citoyens actifs, las de ces convocations réitérées, s'y rendirent en très petit nombre. Ceux de la campagne s'abstinrent presque tous.

Le 13 août, un arrêté du Directoire du département convoqua les électeurs des huit districts, pour le samedi 3 septembre. Ils étaient au nombre de 663 dont 121 pour le district de Saumur, mais beaucoup d'entre eux ne se rendirent pas à Angers. L'assemblée se tint dans la salle capitulaire de l'abbaye de Saint-Aubin. Lamiche, doyen d âge, Contouly, Bouju et Louis Gendron, vice-président du directoire de Vihiers, composèrent le bureau provisoire. Après avoir vérifié les pouvoirs des électeurs, l'assemblée élut pour son président Delaunay le jeune. Merlet, Quesnay, et Tirand, membre du département, furent choisis pour scrutateurs. L'assemblée se divisa ensuite en quatre sections dont Larevellière, Clémenceau, Delaunay l'aîné et Blondé furent les présidents.

Après un discours prononcé par Delaunay le jeune, l'assemblée debout et découverte jura « de ne nommer pour députés que les plus dignes de la confiance publique sans se laisser déterminer dans ses choix par don, promesse, sollici-

---

' Les assemblées primaires avaient été convoquées du 12 au 25 juin. Elles furent reculées jusqu'au 25 août.

tation ou menace ». Cette formule, écrite en gros caractères, fut placée sur chacune des quatre boîtes servant d'urnes.

Dès les premiers jours on distingua dans l'assemblée deux courants politiques. Le parti avancé, soutenu par les Sociétés populaires et les Jacobins de Paris, avait pour chefs de file Choudieu et Delaunay l'aîné.

Le premier, accusateur public auprès du tribunal d'Angers, colonel de la garde nationale de cette ville, était exalté, violent, mais très brave et très franc. Le rôle qu'il joua en Anjou pendant la Révolution est considérable. Son influence était grande, surtout auprès des jeunes gens, aux yeux desquels il personnifiait le nouveau régime, aussi s'empressaient-ils de copier son air, sa démarche et jusqu'à ses paroles. Delaunay, déconsidéré par l'irrégularité de sa vie, était absolument sous la domination de Choudieu. Commissaire du roi auprès du tribunal, il n'en était pas moins un des adversaires les plus ardents de la royauté, mais, à l'inverse de Choudieu, il y avait en lui plus d'envie que de haine. Ces deux hommes, qui l'un et l'autre croyaient avoir des rancunes particulières à satisfaire, étaient au fond bien plutôt les ennemis des hommes que des institutions de l'ancien régime.

Le maire d'Angers d'Houlières, et surtout Merlet et Quesnay, étaient les chefs du parti modéré. Les Jacobins se défiaient de Merlet quoiqu'il eût, par ses paroles et ses écrits, donné des gages à la Révolution, et qu'il se fût montré zélé patriote lors de la fuite du roi, mais ses relations de famille, l'entrée de son frère dans la garde constitutionnelle du roi, faisaient douter de la sincérité de son républicanisme. Quant à Quesnay, qui ne cachait pas ses sympathies pour la royauté, ils n'en voulaient à aucun prix. Le maire d'Angers les effrayait moins. D'Houlières était un de ces hommes que les événements dirigent. Pour le moment il marchait avec les modérés quitte à se tourner contre eux selon les circonstances.

Grâce à leur appui, il fut élu premier député de Mayenne-et-Loire par 363 suffrages sur 535 votants. Choudieu, qui avait

été en ballotage avec lui, ne put passer que le second avec
257 voix seulement. Puis vinrent Merlet, Ferrières, Delaunay
l'aîné, Clémenceau, juge au tribunal de Saint-Florent, Goffaux,
maire de Mouliherne, Choteau, médecin, administrateur du
district de Cholet, enfin Dandenac[1], vice-président du district
de Saumur. Prévenu par son beau-frère, Nicolas Guényveau[2]
du vote de l'assemblée, Dandenac refusa et écrivit au président une lettre de remerciement, « ses talents, son expérience et ses forces ne se trouvant pas en proportion avec le
zèle inaltérable qu'il a voué à sa patrie et à la Constitution
qui doit la rendre heureuse[3]. »

Il ne restait, après ce refus, que trois députés à élire.
Quesnay, et Menuau, juge au tribunal de Vihiers, furent
nommés. L'élection suivante fut vivement disputée. Choudieu
essaya de faire passer Viger, procureur syndic du district, et
un de ses amis. Les modérés lui opposèrent Bonnemère qui
fut élu à une très faible majorité : 202 voix sur 363 votants.
Un grand nombre d'électeurs avaient déjà quitté Angers.
Avant de se séparer, l'Assemblée désigna pour suppléants :
Viger, Couraudin, procureur de la commune d'Angers,
Raymond[3], administrateur du district de Saumur, et enfin
Pérard, administrateur du district d'Angers[4].

---

[1] Arch. nationales F. III. *Lettre de Dandenac au président de l'assemblée
électorale.* Dandenac (Marie-François), né 11 jan. 1750. Epousa en 1775 Mademoiselle Guényveau de la Raye — En 1800, administrateur du département de
M.-et-L.— Procureur impérial près la cour d'Angers.

[2] Maire de Montreuil — Chef de la Légion du Midi — Juge de paix au Puy
Notre-Dame en 1801 — Membre du conseil général — Mort au Puy 1834. Carton I. M.-et-L.

[3] Raymond refusa.

[4] Le lundi 12 septembre, avant de se séparer, l'Assemblée nomma comme
hauts-jurés devant siéger à la cour d'Orléans : Brevet, ancien député à
l'Assemblée Nationale, et Lareveillère. Elle procéda aussi à l'élection des
administrateurs du département, parmi lesquels : Ollivier, Brevet, Delavau,
Pilastre, Pérard, Dieusie..... Voyez pour la tenue de cette assemblée : Arch.
nationales. F^le III. Cart. 1 et 13. 47 — Bodinier *Les Élections et les Represen-
tants de Maine-et-Loire,* Angers 1880. Bougler : *Le Mouvement provincial,*
T. I et II.

En acceptant le mandat de député à l'Assemblée Législative, Bonnemère avait renoncé à ses fonctions de maire. On dut le remplacer. Les Assemblées primaires se réunirent dans leurs sections au mois de novembre, mais on ne put arriver à un résultat. Les voix se portèrent sur M. Cigongne, l'ancien constituant, qui refusa le poste auquel l'appelait ses concitoyens. Ses affaires étaient en souffrance ; l'année qu'il avait passée à Versailles les avaient fort dérangées. Une nouvelle convocation fut nécessaire, elle eut lieu au mois de décembre. Cette fois Cailleau fut élu par 81 voix sur 113 votants.

Les dix mois qui s'écoulèrent du premier octobre 1791 au 10 août 1792 furent, pour la France, une période d'attente et de transition. Chacun sentait que la Révolution n'avait pas dit son dernier mot. La lutte entre les classes privilégiées abaissées et humiliées et le Tiers exalté par ses premiers succès n'était encore qu'à son début. Elle allait recommencer plus âpre et plus ardente, à l'abri de cette Constitution qui n'avait été acceptée par les partis que pour cacher leurs visées.

L'Assemblée commença l'attaque. Les émigrés et les prêtres réfractaires furent tour à tour frappés. Les premiers furent sommés de rentrer en France sous peine de mort et de confiscation de leurs biens ; les seconds se virent interdire l'accès de l'église, déclarés suspects et placés sous la surveillance des autorités de la commune.

Le contre-coup de ce dernier décret se fit vivement sentir dans le département de Mayenne-et-Loire. Loin de s'être calmée, l'agitation provoquée dans les districts de Saint-Florent, Vihiers et Cholet, par la Constitution civile du clergé, avait augmenté en raison même de la rigueur avec laquelle les administrateurs du département faisaient exécuter la loi. Déjà au mois de mars, Villier et Boullet[1] avaient parcouru les Mauges à la tête d'un détachement formé par les gardes

---

[1] Ancien sénéchal de l'abbaye de Fontevrault, membre du Département.

nationaux d'Angers et de Saumur. Soixante-quinze grenadiers
de cette ville, sous les ordres de Baudin, étaient allés prêter
main-forte à « leurs frères d'Angers ». Ils emmenaient avec
eux un canon, des boulets, trente cartouches par homme,
enfin un attirail de guerre peu en rapport avec leur pacifique
mission. Ce ridicule déploiement de forces, loin de calmer les
sombres et fanatiques paysans des Mauges, ne fit que les
irriter. D'ailleurs, les gardes nationaux se conduisirent avec
la plus grande brutalité ; ils pénétraient dans les maisons,
coupaient les cheveux et donnaient le fouet aux femmes
soupçonnées de favoriser les curés réfractaires[1]. Ces apôtres
de la liberté ouvraient à coups de hache les portes des églises
pour y installer leurs curés constitutionnels.

Il fallut recommencer au mois de novembre une expédition
du même genre. Des attroupements et des processions furent
dispersées à coups de fusil et on laissa à Cholet le capitaine
Boisard avec un détachement de gendarmes[2].

Ce n'était pas du reste dans la seule Vendée que les conséquences de la désorganisation sociale se faisaient sentir. Il
n'était bruit à Saumur que d'assassinats, de vols et de pillages.
Le curé de Saint-Eusèbe de Gennes avait été trouvé mort
dans son lit, un poignard planté dans la gorge. Une bande de
vingt voleurs, déguisés en gardes nationaux, avaient pillé
une maison à Saint-Clément. Au château de la Haye des Hommes, près de Vihiers, cinq personnes avait été assasinées par
des hommes masqués[3]. A Noellet, une troupe de vingt-cinq
voleurs à cheval répandait la terreur dans le pays.[4] La garde
nationale était sans cesse occupée à parcourir le district dis-
persant les attroupements, arrêtant les prêtres suspects et

Bibl. à Angers M II 908 p. 5. *Hist. de la garde nationale d'Angers*, par
Berthe, relieur. Arch. munic de Saumur ; Reg. 166. Séance du 16 mai. *Id.*
Pièces non cotées — Garde nationale.

2 Lieutenant des troupes du gouvernement (la maréchaussée) à Saumur.

3 Trois de ces assassins furent arrêtés, conduits à Saumur, et l'un d'eux
Abélard, mis dans le cachot Blanc, par ordre du maire. Reg. d'écrou. n° VI.

4 Arch. munic. pièces non cotées.

leurs adhérents. Les écrits anti-constitutionnels étaient aussi
rigoureusement proscrits et les colporteurs jetés en prison[1].
Enfin l'on vivait dans un état de malaise précurseur des
grandes crises.

Personne ne savait trop à quoi attribuer le mal dont on
souffrait. Le peuple s'en prenait aux émigrés et surtout aux
prêtres réfractaires. Les hommes éclairés, eux-mêmes, les
accusaient d'être les instigateurs de tous les méfaits qui
se commettaient. Fort mal disposés à leur égard, les administrateurs du département prirent, sous la pression de l'opinion
publique, un arrêté intimant aux prêtres insoumis l'ordre de
se fixer à Angers. C'était une mesure de précaution destinée,
disait l'arrêté, à mettre les prêtres à l'abri de toute insulte.

Il y avait à Saumur plusieurs ecclésiastiques qui allaient
se trouver, par suite de cette décision, dans l'obligation de
quitter la ville. Ils avaient refusé le serment civique et
vivaient tranquilles sur la foi des déclarations de l'Assemblée,
sans se mêler à aucune intrigue. Ils réclamèrent contre les
exigences du département, et le conseil de la commune les
autorisa à rester dans la ville. Ils devaient seulement faire
devant la municipalité une déclaration de leurs sentiments
pacifiques et promettre de participer aux offices de leurs
paroisses[2].

Tout ce qui portait l'habit religieux était, à cette époque,
un objet de haine et de suspicion. Les femmes elles-mêmes
n'y échappaient pas. Les religieuses n'avaient pas encore été
expulsées de leurs couvents, mais elles étaient à la discrétion
des municipalités qui pouvaient les en chasser au gré de leurs
caprices.

L'hôpital de Saumur était encore sous la direction des
sœurs de Saint-Augustin[3], mais la Révolution, qui avait

[1] Reg. d'Ecrou n° VI.

[2] Bibl. de M. Allain-Targé. Extrait du Reg. de Délibér. de la municipalité
de Saumur, 4 février 1792.

[3] Elles y étaient depuis le 12 mai 1678.

répandu partout ses fruits amers, avait semé au sein des
maisons religieuses la discorde et la désunion. Un certain
nombre de dames hospitalières étaient des réfractaires. Elles
affectaient de ne pas assister à la messe de l'abbé Papin,
prêtre assermenté, leur aumônier, et l'une d'entre elles avait
refusé, étant sur son lit de mort, de recevoir les secours
spirituels du curé de Nantilly. Ces faits furent dénoncés au
maire qui se transporta à l'hôpital pour interroger les religieuses, mais elles ne voulurent rien lui dire, n'étant pas,
disaient-elles, à confesse.

Ces accusations ne suffisaient pas à provoquer leur expulsion, il fallait des prétextes plus sérieux. Ce fut alors qu'on
les accusa de voler le vin et le bouillon des malades. L'enquête
que l'on fit ne découvrit pas grand'chose. Il se commettait
des fraudes à l'hôpital, mais on ne sut jamais si les coupables
étaient les religieuses soumises ou les dissidentes. Pour ne
pas se tromper, le conseil de la commune demanda l'expulsion en masse des Hospitalières, et le vertueux Roland,
auquel on soumit cet arrêté, le trouva fort sage. Il recommanda seulement d'apporter la plus grande modération dans
l'accomplissement de cet acte.

Le 13 juin, le Directoire du département ordonna de procéder à l'expulsion des religieuses. Il leur donnait huit jours
pour quitter l'hôpital.

Se croyant libres de partir avant le délai fixé, la supérieure
Madelaine Guyard et trois de ses religieuses montèrent en
voiture le 14, au matin, et se mirent en route pour Angers.
En passant sur la place de la Filange, elles furent arrêtées
par le poste de la garde nationale. Un commissaire de police
vint les interroger ; on fouilla leurs paquets qui ne contenaient que des vêtements à leur usage, enfin on les recon-
duisit, sous escorte, à l'hôpital. Le maire s'y rendit en grande
hâte, se fit remettre les clefs, rendre les comptes et retira aux
religieuses l'administration de l'hospice.

Jetées sur le pavé, les pauvres sœurs Hospitalières allèrent demander asile aux dames Ursulines, qui en recueillirent quelques-unes. Cet acte de charité leur fut imputé comme une action anti-révolutionnaire. Elles furent dénoncées à leur tour. La supérieure avait vendu, en présence de l'économe du couvent et de deux sœurs, pour 498 livres de vieux plats d'étain et de cuivre et de la vieille ferraille. Vendre ainsi le bien de la nation, le crime était grave. Les Ursulines furent expulsées[1].

Telle était cette liberté dont les réformateurs avaient gratifié la France, et madame Roland aurait pu, dès ce jour, placer sa célèbre apostrophe.

Délivrés de tout ce qui pouvait rappeler aux yeux « le souvenir du fanatisme et de la superstition », les Saumurois célébrèrent avec pompe la fête de la Fédération. Le serment fédératif devait être renouvelé chaque année. Quatre délégués de chacune des compagnies du district vinrent à Saumur. Toute la garde nationale de la ville, tous les officiers et les porte-drapeaux des Légions furent convoqués. On se réunit au Champ-de-Mars autour de l'autel de la patrie. Le curé de Saint-Pierre officia, et à l'issue de la messe, le chef des délégués, plaçant son épée sur l'autel, prononça le serment civique que toutes les troupes répétèrent.

Ce serment de fidélité au roi devait être de courte durée ; la dernière heure de la royauté allait sonner, et la France révolutionnaire n'était séparée de la République que par un homme pour lequel elle avait peut-être encore plus de mépris que de haine. Louis XVI n'était plus le roi de France, mais le gros Louis, le roi *Veto*, *Biribi*[2]. Encore une secousse et le trône ébranlé s'écroulait.

Arch. munic. Pièces non côtés — Couvents.

> [2] Nous te traiterons, gros Louis,
> Biribi,
> A la façon de Barbari,
> Mon ami.
> (Refrain d'une chanson de cette époque.)

Cette dernière convulsion eut lieu le 10 août et après elle il ne resta plus rien de toutes les institutions de l'Ancien Régime. Les députés de Saumur, qui tous les trois étaient des constitutionnels, purent admirer cette logique du peuple qui renversait ce fantôme de roi, dernier vestige d'un régime auquel leurs amis avaient porté de si rudes coups.

M. Merlet, a-t-on dit, aurait dû présider la séance où l'on signifia son congé au petit-fils de Henri IV et où l'on chassa le roi de France comme un valet infidèle. Il était de quinzaine. Pourquoi Merlet le Feuillant céda-t-il, dans cette circonstance, son fauteuil au Girondin Vergniaud ?

Après avoir fait partie des Comités colonial et militaire, M. Merlet avait été nommé vice-président de l'Assemblée le 26 juillet et président le 7 août. Lorsque dans la nuit du 9 au 10 août ils entendirent battre le rappel, un certain nombre de députés se rendirent au lieu de leurs séances. En l'absence du président, M. Pastoret, ex-président, occupa le fauteuil. L'assemblée était peu nombreuse, à peine deux cents membres étaient-ils présents, et les principaux chefs de groupe s'étaient prudemment abstenus de venir se placer entre le peuple et le roi. M. Merlet arriva cependant, mais il ne présida que fort peu de temps et céda sa place à M. Tardiveau. Dans cette nuit où la royauté agonisait, chacun reculait devant la responsabilité de lui porter le dernier coup. Enfin les Girondins « qui finirent par rougir de leur absence en un tel moment, apparurent ». A sept heures du matin, Vergniaud accepta le fauteuil et ce fut « pour saluer la Commune du 10 août[1] ». Lorsque M. Merlet rentra dans la salle, vers les dix heures du matin, le roi était déjà dans la loge du Logographe.

---

[1] Michelet : *Hist. de France*, T. iii, p. 299 — *Journal des Assemblées nationales*. T. xvii p. 2 — *Monit.* T. xiii p. 378. D'après le *Moniteur* le président de l'Assemblée du 28 juillet au 13 août fut M. Laffond-Labedat. M. Merlet prési a du 13 au 19 août — D'après le *Journal des Assemblées nationales*, Vergniaud occupa le fauteuil dans la journée du 10 août de 7 heures du matin à 9 heures du soir. Il fut momentanément remplacé par Guadet et par Gensonné.

Il alla saluer Louis XVI qui le connaissait bien pour l'avoir plusieurs fois vu aux Tuileries, et s'assit auprès de M. Coustard de Nantes. Pendant les seize heures que la famille royale passa dans la loge, M. Merlet put causer avec le roi de cette Constitution que l'Assemblée démolissait devant eux.

M. Bougler raconte que le Dauphin, accablé de chaleur et de fatigue, s'endormit sur les genoux de sa mère et que sa tête reposa sur l'épaule de M. Merlet. Il est difficile d'admettre ce récit. La loge du Logographe était située à la droite du président, et elle était séparée de la salle par une grille en fer que l'on arracha pour permettre à la famille royale de venir se placer sous la protection des députés dans le cas où le peuple envahirait l'Assemblée. Cette loge était étroite ; la chaleur suffocante. On ne peut admettre que M. Merlet soit venu se placer à côté de la reine, qui se trouvait à la droite du roi, et augmenter ainsi la gêne de la famille royale[1].

Louis XVI passa dans la loge du Logographe les journées du samedi et du dimanche et toute la matinée du lundi. A trois heures il fut conduit au Temple par Pétion et Manuel. M. Merlet reprit alors la présidence de l'Assemblée dont il dirigea les débats jusqu'au 28 août.

La nouvelle de la suspension du roi causa peu d'émotion à Saumur ; on s'y attendait depuis l'insurrection du 28 juin. D'ailleurs, les constitutionnels étaient en bien petit nombre dans la ville. Il n'y en avait pas un seul dans le conseil de la commune, aussi s'empressa-t-on de rédiger une adresse de félicitations et d'adhésion aux décrets rendus par l'Assemblée depuis le 10 août. Choudieu la présenta avec celles d'un grand nombre d'autres villes dans la séance du 21[2].

---

[1] Bougler : *Le mouvement provincial*, T. I p 410 et suiv. — Il cite à l'appui de cette assertion les *Mémoires de M. de Vaublanc*. Je n'y ai rien vu de semblable. — M. Merlet revint à Saumur après le 21 septembre, mais mal noté par le Club des Jacobins de Paris il ne put être élu à la Convention. Après un court séjour à Paris, il entra dans la garde nationale à cheval. — Après le 31 mai il s'enfuit dans la Vendée.

[2] *Monit. univ.*, T. 13 — Séance du 21 août.

Quelques jours après, on apprit que Saumur avait été choisi pour lieu de réunion des électeurs appelés à nommer les membres de la Convention nationale. Les Jacobins, dans le but d'éloigner de la nouvelle Assemblée les amis du roi et les partisans de la Constitution, avaient fait décréter que les assemblées électorales se tiendraient dans le chef-lieu de l'un des districts du département[1]. Ils espéraient ainsi trouver les électeurs plus dociles aux influences des clubs en les isolant de leurs mandants.

Le 26 août, les assemblées primaires furent réunies dans leurs sections. Les députés de Saumur furent : MM. Cotelle-Bazile, Avril, Vachon, Gautier, Coucher, Ydrac, Rossignol-Taillefer, Allain, Raymond, Martin, Aubry, Cailleau, Puppier et Rathouis. Leurs électeurs leur donnèrent des pouvoirs illimités qu'ils devaient transmettre aux députés qu'ils nommeraient.

Le dimanche 3 septembre, les électeurs se rassemblèrent dans l'église Saint-Pierre. Cette fois il ne fut question ni de messe du Saint-Esprit, ni de *Veni Creator.* MM. Pierre Ledroit, de Bouchemaine, Maillard, de Montrevault, Bureau, de Jallais, Dalieux, de Chanzeaux, composèrent le bureau provisoire. Marie Delaunay fut choisi pour secrétaire.

L'Assemblée se divisa ensuite en huit bureaux vérificateurs. Les invalidations furent nombreuses. Louis Guitière, de la commune de Nueil-Sous-Passavant, les électeurs de celles de May, Cahoreau, de Champigné, furent invalidés. MM. Halbert et Esnault de la Gaullerie, de Segré, le furent également pour avoir exprimé, dans les assemblées primaires, des sentiments monarchiques. « Il ne doit y avoir à la Convention, dit le considérant de leur invalidation, que des députés dont le patriotisme est connu et ces députés ne peuvent être nommés que par des citoyens dont les opinions sont à l'abri de tous reproches ».

---

[1] Celles d'Indre-et-Loire eurent lieu à Chinon, — de la Sarthe à Sablé, — de la Loire-Inférieure à Ancenis.

MM. Robert, des Rosiers et Michelin, sénéchal de Champtoceaux, furent exclus pour le même motif.

Le lendemain, après la lecture du rapport des élections de
Saumur, un des députés de cette ville monta à la tribune et
dénonça M. Jacques Raymond, délégué et administrateur du
district, comme n'ayant cessé de donner les preuves d'incivisme les plus marquées. Les choses avaient été si loin que
M. Dandenac, président du directoire du district, avait dû
protester contre le refus de M. Raymond d'obéir aux lois.

Cette accusation fut soutenue par MM. Couléon, Ydrac,
Ollivier et Dandenac. Raymond fut exclu.

Dans l'après-midi du même jour eurent lieu les élections du
bureau. Delaunay fut élu président, La Reveillère secrétaire,
Pilastre, Leclerc et Dandenac, scrutateurs. Le bureau et les
électeurs prêtèrent alors le serment de maintenir l'égalité et
la liberté ou de mourir en les défendant.

Le mardi 4 commencèrent les opérations électorales. Une
minorité turbulente dominait l'assemblée, l'invalidation d'un
grand nombre de ses membres l'avait effrayée, l'abstention
de presque tous les électeurs des campagnes la livrait aux
membres les plus avancés. D'ailleurs, les Jacobins de Paris
avaient envoyé leurs instructions aux Sociétés populaires. Un
tableau, contenant les principaux votes des onze cents membres de la Législative, indiquait ceux sur qui devait se porter
le choix. Parmi les députés de Mayenne-et-Loire, Choudieu,
Delaunay et d'Houlières furent seuls déclarés irréprochables.
Aussi furent-iis élus tous les trois en tête de la liste.

Le lendemain arriva à Saumur la nouvelle des massacres
de Septembre. On suspendit les opérations pour rédiger une
adresse à l'Assemblée. La terreur glaçait déjà les cœurs, à ce
point que « quelques électeurs ayant demandé que l'on
témoignât dans cette adresse l'horreur de cet acte », la majorité
déclara « qu'elle ne voulait pas créer des difficultés aux législateurs, et que l'on se bornât à envoyer un témoignage de
dévouement et de respect aux pères de la Patrie ». Cette

adresse se terminait par cette lâche adulation : « L'assemblée, pour rendre hommage à vos dignes travaux, vient de débuter par la nomination à la Convention de trois membres de la députation actuelle, qui se sont montrés constamment animés de l'amour de la patrie et de la haine du roi. »

MM. Lareveillère-Lépeaux, Pilastre, maire d'Angers ; Leclerc, Dandenac aîné[1], Dandenac jeune[2], Delaunay le jeune, Pérard et Lemaignan, furent élus députés.

Le 7 septembre, l'Assemblée termina ses travaux par la nomination de deux hauts-jurés à la Cour nationale d'Orléans : MM. La Reveillère et Desmasière, juge à Vihiers, furent élus. Ils n'eurent pas le temps de siéger. Les malheureux prisonniers qui, d'après un décret de l'Assemblée, devaient être transférés au château de Saumur, furent enlevés par Fournier, conduits à Versailles, et massacrés le 8 septembre[3].

Ce fut le dernier acte de l'Assemblée législative : elle avait achevé l'œuvre de destruction commencée par la Constituante. L'ancienne société n'existait plus. Toutes les classes dont elle se composait, clergé, noblesse, tiers-état lui-même, avaient disparu ; toutes les autorités qui la régissaient, parlement, armée, royauté, avaient été emportées dans la tourmente ; l'histoire était changée, les traditions oubliées,

---

[1] Dandenac aîné (Marie-François), né à Saumur le 11 janvier 1750, avocat, se montra modéré à Paris après avoir été très avancé en province. Il siégea à la Convention jusqu'au 31 mai, époque à laquelle il revint à Saumur, mais craignant que cette absence ne le compromît, il revint à Paris et ne chercha qu'à se faire oublier.

[2] Dandenac (Jacques), né à Saumur le 12 avril 1752, enseigne dans le régiment provincial de Tours, quitta le service en 1787, épousa en premières noces Melle Mauson de Lorière et en seconde Melle Guényveau de la Raye. Maire de Rou-Marson, il fut nommé membre du district, puis vice-président. Député à la Convention, il fut envoyé en mai 1793 comme commissaire de la Convention pour visiter les magasins de l'armée des côtes de la Rochelle. Député aux Cinq-Cents. Conseiller d'arrondissement en l'an VII. Il mourut le 22 mai 1825.

[3] Arch. Nat. A. C. 179. 47. — Bodinier : *Les Elections* — Bougler : *Le Mouvement provincial*, T. II, p 24 et suivantes.

les préjugés les plus enracinés arrachés. Sur ces ruines s'élevait une société nouvelle qui, en moins de deux années, avait surgi tout entière du cerveau de quelques réformateurs. Elle reposait sur une seule base, le peuple. Quelle était cette nouvelle puissance déjà si adulée ? Comment ce nouveau maître allait-il user de son autorité ? Jusqu'à ce jour il n'était connu que par ses emportements, que par ses colères de brute, que par les ruines dont il aimait à s'entourer. Saurait-il reconstruire ? Et le génie de la destruction avait-il seul présidé à sa naissance ?

Telles étaient les réflexions que se faisaient un grand nombre d'hommes sages qui voyaient avec regret disparaître, dans la nuit du passé, la vieille France de Clovis, de saint Louis et de Henri IV. Leurs regards inquiets se tournaient vers l'horizon où, à la lueur des incendies allumés en son honneur, apparaissait le nouveau souverain.

Fin de la première Partie.

DEUXIÈME PARTIE

CHAPITRE IV.

D EPUIS les élections à la Convention jusqu'aux premiers
mouvements insurrectionnels de la Vendée, les événements qui se passèrent à Saumur furent de peu
d'importance. L'abolition de la royauté, que l'Assemblée proclama sans discussion le 21 septembre, n'était que la consta-
tation d'un fait. Depuis le 10 août la France était en république. Néanmoins quelques royalistes constitutionnels,
qui avaient conservé jusqu'à ce jour leurs illusions, les virent
s'évanouir. M. du Petit-Thouars, chef d'un des bataillons de
la garde nationale de Saumur, président du bureau de conciliation et de jurisprudence charitable, fut de ce nombre ; il se
retira à la campagne. Bonnemère, Quesnay, Merlet...., suivirent son exemple. Le président du tribunal, Desmé-Dubuisson, fut révoqué. Il avait été signalé à Roland comme entaché
d'aristocratie. Il fréquentait assidûment, disait la dénonciation, la maison de la dame Dézé[1], directrice de la poste, et
celle du sieur Lorier, ancien commissaire du roi à Saumur,
« tout ce qu'il y a de plus gangrené dans le district[2]. »

[1] Marie Hilaire de la Mazière, veuve Dézé.
[2] Arch. nat. F 1^b II. 12.

L'opinon se préoccupait avant tout des événements militaires. La prise de Verdun, où se trouvait en garnison le premier bataillon des volontaires de Maine-et-Loire, le suicide du brave Beaurepaire, avaient exalté à un tel point les imaginations que beaucoup de jeunes gens voulaient partir pour la frontière, sans armes de guerre et sans munitions. L'idée de la levée en masse, conception qui ne peut éclore que dans des cerveaux absolument ignorants des règles de l'art militaire, tourmentait déjà les populations. Il fallut un arrêté du département pour modérer cette ardeur.

La Convention avait décrété, au mois de novembre, la destitution de toutes les anciennes autorités et l'élection de nouvelles administrations « où entreraient nécessairement des sans-culottes. » Aussi le dernier mois de l'année 1792 se passa-t-il, en grande partie, à tenir des réunions électorales. Dans les premiers jours de décembre on nomma les juges du tribunal. Allain fut élu président avec Monard, Delavau, Bouffard, homme de loi à Vihiers, Leroux-Denesde, pour juges. Bizard fut désigné pour remplir les fonctions de commissaire national auprès du nouveau tribunal. On nomma aussi les membres du bureau de conciliation. Hervé, Martin, Quantin, Guillon la Fresnaye furent élus.

Quelques jours après eurent lieu les élections municipales. Les Assemblées primaires de Nantilly et des Ponts furent présidées par les curés Minier et Meignan. Le divorce de la République et de la Religion n'était pas encore accompli. Le citoyen[1] Cailleau fut élu maire par soixante-seize voix. Le conseil général de la commune, nouveau nom des anciennes municipalités, devait se composer de douze membres. Les citoyens Couléon, Sébille, Le Blanc, médecin, Toupelin, Besdane, Cahouet, Clément, Ollivier fils, Pelou, Bazile et Peffault-Latour furent nommés. Ce dernier fut chargé de la

---

[1] La Convention avait remplacé les titres de Monsieur et de Madame par ceux de citoyen et de citoyenne.

rédaction des actes de l'Etat civil, dont la tenue venait d'être enlevée aux curés[1].

Au commencement de décembre 1792, la commune de Paris avait déposé sur le bureau de l'Assemblée une pétition tendant à la mise en jugement du Roi. La Convention avait ordonné l'impression et l'envoi de cette pétition dans toutes les communes de France.

A Saumur, elle fut lue à la Société populaire et des bravos unanimes l'accueillirent. Les administrateurs du département envoyèrent à l'Assemblée une adresse de félicitations qui se terminait par ces mots : « Législateurs, jugez Capet, que la foudre frappe le tyran, lui qui voulait frapper les fondements de l'État. »

Les Jacobins de la Convention n'avaient pas besoin de ces excitations pour condamner le roi. Il fallait montrer à la nation que les rois n'étaient que des hommes, et mettre entre elle et la royauté un si large fleuve de sang que jamais plus elle n'osât le franchir.

Louis XVI fut condamné à mort le 21 janvier. Les deux Dandenac, députés du Saumurois, restèrent purs de ce régicide. L'aîné, Marie-François, vota pour la réclusion jusqu'à la paix, et telle fut, en entendant ce vote, l'exaspération des Montagnards, que le boucher Legendre et une troupe de ses amis précipitèrent de la tribune, dans l'hémicycle, le malheureux député, qui se releva tout contusionné et ne put regagner sa place que grâce à l'aide de Pilastre. Les Jacobins, qui avaient compté sur la faiblesse bien connue de Dandenac l'aîné, pour lui arracher l'arrêt fatal, n'essayèrent pas d'agir surson frère, beaucoup plus ferme et plus énergique que lui. En déposant son vote dans l'urne, Dandenac le motiva en ces termes : « J'ai prouvé dans mon opinion imprimée que ce n'était point comme juge, mais comme législateur, que je votais dans cette affaire. Je propose la déportation de tous les pri-

---

[1] Les curés cessèrent de tenir les registres de l'Etat civil, à Saint-Pierre le 22 octobre, à Nantilly le 19.

sonniers qui sont au Temple, et la détention provisoire jusqu'à la paix[1]. »

La mort de Louis XVI n'eut pas le retentissement qu'un tel événement aurait dû avoir. Tout le monde s'attendait à ce dénouement. Le sentiment dominant fut celui de la crainte. Quelle tête pouvait être sacrée pour ceux qui faisaient tomber celle d'un roi? Dès ce jour la Terreur plana sur la France, et on ne songea plus qu'à cacher sa vie et à dissimuler ses sentiments. Les plus braves se turent, les plus lâches applaudirent : ce fut la seule différence. Désormais l'unique préoccupation va être d'échapper au couteau fatal, et la crainte de la guillotine va même engendrer des héros. Beaucoup en effet se réfugièrent au milieu des camps, préfé-

[1] Voici les votes des députés de Maine-et-Loire, dans le procès de Louis XVI

Sur la première question : Louis Capet, ci-devant roi des Français, est-il coupable de conspiration contre la liberté et d'attentat contre la sûreté générale de l'État? Oui à l'unanimité.

Sur la seconde question : Le jugement qui sera rendu sur Louis sera-t-il soumis à la ratification du peuple réuni dans ses assemblées primaires ? Non à la majorité. De Houllière seul vota : Oui.

Quelle peine, Louis, ci-devant roi des Français, a-t-il encourue ?

Choudieu : La mort.

Delaunay l'aîné : Je vote pour la mort.

De Houllière : J'ai voté avec confiance que Louis était coupable de conspiration, mais je ne juge pas. Comme législateur, je m'en tiens à des mesures de sûreté générale. Je vote pour la détention pendant la guerre et la déportation après la paix.

Revellière-Lépeaux : La mort.

Pilastre : La détention jusqu'à la paix, et le bannissement à cette époque.

Leclerc : Je vote la mort.

Dandenac l'aîné : Je déclare que je ne prononce pas comme juge, mais comme législateur; je vote pour la réclusion jusqu'à la paix.

Delaunay le jeune : Je vote pour la réclusion jusqu'à la paix.

Pérard : Je vote pour la mort.

Dandenac jeune : J'ai prouvé dans mon opinion imprimée que ce n'était point comme juge, mais comme législateur, que je votais dans cette affaire ; je propose la déportation de tous les prisonniers qui sont au Temple, mais la détention provisoire jusqu'à la paix.

Lemaignan : Je vote pour la réclusion.

Sur la quatrième question : Y aura-t-il sursis, oui ou non, à l'exécution du décret qui condamne Louis Capet : Pilastre, Dandenac le jeune, Delaunay le jeune et Le Maignan répondirent oui. Dandenac l'aîné ne vota pas.

rant la mort du champ de bataille à celle de l'échafaud.
Aussi ne vit-on jamais tant d'engagements volontaires.

L'ancien colonel du Royal-Roussillon, le général Leigonnier[1], avait reçu la mission de recruter des régiments de grosse cavalerie, de dragons et de hussards, dans les départements de l'Ouest. Il chargea le lieutenant Boisard de l'organisation de celui qui se formait à Angers. Boisard déploya une grande habileté dans cette circonstance, et en fut récompensé par le commandement du régiment qu'il avait su créer en si peu de temps. Le 11me hussards fut, de son côté, organisé à Saumur.

Les deux régiments allaient partir pour la frontière, lorsque le soulèvement provoqué en Vendée par le décret ordonnant une levée de trois cent mille hommes les contraignit à demeurer.

La nouvelle loi de recrutement avait été votée le 24 février par la Convention. Vingt-quatre heures après la réception du décret, les directoires des départements devaient faire la répartition des hommes à fournir dans chaque district, et les directoires des districts devaient faire de même et dans le même délai, pour chaque commune.

On devait d'abord procéder par voie d'engagements volontaires, et s'il ne s'en présentait pas assez, les citoyens pouvaient employer, pour se procurer les hommes du contingent, les moyens qu'ils jugeaient être les meilleurs. Maine-et-Loire devait fournir, pour sa part, 3.060 hommes[2].

Dans le district de Saumur, cette levée ne donna lieu à aucun incident. Neuf cents hommes partirent le 17 mars de

---

[1] Leigonnier, colonel du Royal-Roussillon, devenu le 11e régiment de cavalerie, avait été promu général de brigade et chargé de réorganiser la cavalerie dans l'ouest de la France.

[2] *Monit. univ.* T. I. séances des 17 février et 1er mars. — Tous les citoyens français, depuis l'âge de dix-huit ans jusqu'à quarante ans accomplis, non mariés ou veufs sans enfants, sont en état de réquisition permanente jusqu'à l'époque du complet recrutement des 300.000 hommes de nouvelle levée,

cette ville. Le soir, il y eut illumination. Mais il n'en fut pas de même dans les autres districts du département.

Ce que ni la déportation de leurs pasteurs, auxquels cependant ils étaient fort attachés, ni les sollicitations des nobles, ni la mort d'un roi qu'ils aimaient n'avaient pu faire, la loi de recrutement le fit. A la seule pensée de quitter leurs villages et leurs métairies, « les gars » de la Vendée se soulevèrent. Les paysans allèrent trouver les gentilshommes dans leurs châteaux, les curés dans leurs presbytères, les mirent à leur tête, et l'on marcha sur les villes du district, pour déchirer le décret maudit et brûler ces papiers « qui les faisaient soldats. » Il n'y eut, quoi qu'on en ait dit, ni préméditation, ni entente, ni conspiration. Les Vendéens obéirent à leurs instincts, et comme partout les intérêts lésés par la loi du 24 février étaient les mêmes, partout aussi les mêmes effets se produisirent. En un seul jour, toute la Vendée fut debout pour défendre ses enfants[1].

« Ce n'est plus une insurrection, c'est une guerre ouverte qui couvre notre département », écrivaient le 15 mars les membres du conseil général de Maine-et-Loire au ministre de l'intérieur, et le 17 Dandenac donnait à la Convention lecture d'une lettre qu'il venait de recevoir de Saumur. « Le département est aux abois, lui mandait-on. Cholet a été pris et incendié, le district de Saint-Florent est en feu, et hier à midi il y a eu une attaque plus funeste encore aux patriotes : Vihiers, attaqué par un corps de 10 à 12,000 hommes, a été pillé ; nos braves concitoyens, qui avaient volé au secours de cette ville, ont perdu le champ de bataille, un canon et de précieux citoyens[2]. »

Les administrateurs du district de Vihiers[3], craignant

---

[1] Mon but n'étant pas de raconter l'histoire des guerres de la Vendée, je me bornerai à retracer les événements militaires qui se passèrent à Saumur ou dans les environs.

[2] Arch. nationales, F⁷ 3227.—*Monit. univ.* Séances du 20 mars. Arch. munic. pièces non cotées. Liste des citoyens tués à l'affaire de Vihiers.

[3] Vihiers, chef lieu de canton, à 10 lieues ouest de Saumur.

d'être attaqués par les Vendéens, avaient appelé à leur
secours les gardes nationales de Saumur et de Doué. Cathelineau, en effet, après la prise de Cholet, s'était mis en marche
par la route qui traverse la forêt de Vezins, et ses éclaireurs
ayant rencontré, sur les hauteurs de Coron, les avant-postes
républicains, les avaient facilement repoussés. Il n'y avait eu
qu'une faible résistance. Les républicains s'étaient enfuis en
abandonnant une grande couleuvrine de huit. Cette pièce d'artillerie appartenait à la garde nationale de Saumur et avait
été donnée à la ville par le cardinal de Richelieu. Les Ven-
deens la baptisèrent du nom de *Marie-Jeanne* et en firent
l'objet d'un culte presque superstitieux[1].

Malgré la précipitation de leur retraite, les patriotes purent
sauver la caisse du district. Ils emmenèrent aussi avec eux
M. des Aulnais, régisseur du château de Tigné, et ils le massa-
crèrent pendant la route[2]. La terreur fut grande à Saumur à
l'arrivée des fuyards : on croyait les Vendéens aux portes de la
ville. A Paris on était persuadé que Saumur était assiégé. « La
ville se défendra longtemps, disait Delaunay à la Convention,
à cause de sa position et parce que ses habitants se battront
avec l'énergie qui convient à des républicains, mais vous
devez songer que, Saumur pris, les rebelles auront un passage
sur la Loire[3]. »

Il n'en fut rien ; après le combat de Vihiers, les Vendéens
marchèrent sur Chalonnes, s'en emparèrent, et leur armée se
dispersa. On eut ainsi le temps d'organiser des secours. Le
jour même où le ministre avait été prévenu de la prise de
Cholet, Choudieu et Richard, commissaires désignés par la
Convention pour aller dans les départements[4], partirent en
poste pour Angers. Dès leur arrivée ils lancèrent la proclamation suivante :

[1] Savary : *Guerre des Vendéens*, T. I, p. 88. Cette escarmouche eut lieu le
16 mars.

[2] L'abbé Deniau : *Hist. de la Vendée*, T. I.

[3] *Monit. univ*. Séance du 20 mars.

[4] Ces commissaires avaient été nommés le 11 mars.

« Soldats de la liberté et de l'égalité, aux armes ! Faites rentrer dans la poussière ces hommes assez vils pour conspirer contre vos droits ! Vengez la patrie et l'humanité. Des républicains fuir devant des brigands ! Le drapeau de la liberté s'abaisser devant l'étendard de la contre-révolution ! Ah ! le sang bout à cette idée. Hâtez-vous de faire oublier les outrages horribles faits à la patrie[1]. » En même temps on faisait un pressant appel aux départements voisins. Les gardes nationales de Chinon, de Richelieu, de Bourgueil, de Langeais, de Baugé, de Thouars, se réunirent à Saumur. Cotelle-Bazile, marchand épicier, un des chefs de bataillon de la garde nationale de Saumur, fut élu général en chef. Il prit pour lieutenant le citoyen Baudin. ancien officier d'infanterie, chevalier de Saint-Louis. On forma un camp à Doué ; Montreuil et le Puy-Notre-Dame furent occupés par des postes ; enfin le vieux général Wittingkoff fut appelé de Rennes, où il commandait. Il arriva le 20 mars à Doué, et inspecta *l'armée de Saumur*, comme on appelait ce rassemblement composé de 4000 hommes d'infanterie, quatre-vingt-neuf cavaliers et cinq pièces de canon[2].

Toutes ces mesures suffirent à peine pour calmer la terreur des habitants de Saumur. Un accident, arrivé dans la nuit du 22, la renouvela.

A deux heures du matin, un fracas épouvantable réveillait la ville. La poudrière du château, où se trouvait un magasin de cartouches, venait de sauter. Quelques maisons furent détruites par l'explosion, des pierres énormes furent lancées en l'air ; personne cependant ne périt. On ne savait qui accuser de cette catastrophe. Mathurin Guillot. garde-magasin, fut incarcéré, mais aucune charge ne pouvant être produite contre lui il fut relâché[3]. Le peuple fut persuadé que

---

[1] Ils arrivèrent à Angers le 22 mars. La proclamation est datée du 23.

[2] *Monit. univ.* Séance du 20 mars. — Savary : *Guerres des Vendéens*, t. I, p. 110.

[3] *Monit. univ.* Séance du 26 mars. — Reg. d'écrou de la prison de Saumur N° VI.

les brigands de la Vendée étaient les auteurs de ce désastre, et la haine qu'il leur portait redoubla[1].

Quelques jours après arrivèrent à Saumur MM. Genaist, Moricet et Duchesne, tous les trois habitants de Cholet. Ils avaient promis à Six-Sous[2] et aux chefs vendéens, en échange de la vie de leurs concitoyens prisonniers, d'aller sommer la municipalité de Saumur de rendre la ville aux royalistes. Arrêtés à Vihiers par les avant-postes républicains, ils avaient été conduits sous escorte à Saumur. A leur entrée, la populace les accueillit par des outrages et par des coups : on les prenait pour des brigands prisonniers. Moricet tomba dès les premiers pas. Ses compagnons ne purent arriver jusqu'à l'Hôtel-de-Ville. Sur la place de la Bilange, la foule rompit leur escorte et se rua sur eux. Genaist, qui était fort et vigoureux, se défendit longtemps ; il fut tué à coups de couteau[3].

Le général Wittingkoff n'avait pu s'éloigner que momentanément de Rennes. L'état de la Bretagne, toujours agitée depuis la conspiration de la Rouërie, ne lui permettait qu'une courte absence. Les administrateurs de Maine-et-Loire se trouvaient dans un grand embarras, ne sachant qui placer à la tête des réquisitionnaires qui arrivaient de toutes parts, lorsque le général Leigonnier arriva à Angers. Désigné pour prendre un commandement à l'armée des Pyrénées, Leigonnier avait été chargé par le ministre de la guerre de s'assurer, avant de se rendre à son poste, de l'état d'organisation du régiment de cavalerie de Boisard. Richard et Choudieu le requérirent de prendre le commandement des troupes. Il obéit à regret.

Le 26, le nouveau général se rendit à Doué. Ce rassemblement de paysans mal armés, d'officiers ignorants, l'effraya.

---

[1] Trois ou quatre milliers de poudre et un grand nombre de cartouches furent détruits.

[2] Peu de jours après, Bruneau, dit Six-Sous, convaincu de trahison, fut fusillé à Chemillé.

[3] Gélusseau : *Hist. de Cholet*, T. II, p. 215.

Il écrivit au ministre pour lui demander un état-major et des troupes, insistant pour être envoyé à l'armée des Pyrénées. L'indiscipline des soldats était extrême et n'avait d'égale que l'incapacité de leurs chefs, qui, pour la plupart, ne devaient leur élection qu'à leur républicanisme. On n'avait tenu aucun compte des aptitudes et des connaissances militaires. Vilmet, le meilleur officier de ce ramas de soldats, avait déjà signalé à la commission civile l'impéritie de ses subordonnés, et une proclamation avait recommandé aux bataillons et aux compagnies de choisir pour chefs les plus instruits. On ne tint aucun compte de ce conseil ; les bataillons mécontents murmurèrent et menacèrent de se retirer. On céda.

La commission civile, composée des membres du département et des représentants en mission, était arrivée à Vihiers en même temps que Leigonnier. Choudieu, impatient d'agir, ordonna de porter en avant le demi-bataillon des fédérés du Finistère[1] qui venait d'arriver de Paris. L'organisation de cette troupe était à peu près complète. Elle alla occuper le Coudray-Montbault, sur la route de Coron. Quelques coups de fusil, qui tuèrent deux hommes et en blessèrent quelques autres, suffirent pour décider les républicains à se retirer. Ce petit échec fit que l'on résolut d'attendre l'arrivée des officiers-généraux annoncés par le ministre de la guerre[2].

Beurnonville[3], avant son départ pour l'armée du Nord, avait désigné le général Berruyer pour prendre le commandement en chef des troupes destinées à agir contre les rebelles. Berruyer était un ami de Choudieu. Il avait donné des preuves de son républicanisme comme colonel des carabiniers de Monsieur et en avait été récompensé par le grade de lieutenant-général. Il commandait l'armée de réserve, et c'est à ce

---

[1] Ce bataillon retournait de Paris à Brest. A son passage à Saumur, il avait été requis par les représentants de la Convention et dirigé sur Vihiers.

[2] Savary : *Guerre des Vendéens*, T I, p. 112 et 113.

[3] Ministre de la guerre. Il fut livré aux Autrichiens, avec les commissaires de la Convention, par Dumouriez.

titre qu'il avait escorté, avec Santerre, Louis XVI à la barre de la Convention.

D'après les instructions du ministre, Berruyer devait se mettre à la tête des troupes que l'on rassemblait à Tours, conduire cette colonne à Saumur, la laisser aux ordres du général Dayat, et se rendre à Niort où il devait établir son quartier-général.

Le 25, Berruyer était à Orléans ; il y trouva le représentant Goupilleau, député de la Vendée, qui devait l'accompagner. Le lendemain, il fut rejoint par les généraux Duhoux[1] et Menou[2], désignés pour lui servir de lieutenants-généraux, et par Tallien, commissaire de la Convention, qui venait prendre à Orléans la place de son collègue. Le 27, le général arriva à Tours, où il laissa Menou comme chef d'état-major de l'armée et fit partir en toute hâte Dayat pour Niort. On venait d'apprendre la nouvelle de la défaite de Marcé[3] à Saint-Vincent, et tandis que le général en chef se concertait avec Richard et Choudieu, venus à sa rencontre, Duhoux partait pour Angers[4]. On tint à Tours un conseil de guerre qui n'aboutit pas, faute de pouvoir s'entendre sur le plan de campagne à adopter. Il fut seulement décidé que tous les généraux républicains se réuniraient à Saumur, avec les commissaires de la Convention,

---

[1] Duhoux de Hauterive commandait à Lille.

[2] Jacques-François, baron de Menou, né en 1750 en Touraine, député de la noblesse de cette province aux États-généraux de 1789. Commandant en second du camp de Soissons.

[3] N... Marcé (de), maréchal-de-camp. Il comptait quarante-huit ans de service. En 1790 il commandait la 20e division militaire. Il fut battu le 19 mars par une colonne vendéenne sous les ordres de Royrand et de Sapinaud de la Verrie, près du village de Saint-Vincent. Accusé de trahison, quoiqu'il ne fût coupable que d'avoir pris de mauvaises dispositions, il fut suspendu par ordre des représentants Carra et Angus. Le 21 mars, la Convention, sur le rapport de Barrère, décréta qu'il serait formé une cour martiale à la Rochelle pour juger la conduite du général Marcé. Il fut arrêté le 20 avril et condamné à mort en janvier 1793. — *Monit. univ.* T. XV, p. 775

[4] Les allures aristocratiques de Duhoux le firent très-mal accueillir à Angers. Grille T. IV, p. 233.

pour arrêter un plan définitif. Les événements empêchèrent pendant longtemps la réunion projetée[1].

Berruyer accompagna les représentants à Angers où il établit son quartier-général. Il se trouvait à la tête de 15 à 16,000 hommes étendus sur une ligne de cinquante lieues. Les adjudants-généraux Ladouce et Talot, sous les ordres de Duhoux, étaient à Saint-Lambert. Leigonnier, avec quatre ou cinq mille hommes, occupait le camp de Doué. Quétineau commandait les bataillons qui devaient défendre Thouars et Bressuire. Il donnait la main à Dàyat dont le corps d'armée s'étendait de la Rochelle jusqu'aux Sables. Enfin Gauvilliers[2], chef de légion de la garde nationale du district d'Angers, gardait les postes d'Ancenis, d'Ingrandes et de Varades, sur la rive droite de la Loire. Toutes ces colonnes devaient se mettre en marche en même temps, se resserrer les unes sur les autres, arriver à l'extrémité de la Vendée en refoulant devant elles les rebelles, et les précipiter dans la mer[3].

Le corps de Leigonnier, le seul dont nous ayons à nous occuper, avait Cholet pour objectif en passant par Coron et par Vezins.

Le 9 avril, le général républicain se mit en marche sur trois colonnes. Celle de gauche, partie de Saint-Hilaire-des-Bois, fut accueillie par quelques coups de fusil près du château des Hommes ; elle s'enfuit.

Celle de droite, sous les ordres de l'adjudant-général Vilmet, se dirigea du Voide sur la Salle-de-Vihiers. Vilmet eut le plus grand mal à l'empêcher de se débander aussi.

---

[1] Arch. nationales, A. F. II., 279 pièces.

[2] Gauvilliers (Jean-Marie-Gaspard), né à Charolles le 5 février 1755. Grenadier au régiment de Poitou le 3 avril 1776. Libéré le 7 février 1777. Il fut successivement contrôleur des actes et inspecteur de la régie et de l'enregistrement à Châteauneuf, Château-du-Loir, Saumur et Angers. Élu premier capitaine des volontaires de Maine-et-Loire, il devint major le 1er juillet 1790 et commandant de la garde nationale des Ponts-de-Cé, puis adjudant-général, enfin chef de légion de la garde nationale du district d'Angers.

[3] Savary, T. I, p. 131.

Le 10, Leigonnier reprit son mouvement, mais les canonniers dont la solde avait été diminuée se mutinèrent et refusèrent de marcher. Il fallut leur céder. La solde fut rétablie
sur l'ancien pied. Enfin le lendemain il parvint à entrer à
Coron, et le 12 il s'empara de Vezins sans éprouver de
résistance[1].

Les Vendéens battaient en retraite de tous les côtés ;
d'Elbée et le gros de l'armée se repliaient sur Tiffauges,
abandonnant Cholet. Les patriotes de cette ville, prisonniers
depuis le 14 mars, virent leurs gardiens s'enfuir et bientôt
une patrouille du 11me hussards, sous les ordres de Duchâtel
de Saumur, vint leur confirmer l'approche de l'armée républicaine. Le 17, un détachement composé des plus solides
grenadiers de Saumur et de Montreuil vint, par ordre de
Leigonnier, occuper le château du Bois-Grolleau, aux portes
de Cholet. Ils étaient au nombre de cent quatre-vingt-cinq.
Le commandant Tribert[2], homme de grande énergie, était à
leur tête. Le même jour, Vilmet fut envoyé en reconnaissance
du côté de Maulevrier avec douze chasseurs à cheval et
un détachement d'infanterie, l'échec que Quétineau avait
éprouvé le 13 à' Bressuire ayant forcé Leigonnier à appuyer
à gauche pour assurer sa position à Cholet[3].

Vilmet arriva jusqu'au château de Tout-le-Monde qu'il
trouva abandonné. Laissant son infanterie en observation, il
pénétra dans la cour du château pour faire reposer ses
hommes. A peine était-il descendu de cheval que le bruit de
la fusillade le contraignit de se remettre précipitamment en
selle. Il voit alors son infanterie fuyant, sans même riposter
au feu des Vendéens. Vilmet n'hésite pas à charger. Enlevant
ses hommes, il se précipite au milieu des paysans. Un coup
de feu lui traversa la cuisse, son aide-de-camp et deux de ses

Savary, T. I., p. 154-155.

[2] Beau-père de Thibaudeau, député de la Vienne à la Convention. Il fut
nommé, après le 9 thermidor, inspecteur des forêts de Fontevrault et de
Chinon.

[3] Lettre de Leigonnier à Berruyer citée par Grille. T. IV, p. 417.

chasseurs sont tués, neuf autres sont blessés, mais il parvient à rallier son infanterie, la ramène au combat et chasse les Vendéens. Ce fut le dernier exploit du brave commandant Vilmet. Sa blessure était grave, il ne put reprendre son service actif. Cette échauffourée priva Leigonnier d'un de ses meilleurs officiers[1].

C'était un mauvais présage pour la suite des opérations. Leigonnier était désolé de l'indiscipline et de la lâcheté des volontaires. « Il est bien dur à un vieux militaire de commander à des lâches, écrivait-il au ministre de la guerre. »

Ses craintes ne tardèrent pas à être justifiées.

Le 19, trente à quarante mille Vendéens attaquent les avant-postes de l'armée républicaine, les refoulent, et contraignent les grenadiers de Tribert à se renfermer dans le château du Bois-Grolleau. Le colonel Boisard, qui était à Nuaillé, entendant la fusillade du Bois-Grolleau, se porte sur ce point avec deux mille hommes. Il est rejeté sur l'avant-garde qui plie à son tour. Le corps d'armée épouvanté lâche pied sans combattre et s'enfuit sur Vihiers. Le bataillon du Finistère et les dragons de Boisard soutinrent seuls la retraite et s'arrêtèrent à Vihiers. La plupart des soldats républicains se sauvèrent jusqu'à Doué et même jusqu'à Saumur.

Cette panique était d'autant plus inexplicable qu'il n'y eut pas de poursuite. Les Vendéens, craignant d'être attaqués par le corps de Berruyer, qui était à Chemillé, se contentèrent d'avoir repoussé l'ennemi et ne suivirent pas leur victoire. Ils se replièrent sur le May et Beaupreau. Ce fut dans cette retraite que les grenadiers enfermés au château du Bois-Grolleau furent faits prisonniers.

---

[1] Savary, T. I, p. 163. — Bibl. de M. Allain-Targé. *Mém. pour servir de réponse aux faits calomnieux répandus contre les habitants de Saumur.* Mss. Vilmet se retira à Saumur. Pendant l'occupation de cette ville par les Vendéens, il refusa de prêter serment. Sa maison fut pillée. Vilmet alla alors habiter à Saint-Cyr où il mourut.

Dès la matinée du 19, ils avaient été cernés par les royalistes.
Heureusement pour eux le château était fort, les douves
larges, les murs élevés. Les Vendéens ne purent les escalader.
Ils firent approcher une pièce de canon, mais les boulets
traversaient les murailles sans les renverser. Ils durent
renoncer momentanément à s'emparer d'un poste si valeu-
reusement défendu. Les gardes nationaux purent respirer.
Ils n'avaient pas de vivres et furent fort heureux de trouver
de vieilles fèves dans les greniers du château. Ils comptaient
bien être délivrés le lendemain par Leigonnier. Toute la
journée du vendredi, ils entendirent en effet le canon gronder
du côté de Vihiers, mais au lieu des républicains attendus
ils virent toute l'armée vendéenne s'amasser autour d'eux.
Sommé de se rendre, le commandant Tribert refusa avec indignation[1]. Il fallut pour le décider que les Vendéens fissent
approcher des portes du château une charrette chargée de
branches de genêts et d'ajoncs à laquelle ils mirent le feu.
Déjà l'incendie se communiquait aux servitudes, dont les greniers étaient remplis de fourrage, et les balles des catholiques
empêchaient de l'éteindre. Les républicains arborèrent le
drapeau blanc. Émerveillés de leur bravoure, les généraux
royalistes leur accordèrent une capitulation honorable.
« Gardez les armes dont vous vous êtes servis avec tant de
courage, dit La Rochejacquelein au commandant Tribert, qui
lui présentait son épée. » Les prisonniers étaient au nombre
de cent quarante-sept dont soixante-cinq de Saumur. Ils
furent conduits à Cholet, où l'on donna pour prison à Tribert la maison de Bouthillier de Saint-André, son ami. Les
Saumurois trouvèrent dans cette ville un de leurs concitoyens,
Esnault, qui, après la prise de Cholet par les Vendéens, avait
accepté de faire partie du Comité royaliste qu'ils avaient institué. Il profita de sa situation pour leur venir en aide[2]. Aussi

---

[1] Crétineau-Joly, T I, p. 97.

[2] Les républicains ne se montrèrent guère reconnaissants envers Esnault.
Après la prise de Cholet il fut enfermé dans la citadelle d'Angers. Il y était

furent-ils fort doucement traités. On les interna, à Mortagne, dans une ancienne abbaye de Bénédictins et on autorisa deux des leurs, Huguet, de Montreuil, et Frémery, de Saumur, à porter à Doué des nouvelles de leurs compagnons à leurs familles.

L'arrivée des deux messagers calma les inquiétudes que l'on avait conçues sur le sort des prisonniers. Ils présentèrent à la commission civile de Doué une lettre dans laquelle leurs camarades rendaient hommage à la conduite généreuse de leurs ennemis. « C'est avec un vrai plaisir que nous publions les procédés honnêtes et humains que nous avons reçus et que nous recevons tous les jours des généraux et commandants de l'armée catholique. Nos blessés et nos malades sont aussi bien traités qu'ils pourraient l'être dans un hôpital militaire. Nous sommes persuadés que vous traitez de même tous les prisonniers que vous avez. » Ces sentiments d'humanité honorent également les deux partis, mais on n'était encore qu'au début de cette terrible guerre à la fin de laquelle les actes de la plus abominable cruauté dépassèrent tout ce que l'esprit peut imaginer.

Huguet et Frémery ne réussirent pas dans leur mission ; on ne put arriver à s'entendre pour l'échange des prisonniers et, le 12 mai, ils durent reprendre le chemin de Mortagne pour tenir la promesse qu'ils avaient faite. Leur captivité dura près de trois mois. Ils durent enfin leur délivrance aux sollicitations d'Esnault. Les deux chefs restèrent en prison et ne furent délivrés qu'après la prise de Cholet par les républicains[1].

encore le 3 vendémiaire 1794. Il demandait, à cette époque, à la municipalité de Saumur, une attestation de sa conduite envers les prisonniers du Bois-Grolleau, pour pouvoir être délivré.

[1] Savary, T. I, p. 161, 203, 230 et suiv. — L'abbé Deniau, T. I, p. 433. — Bibl. de M. Allain-Targé. *Mém. pour servir de réponse aux faits calomnieux répandus contre les habitants de Saumur*. Arch. munic. Certificats d'indigence délivrés par le comité de surveillance aux parents des prisonniers du Bois-Grolleau. On leur donnait 30 sous par jour. — Il y eut six grenadiers de Saumur tués dans cette affaire. Les Vendéens perdirent plus de deux cent cinquante hommes.

L'échec de Leigonnier força le général Berruyer à se replier sur Chemillé ; il était trop peu sûr de ses troupes pour rester ainsi en l'air. Dans la lettre où il rendait compte au ministre de la guerre des résultats de la journée du 19, il se plaignait de la désertion et de l'indiscipline des volontaires. « Il m'est impossible, disait-il, de continuer la guerre sans soldats aguerris. »

Cette lettre fut lue à la Convention dans la séance du 24, ainsi qu'une adresse des administrateurs de Maine-et-Loire où l'on faisait la peinture la plus sombre de l'état dans lequel se trouvait le département. L'indiscipline de l'armée était sans bornes ; les soldats se livraient à tous les excès. Carra, qui arrivait de mission, taxa ces plaintes d'exagération. « Sans doute quelques ballots de mouchoirs de Cholet avaient été volés, quelques viols avaient été commis, mais ces désordres tenaient à la mauvaise composition de l'armée. Aujourd'hui où l'on a les secours des départements voisins, la victoire va revenir aux armes républicaines, surtout, ajouta Chasles, si la Convention rappelle le général Berruyer. C'est son luxe insolent, c'est son entourage composé de ci-devants nobles, en particulier d'un certain baron de Menou, qui découragent ainsi nos braves volontaires[1]. »

Toujours disposée à accueillir les dénonciations contre les chefs militaires, l'Assemblée invita le général Berruyer à se justifier.

On savait déjà trop bien, dans les armées républicaines, ce qu'il en coûtait aux généraux de dédaigner ces accusations, pour que Berruyer hésitât un instant à se rendre à Paris. Il partit donc au commencement de mai, et tandis qu'il allait en personne expliquer sa conduite au comité du Salut public, il chargeait Goupilleau, de Fontenay, de sa défense devant la Convention. « J'aurais voulu que Chasles fût en Vendée avec nous, dit ce député. Il nous aurait vus à cheval pendant

[1] *Moniteur universel.* Séances des 26 et 28 avril.

dix heures, ne mangeant que le pain des soldats, ne buvant que de l'eau ; est-ce là déployer un luxe insolent! » Choudieu prit aussi la défense du général. Il écrivit à la Convention pour le disculper des accusations portéçs contre lui par les administrateurs de Maine-et-Loire. « Voulez-vous savoir la vérité tout entière, écrivait-il : Le général Berruyer a des formes trop républicaines pour des hommes qui ne sont pas encore nés à la liberté; celui qui a conduit à l'échafaud le tyran des Français doit avoir pour ennemis tous ceux qui, en secret, soupirent pour un roi; celui qui veut que le soldat obéisse et se batte doit compter autant d'ennemis qu'il y a de traîtres et de lâches. Voilà les crimes de Berruyer et des généraux sous ses ordres. S'ils sont coupables, nous le sommes aussi[1]. »

Grâce à ces défenseurs, Berruyer sauva sa tête, mais il fut remplacé dans son commandement. D'ailleurs les armées républicaines furent entièrement réorganisées à cette époque. On en forma onze, dont trois à l'intérieur. Ce furent :

1° Celle des côtes de la Rochelle, de l'embouchure de la Gironde à celle de la Loire ;

2° Celle de Brest, de la Loire à Saint-Malo ;

3° Celle de Cherbourg, qui comprenait les côtes de la Normandie jusqu'à la Seine.

Six membres de la Convention, sous le nom de représentants du peuple en mission, furent attachés à l'armée de la Rochelle : quatre pour les camps, deux pour les subsistances. Carra, Choudieu, Garnier de Saintes, Goupilleau, Mayade et Treilhard, furent désignés.

Toutes les administrations se crurent obligées de suivre l'exemple de la Convention. Le ministre de la guerre, le conseil général de la commune, le club des Jacobins, jusqu'aux sections de Paris, envoyèrent des commissaires aux armées. Quoique la Convention eût déclaré qu'elle ne les considérerait

---

[1] *Moniteur universel*, Séances des 3 et 6 mai.

« que comme des apôtres de la liberté, sans autorité sur les chefs militaires, et dont le seul rôle serait d'empêcher le sang de leurs frères de couler[1] », ils n'en furent pas moins les agents les plus actifs de la désorganisation. Auprès d'eux le soldat mutin était sûr de trouver un appui et ils étaient toujours partisans des mesures les plus révolutionnaires.

Le commandement de l'armée de la Rochelle avait été confié à Biron, alors à l'armée des Alpes. Il semble que ce général ait eu le pressentiment du sort qui l'attendait en Vendée. Sa répugnance à se rendre à son nouveau poste était extrême : il n'y arriva qu'à la fin de mai.

Le général Menou resta donc chargé, par intérim, du commandement de l'armée. Il avait sous ses ordres Leigonnier, qui occupait toujours le camp de Doué avec une division entièrement désorganisée. Quétineau, battu le 13 aux Aubiers par La Rochejacquelein alors à son coup d'essai, était fortement menacé dans la position qu'il occupait à Bressuire.

Ce qui manquait surtout aux armées républicaines c'était des soldats, car on ne pouvait donner ce nom à ces gardes nationaux, pères de famille, qui ne savaient que chanter *la Marseillaise* et crier « sauve qui peut » aux premiers coups de fusil. La Convention, sur le rapport de Barrère, avait bien décrété que les armées du Nord et des Ardennes fourniraient six hommes par compagnie, mais avant qu'ils fussent arrivés à Orléans, lieu de leur formation par bataillon, et de là en Vendée, bien du temps devait se passer.

On fit donc un nouvel appel au patriotisme des Parisiens ; mais Paris avait envoyé à la frontière les plus braves de ses enfants et on eut beau leur affirmer que leur nom seul valait une armée, qu'ils n'auraient qu'à paraître dans la Vendée pour que les révoltés rentrassent dans la poussière, personne ne se souciait d'aller affronter les balles bien ajustées des Vendéens.

---

[1] *Arch. de la Guerre*. Imprimé,

Le conseil général de la commune de Paris avait, dans sa séance du 1er mai, décrété la formation d'une armée de 12,000 hommes[1], mais lorsqu'il fut question de désigner ceux qui devaient partir les premiers, il y eut des émeutes dans plusieurs sections. Chaumette ayant dit aux Jacobins qu'il fallait envoyer tout d'abord en Vendée les oisifs, clercs de procureurs, commis, employés... ces jeunes gens protestèrent contre cette prétention aux cris de : *Au diable Marat, Danton, Robespierre ! Au diable la Montagne ! Au diable la République! Vive d'Orléans!* Vainement promettait-on de leur donner pour chef « le brillant général Santerre »,vainement le président de la commune de Paris les engageait-il « à suivre le penchant de leurs cœurs », rien n'y faisait. Il fallut que la Convention votât qu'une somme de 500 livres serait remise à chaque volontaire, pour décider ces héros à partir[2].

En attendant l'arrivée de ces renforts, on expédia en poste la légion de Rosenthal et la légion Germanique, douze pièces de canon, quinze mille paires de souliers, des armes et des munitions.

Tous ces secours ne purent sauver Thouars. Lescure[3] et La Rochejaquelein s'emparèrent de cette ville le 5 mai. Tallien, commissaire de la Convention à Tours, avait fait pressentir ces événements quelques jours auparavant. « Les dangers deviennent de jour en jour plus pressants, écrivait-il le 6 mai : Argenton-le-Peuple a été pris, Bressuire évacué, Thouars est en ce moment attaqué de toutes parts. Déjà une partie des faubourgs est au pouvoir de l'ennemi. On a toujours cru que c'était une simple insurrection, tandis que c'est la guerre civile la plus formelle. » Et il ajoutait :

[1] Cette armée devait être divisée en bataillons de huit compagnies commandés par un lieutenant-colonel. Chaque compagnie était de quatre-vingt-dix-huit fusiliers.

[2] *Journal des Assemblées nationales*, séances de la commune de Paris du 26 avril et du 1er mai. Ils reçurent le surnom de héros à 500 livres.

[3] Lescure et La Rochejaquelein habitaient le château de Clisson dans la commune de Boesmé, depuis le licenciement de la garde constitutionnelle du roi.

« Si on n'envoie pas de secours, Loudun sera la proie des brigands, la forêt de Chinon, qui n'est qu'à cinq lieues de cette dernière ville, tombera en leur pouvoir, et une fois que les brigands y seront cantonnés, il sera très difficile de les en chasser. » Il envoyait aussi un appel de détresse adressé par Quétineau aux administrateurs d'Indre-et-Loire : « L'ennemi se présente sur trois colonnes de dix à douze mille hommes, aussi ardents et braves que les miens sont tièdes et indifférents. Ma ligne s'étend de Saumur à la Châtaigneraie, sur une longueur de quinze lieues, et je n'ai que trois mille hommes pour la défendre. Que personne ne reste dans ses foyers s'il ne veut y être égorgé. Si trente mille hommes m'arrivaient tout à l'heure nous ne languirions pas longtemps.... Quant à moi, je souhaite la victoire ou la mort[1]. »

On ne pouvait rien pour le secourir : Leigonnier était bien à Doué, mais la moitié de son armée l'avait abandonné ; à peine lui restait-il le nombre de troupes nécessaires pour couvrir Saumur. Une grande agitation régnait dans cette ville, surtout lorsqu'on vit arriver en désordre la légion de Rosenthal qui, saisie d'une terreur panique, avait abandonné le poste de Montreuil, découvrant ainsi la gauche de Leigonnier. Les fuyards annonçaient l'approche des brigands. Si on ajoute à ces causes de démoralisation les sourdes menées des femmes et des enfants des prisonniers du Bois-Grolleau, disposés, pour sauver leurs maris et leurs pères, à favoriser l'entrée des Vendéens dans la ville, on comprendra combien était difficile la situation de Carra, le seul des députés en mission qui fût alors à Saumur. Il demanda à ses collègues d'Angers quelques bataillons : on lui envoya douze cents hommes et la trente-cinquième division de gendarmerie[2], sous les ordres du citoyen Rossignol[3]. A peine arrivés à

[1] *Mon. univ.* séance du 6 mai.

[2] Cette division de gendarmerie, qui du reste montra un certain courage, était composée de vainqueurs de la Bastille.

[3] Ancien orfèvre de Paris, se distingua au siège de la Bastille, au 10 août ; membre de la commune de Paris, il assista au massacre de la Force.

Saumur, ces bataillons, ayant appris que la solde était diminuée, se mirent en pleine révolte. La commission centrale, réunie à Doué, reconnaissant que l'armée ne semblait chercher qu'une occasion favorable pour abandonner le drapeau de la liberté, décida qu'il serait sursis à l'exécution de l'arrêté du 3 mai[1].

Livré à ses propres ressources, Quétineau ne put sauver Thouars. Vainement les fédérés marseillais, qui savaient ne pas avoir de pardon à attendre des Vendéens exaspérés par les atrocités qu'ils avaient commises à Bressuire et aux moulins de Cornet[2], se défendirent-ils avec la plus grande énergie, la ville fut emportée d'assaut ; et, pour éviter le massacre des habitants, le général républicain dut arborer lui-même le drapeau blanc.

Les Vendéens se conduisirent avec la plus grande douceur, se contentant de faire prisonniers les quelques Marseillais échappés à leurs balles et renvoyant les autres soldats après leur avoir coupé les cheveux et leur avoir fait jurer d'être fidèles à la religion, à Louis XVII, et de ne jamais porter les armes contre l'armée catholique. Quant à Quétineau, les chefs royalistes firent les plus grands efforts pour l'attacher à leur cause, lui mettant devant les yeux le sort que la République réservait aux généraux vaincus. Le brave soldat, tenant à plus haut prix son honneur que sa vie, repoussa ces avances, et les chefs vendéens, admirateurs de cette vertu, lui donnèrent une passe et l'autorisèrent à aller où il voudrait, « convaincus que l'honneur le porterait, tant qu'il resterait prisonnier, à ne point prendre les armes contre les catholiques. » Ils le priaient seulement de rendre un compte sincère et

---

[1] *Mon. univ.* Séance du 6 mai. *Arch. de la Guerre*, Lettre de Carra au Comité du Salut public. — Angers, 7 mai 1793.

[2] Ils avaient massacré à coups de sabre onze malheureux paysans enfermés dans la prison de Bressuire.

fidèle de la manière humaine et généreuse avec laquelle ils avaient traité leurs prisonniers[1].

Quétineau se rendit à Doué[2], auprès de Leigonnier. C'était courir à une perte certaine. Déjà Tallien, pour pallier la lâcheté des soldats, avait allégué la trahison des chefs, et Lecointre-Puyraveau avait accusé Quétineau devant la Convention d'avoir non seulement fait crier à ses troupes : Vive le roi, vive la reine ! mais aussi : Vive Jésus-Christ !

Leigonnier mit son collègue aux arrêts, espérant lui sauver a vie en lui infligeant une punition militaire, mais Tallien[3], étant arrivé à Doué, réclama l'arrestation immédiate du malheureux général. Leigonnier ne crut pas devoir obtempérer à la réquisition du commissaire de la Convention ; il envoya Quétineau à Saumur, où, après avoir été interrogé par le représentant du peuple Carra, on lui assigna la ville pour prison[4]. Ce n'était pas seulement sa défaite que les républicains reprochaient à Quétineau, mais encore d'avoir été un des lieutenants de Dumouriez, et son admirateur, au point d'avoir donné à son fils le nom du vainqueur de Jemmapes.

On craignait que l'armée catholique ne se dirigeât sur Saumur après la prise de Thouars. Cette ville était hors d'état et de volonté de se défendre, mais lorsqu'on vit la cavalerie vendéenne, sous les ordres de Domaigné, prendre la route de Loudun, ce fut pour Tours que l'on trembla. « Cette ville n'a pour défenseurs que la légion Germanique ; quant aux habitants, ils sont frappés de stupeur. » C'est ainsi que s'ex-

---

[1] Archives nationales. A F, II, 265. Cette passe est signée : de Bonchamps, Donnissan, Delbée, le lieutenant-colonel de la Rochejaquelein, Cathelineau, Lescure, Quétineau.

[2] Il était originaire du Puy-Notre-Dame.

[3] Il avait déjà fait incarcérer à Tours Anne-Marie La Treille, femme de Quétineau.

[4] Quétineau était lieutenant-colonel en second à l'armée du Var. Né en 1757, il fut guillotiné à Paris le 26 ventôse an II.

priment Làchevardière[1] et Minier[2], tous deux commissaires
nationaux envoyés par la commune de Paris dans les départements insurgés.

Tallien partageait leurs craintes. Il s'était transporté à
Chinon, avec les membres de la Commission centrale
du département d'Indre-et-Loire, deux cents hommes de la
légion Germanique qu'il venait d'épurer, et quelques pièces
de canon.

A peine était-il arrivé dans cette ville qu'il apprit qu'à
l'annonce de l'approche des royalistes, Loudun s'était prononcé en leur faveur. Le drapeau blanc avait été arboré, les
cocardes blanches prises, la Société populaire dispersée et
les prisons ouvertes.

Jamais la République n'avait couru de plus grands dangers. Il est certain que si les Vendéens se fussent portés sur
Chinon, et de là sur Tours, ces deux villes leur eussent ou-
vert leurs portes. La légion Germanique, seule garnison de
cette ville, dont Tallien avait plusieurs fois déjà signalé à la
Convention l'esprit liberticide[3], n'aurait fait qu'un simulacre
de résistance. Les soldats de ce corps n'attendaient qu'une
occasion favorable pour changer de drapeau. On le vit bien
après la prise de Saumur, où un très grand nombre d'entre
eux s'enrôlèrent dans l'armée catholique.

Quelles auraient été les conséquences de cette marche
hardie? La République aurait-elle sombré au milieu de tant
de périls, ou bien, son énergie croissant avec le danger, les
lui aurait-elle fait surmonter? On ne peut le conjecturer.
Toujours est-il que l'armée vendéenne eut là une occasion
qu'elle ne retrouva plus. Mais il aurait fallu pour exécuter
ce plan d'autres soldats que ceux auxquels commandait Cathelineau. En prenant les armes, les paysans vendéens n'a-

[1] Vice-président du département de **Paris**.

[2] Officier municipal de Paris.

[3] Arch. de la Guerre : Lettre du procureur-syndic d'Indre-et-Loire au président du pouvoir exécutif à Paris, 15 mai 1793.

vaient d'autre but que de se soustraire au service militaire et de rejeter hors de leur pays les prêtres intrus et les administrateurs républicains qu'on leur avait imposés. Ils ne songeaient pas à faire une guerre de propagande et se souciaient fort peu d'aller chez leurs voisins restaurer le trône et l'autel. Que leurs chefs aient exploité, dans un but politique, ce sentiment profond qui attache le Vendéen à son clocher et à son curé, cela n'est pas douteux, mais ils connaissaient trop bien les hommes qu'ils commandaient pour chercher à les attirer loin de leurs foyers. Quelle que fût leur popularité, ils auraient échoué, et, sans Cathelineau, jamais ils n'auraient même pu décider l'armée catholique à les suivre jusque sous les murs de Saumur et de Nantes[1].

Les Vendéens ne restèrent que quelques jours à Thouars, mais au lieu de se diriger sur Tours, ou sur Saumur, comme on le craignait, ils prirent la route de Niort. Tallien accourut aussitôt à Loudun ; six membres de la commission centrale et deux cents hommes l'accompagnaient. L'arbre de la liberté fut replanté avec des chants d'allégresse. « L'hymne des Marseillais et le refrain chéri du *Ça ira* terminèrent cette journée, qui marquera, je l'espère, l'époque de la régénération du patriotisme dans cette ville, si longtemps gangrenée par l'aristocratie sacerdotale et nobiliaire[2]. » Tout ce qu'il y avait, dans la ville, d'aristocrates fut jeté en prison ; la Société populaire, réorganisée et régénérée, aida beaucoup à ces incarcérations. « Cette vermine », ainsi que le citoyen commissaire appelait les prisonniers, fut conduite à Chinon. C'étaient pour la plupart des parents et des amis de ceux qui, après la prise de Loudun, avaient suivi l'armée catholique[3].

La marche rétrograde des Vendéens avait quelque peu

[1] Arch. de la Guerre. Lettre du citoyen Bruslé au maire de Paris, 17 mai. — Les chefs vendéens voulaient marcher sur Paris, mais les révoltés n'ont pas voulu quitter leur pays. »

[2] *Moniteur universel*. Séance du 19 mai.

[3] Parmi les Loudunais qui s'enrôlèrent dans l'armée vendéenne on peut citer : Beauvolliers, originaire de Sammarçolle, le chevalier de Langerie, âgé de 14 ans, de Mondion, Sanglier, de la Marsonnière.....

rassuré les Saumurois, et le succès remporté par Chalbos devant Fontenay leur fit croire que la guerre était terminée. D'ailleurs les secours commençaient à arriver. Les bataillons de Paris s'organisaient, et le 13 mai, Santerre, admis à la barre de la Convention, avait annoncé que douze ou quatorze mille hommes, avec quatre-vingt pièces de canon, partaient pour la Vendée. « Bientôt, ajouta-t-il, cent mille hommes les suivront, et après la défaite des rebelles, cette armée pourra faire une descente dans la Grande-Bretagne et faire un appel au peuple anglais[1]. » Rien n'étonnait ce Picrochole républicain. Du reste, ce n'étaient ni les chefs militaires, ni les commissaires civils qui manquaient alors dans l'armée républicaine. Saumur en regorgeait. Cette ville venait d'être choisie pour être le siège de la commission centrale dont Carra, Choudieu, Delaunay le jeune et Dandenac étaient les membres[2]. En outre, dix autres commissaires de la Convention s'étaient partagé les départements de la Vendée, des Deux-Sèvres, de la Vienne, de la Charente et d'Indre-et-Loire[3]. Ces commissaires devaient entretenir une correspondance active avec la commission centrale, et lui faire part de la situation de leurs départements. De son côté, le ministre de la guerre avait aussi envoyé un de ses adjoints, Ronsin, avec des pouvoirs très étendus. Ronsin était accompagné des commissaires du gouvernement Parein[4], Gramont, Berthier[5], Bruslé et Besson[6]. Leur mission

---

[1] *Moniteur universel.* Séance du 13 mai.

[2] Les membres de la Commission centrale logeaient dans la maison de l'abbé Cailleau à l'entrée du Pont-Neuf.

[3] Noms des commissaires de la Convention : Thibeaudeau et Creuzé dans la Vienne : Jard-Pouvillier et Lecointre-Puyraveau dans les Deux-Sèvres ; Mazade et Treilhard dans la Charente ; Bodin et Ruelle dans Indre-et-Loire; Goupilleau l'aîné et Garnier dans la Vendée.

[4] Depuis chef d'état major de l'armée de l'Ouest. — Président de la Commission militaire d'Angers et un des généraux de l'armée révolutionnaire. — Président de la grande commission militaire de Lyon, il fut destitué de ses fonctions le 27 vendémiaire an III.

[5] Depuis chef d'état-major des armées impériales.

[6] Membre du comité révolutionnaire de Saumur

consistait à aider les généraux dans leurs opérations, mais surtout à surveiller leur conduite politique. Enfin la Commune de Paris avait aussi des commissaires délégués pour accompagner les bataillons commandés par Santerre. C'étaient : Momoro[1], Damesmes, Lachevardière, Minier, Millier, Félix.... Tous ces agents s'abattirent sur ces malheureux départements, « chacun apportant son esprit et ses opinions ; on vit naître alors une guerre de rapports plus ou moins véridiques, de dénonciations, en un mot une anarchie complète. »

Que pouvaient les généraux au milieu de cette confusion de pouvoirs, d'ordres contradictoires, de dénonciations incessantes ? Aussi redoutaient-ils beaucoup d'être employés aux armées de l'intérieur où ne les attendaient que d'obscures victoires ou d'éclatantes défaites. Biron[2], nommé général en chef de l'armée de la Rochelle en remplacement de Berruyer, reculait tant qu'il le pouvait son départ de Nice. Le 14 il était encore dans cette ville et il s'excusait auprès du ministre, de son peu de diligence, sur la fièvre qui ne le quittait pas. Il n'arriva à Niort que le 28 mai.

Comme il fallait néanmoins pourvoir au commandement des troupes en attendant son arrivée, Carra requit Menou, qui était le plus ancien des généraux, d'exercer provisoirement les fonctions de commandant en chef de l'armée de Saumur.

Malgré sa répugnance, Menou dut obéir. Il se rendit dans cette ville et put juger alors combien était difficile la mission

[1] Momoro (Antoine-François), imprimeur, né à Besançon, département du Doubs, président la section du Théâtre-Français, administrateur du département de la Seine.

[2] Armand-Louis de Biron, né à Paris en 1747, avait fait avec succès la guerre d'Italie. A son retour en France, n'ayant pu obtenir la survivance de Charles de Biron, son oncle, commandant des gardes françaises, il se jeta parmi les mécontents. Député de la noblesse du Quercy en 1789, il devint le confident du duc d'Orléans. En 1792 il fut envoyé à Lille où il manqua de périr dans une expédition militaire. Il reçut ensuite le commandement de l'armée d'Italie.

dont il s'était chargé. L'indiscipline des soldats, l'ignorance des chefs, la lâcheté de tous rendaient la tâche des généraux impossible. Les commissaires nationaux Lachevardière et Minier, tout en cachant une partie de la vérité, ne purent dissimuler aux membres du conseil de la commune de Paris combien la situation était grave. « Pendant notre séjour à Saumur, écrivaient-ils, nous avons été visiter le camp de Doué qui en est à quatre lieues. Le général Leigonnier y commande un corps d'armée d'environ quatre mille hommes avec treize pièces d'artillerie. Une partie de cette armée est composée d'habitants de la campagne qui sont aussi peu utiles à l'armée qu'ils seraient nécessaires dans leurs foyers ; ils désertent pour la plupart au bout de quelque temps, emportant avec eux ce qu'ils ont pu se faire fournir et même leurs armes. Les différents corps de ce cantonnement se sont rendus coupables de plusieurs excès dont on ne pourra arrêter les progrès qu'en les faisant camper. On ne peut se dissimuler que tant que l'armée sera cantonnée il n'y aura point de discipline.... Nous avons employé notre temps à Saumur à ranimer l'esprit public qui y était dans l'engourdissement[1]. »

Le triste tableau que les commissaires de la commune faisaient de l'état de l'armée était loin d'être exagéré. C'était surtout dans la légion Germanique que l'indiscipline était à son comble. Ce corps, composé en grande partie de déserteurs allemands[2], avait été formé à Saint-Denis. Le ministre de la guerre le destinait à prendre part à une expédition que l'on projetait d'envoyer aux îles du Vent. Les événements de la Vendée en avaient fait changer la destination et il avait été dirigé sur Tours où il arriva dans les premiers jours de mai. Tallien, qui était alors commissaire de la Convention dans cette ville, fut frappé de

---

[1] Archives de la guerre : Lettre de Lachevardière et de Minier aux citoyens composant le conseil exécutif provisoire de Paris.

[2] Son chef était le colonel Dambach, son colonel en second Heyden, le lieutenant-colonel de cavalerie Heindel...

l'esprit anti-républicain qui régnait dans ce corps. Il fit arrêter la plupart des officiers. Le nom de la légion fut changé[1], Beffroy en fut nommé colonel, avec Burac pour lieutenant-colonel. Malgré cette épuration l'esprit de cette troupe était toujours extrêmement mauvais, son recrutement détestable. Bon nombre de royalistes s'y étaient glissés sous des noms d'emprunt et poussaient les soldats à la désertion. Aussi l'effectif, qui aurait du être de trois mille hommes, était à peine de huit cents.

Cette légion occupait le poste des Verchers sur la route de Doué à Argenton-le-Château. Le général Menou, alors au camp de Doué, ayant voulu faire une reconnaissance du côté d'Argenton, prit pour escorte quelques cavaliers de ce corps. A peine était-il à deux lieues de ses lignes, que son escorte, saisie d'une terreur panique, s'enfuit, le contraignant à se replier sur Doué[2].

Les hommes de la réquisition, auxquels on donnait, au grand mécontentement des troupes réglées, une solde de trente sous par jour, faisaient pis encore. Pour se procurer des œufs, de la volaille, des légumes, ils vendaient leurs munitions et quelquefois leurs armes aux paysans vendéens. Sans cesse ils menaçaient de partir, et quelquefois un bataillon entier abandonnait l'armée, en emportant ses canons et ses armes. Aussi Legonnier accueillit-il avec joie les premières troupes régulières qui lui arrivèrent. Il reçut ainsi quatre bataillons de formation d'Orléans[3], la légion des Ardennes, la trente-sixième division de gendarmerie, les chasseurs de la Nièvre... Il put alors renvoyer une partie de ses gardes nationaux en sabots. Leurs murmures décourageaient l'armée[4].

---

[1] En celui de *légion de la Fraternité*.

[2] Archives de la guerre. Lettre de Leigonier au ministre de la guerre.

[3] Ces bataillons avaient été organisés à Orléans par le général Charles de Hesse et Santerre. Ils étaient au nombre de quatorze. Chaque bataillon était de cinq compagnies de ligne et quatre de volontaires. Les compagnies de ligne avaient l'habit blanc, les volontaires l'habit bleu.

[5] Savary, t. I, p. 238.

Il s'attendait à une attaque prochaine des Vendéens. Après
la prise de Fontenay, l'armée catholique avait été licenciée.
mais pour peu de jours. Gauvilliers, qui commandait toujours
aux Ponts-de-Cé, informé par ses espions que de nouveaux
rassemblements se faisaient du côté de Cholet, en avertit les
représentants du peuple et les généraux qui se trouvaient à
Saumur. Leigonnier, de son côté, les prévenait que des
attroupements considérables existaient dans la forêt de
Brignon, qu'il s'attendait à chaque instant à être attaqué, et
qu'il avait fait couronner par ses troupes les hauteurs de
Doué[1]. Il craignait surtout pour Thouars. Cette ville avait été
réoccupée par les Républicains. Le général Salomon y avait
été envoyé avec quatre bataillons de réquisition organisés à
Chinon par l'adjudant-général Rey, la légion de Rosenthal et
la trente-cinquième division de gendarmerie sous les ordres
de Rossignol.

Pour s'assurer des intentions des rebelles, Leigonnier
ordonna au colonel Beffroy[2], qui commandait le poste avancé
des Verchers, de faire une reconnaissance du côté de Passavant. Beffroy, à la tête de quelques cavaliers, surprit dans
cette ville une bande de rebelles qu'il mit en fuite et qu'il
poursuivit pendant trois quarts de lieue. Mais, dans sa retraite, il fut blessé d'un coup de baïonnette dans le ventre
par un Vendéen caché derrière une haie. Il dut aller à Saumur pour se faire soigner de cette blessure qui était fort grave[3].

Ces escarmouches présageaient des combats plus sérieux.
Les représentants du peuple étaient inquiets ; ils désiraient
conférer avec Biron, et ils lui écrivirent de venir les trouver
à Saumur.

Biron était arrivé à Niort le 28 mai. L'état de désorgani-

---

[1] Archives de la guerre. Lettre de Baudry au ministre des affaires étran-
gères, Saumur, 27 mai.

[2] Depuis général de brigade. Suspendu le 30 septembre 1793 par mesure
générale et mis en retraite.

[3] *Moniteur universel.* Séance du 6 juin.

sation de cette division de son armée l'effraya fort : équipages, effets de campement, magasins, tout manquait. Le soldat vivait au jour le jour, n'ayant jamais son pain assuré pour le lendemain. Le jour de son arrivée, il avait fait battre la générale pendant deux heures, sans pouvoir rassembler plus de deux mille hommes. Il ébaucha la réorganisation de ces troupes et partit pour Saumur, autant pour obéir à la réquisition des commissaires de la Convention, que pour s'assurer des ressources que pouvait lui offrir la division de Leigonnier.

Il prévint donc le général Duhoux qu'il serait le 4 à Saumur, et il lui recommanda de ne lui rendre, à son arrivée dans la ville, aucun honneur. Une sentinelle à sa porte et deux ordonnances lui suffiraient[1].

Le jour où Biron arriva à Saumur, Leigonnier éprouvait un nouvel échec. Un de ses avant-postes établi à Trémont, avait été attaqué par une bande de paysans. Les Républicains les avaient repoussés et imprudemment poursuivis. Tombés dans une embuscade, on dut leur envoyer des renforts pour les dégager. On se battit toute la journée, enfin l'ennemi s'empara de deux pièces de canon, et fit prisonniers quatre-vingts *Bleus*.

Ce fut une nouvelle occasion pour le soldat de crier à la trahison. Leigonnier avait, disaient-ils, fait distribuer des cartouches sans balles[2]. Ils accusaient aussi le garde d'artillerie François, déjà soupçonné d'être l'auteur de l'explosion du magasin à poudre du château de Saumur[3].

Biron rendit compte au ministre de cette affaire qu'il regardait comme étant sans importance. « Il ne prévoyait pas, lui disait-il, de nouvelles attaques de la part des rebelles », ce qui le préoccupait davantage c'était la situation de Salomon à

---

[1] Archives nationales . W¹⁰ 305. Procès de Biron. Lettre de Biron à Duhoux, Niort, 1ᵉʳ juin. Lettre du même au ministre.

[2] Le 22 mars.

[3] Leigonnier avait fait fabriquer de ces cartouches pour exercer les recrues.

Thouars. Il craignait que ce général ne fût enlevé ; aussi, pour lui laisser la libre disposition de ses troupes, fit-il remplacer par deux mille hommes de la division de Niort la garnison de Parthenay. Le lendemain de l'affaire de Trémont, on tint, dans la chambre du général Duhoux[1], une sorte de conseil de guerre. Biron vit avec stupéfaction que seize personnes, tant civils que militaires, y assistaient. Du reste on ne décida rien ; on ne put même fournir au général en chef les états de situation qu'il réclamait. Biron partit pour Tours sans qu'aucun plan de campagne fût arrêté.

La présence du général était nécessaire à Tours ; Coustard[2], et Santerre, alors dans cette ville, ne pouvaient se faire obéir des bataillons de nouvelle formation et des héros à 500 livres. Les rues, les cabarets étaient remplis de soldats qui réclamaient des armes, des effets, et surtout la solde qu'on leur avait promise. Ils disaient hautement : « Point d'argent, point de soldats. » Le quatorzième bataillon d'Orléans était en pleine insurrection ; il menaçait d'ouvrir les portes des prisons et d'y renfermer les généraux et les représentants de la Convention. Le troisième bataillon de Paris refusait de partir sans canons…. Biron, assisté des commissaires nationaux Lachevardière et Minier, parvint à décider ces soldats indisciplinés à se mettre en marche sous les ordres de Santerre, les assurant qu'ils trouveraient à Saumur tout ce qui leur manquait[3].

---

[1] Duhoux était encore malade de la blessure qu'il avait reçue à Chemillé. Comme étant le plus ancien des généraux de la division de Saumur, Duhoux recevait les rapports quoiqu'il n'exerçât pas de commandement actif.

[2] Coustard (Guy), né au Cul-de-Sac, île de Saint-Domingue, le 12 août 1748. Volontaire au régiment de Choiseul ; chef d'escadron au régiment de Custine-Dragons en 1789 ; lieutenant-colonel en 1791 ; général de division le 15 mars 1793. Désigné pour l'armée des Alpes, il fut envoyé, à titre provisoire, à l'armée de la Rochelle.

[3] Archives nationales. Art. II, 266. — *Moniteur universel*. Séance du 4 juin 93. — *Moniteur universel*. Commune de Paris, séance du 6 juin. Les administrateurs de Maine-et-Loire furent chargés de fournir dans le plus bref délai 200 habits, 200 chapeaux, 1200 paires de souliers, 600 gibernes….

Biron ne resta que quelques jours à Tours. Son projet était, à son retour à Niort, d'aller inspecter la Rochelle et les Sables et de là revenir à Saumur pour y établir son quartier général où, à l'aide des renseignements que s'était procurés Ronsin dans sa tournée autour des départements révoltés, il préparerait son plan de campagne. Les événements le forcèrent d'abandonner ce projet.

Les chefs vendéens, parfaitement instruits de ce qui se passait chez les Républicains, avaient eu connaissance des grands rassemblements de troupes qui se faisaient à Saumur. Ils savaient que les magasins de cette ville étaient remplis d'armes, de munitions, d'effets de toute espèce. Ils n'ignoraient pas l'esprit d'insubordination qui régnait dans l'armée républicaine, et ils espéraient qu'au premier coup de fusil ces masses indisciplinées se disperseraient. Ils résosolurent donc d'attaquer la ville avant qu'une plus grande quantité de troupes régulières n'y fût réunie. Sa conquête leur assurait un butin considérable, un passage sur la Loire, et donnait aux pays révoltés une barrière infranchissable.

L'armée républicaine était campée en avant de la ville de Doué, à cheval sur la route de Cholet à Saumur, la seule qui fût alors praticable aux troupes. Le Layon[1] couvrait le front de l'armée et des avant-postes avaient été jetés sur la rive gauche de cette petite rivière, aux moulins des Rochettes et dans le bourg des Verchers.

Le 8 au matin, l'armée catholique, qui était massée dans les bois de Vaillé et de Mains, déboucha dans la plaine et débusqua du poste des Rochettes le trente-et-unième bataillon et cent hussards du huitième régiment qui s'y trouvaient. Les républicains repassèrent le Layon et se replièrent sur les hauteurs de Concourson où ils trouvèrent douze cents hommes de la Légion de la Fraternité qui, à la première

---

[1] Petit affluent de la Loire.

apparition de l'ennemi, avaient abandonné le bourg des Verchers.

Bonchamps, qui commandait aux Vendéens, se prépara à passer le Layon ; il fit avancer sa gauche sur Saint-Georges-de-Châtelaison. Craignant d'être tourné de ce côté, Leigonnier fit porter en arrière de Doué, dans une bonne position, trois bataillons. Il donna, en même temps, ordre aux troupes qui occupaient les villages de Saint-Georges et de Soulangé de se replier sur ce point. Lorsque ces bataillons, déjà démoralisés par ce mouvement de retraite, virent les hauteurs de Doué couronnées de soldats, ils se crurent coupés par les Vendéens et ils se débandèrent. Les autres troupes suivirent leur exemple ; le sauve-qui-peut devint général et la route de Saumur fut bientôt couverte de fuyards. Le général Menou, qui commandait dans cette ville, se porta en toute hâte, avec les troisième et sixième bataillons de Paris, sur les hauteurs de Bournan, et, par sa ferme contenance, arrêta la déroute.

Les républicains, dans ce combat, furent à peine engagés ; ils perdirent fort peu de monde. Leigonnier, qui se défiait de ses troupes, avait eu soin de faire filer sur Saumur son artillerie et ses munitions. Aussi n'y eut-il que quelques chariots, abandonnés par leurs conducteurs, qui devinrent la proie des Vendéens ; mais, si les pertes matérielles furent peu considérables, l'effet moral fut immense. Ce n'était plus en effet contre les gardes nationaux inhabiles à la guerre que les Vendéens avaient lutté, mais contre les vainqueurs de la Bastille, contre des troupes régulières, et devant ces paysans en sabots, armés de fourches et de bâtons, les généraux républicains avaient montré la même incapacité, les soldats la même lâcheté, que les chefs et les soldats des milices bourgeoises.

En arrivant à Saumur, les fuyards de Doué demandèrent à grands cris la destitution de Leigonnier qu'ils accusaient de les avoir fait battre. Bien des fois déjà, ce général, indigné de

commander à des lâches, avait sollicité son remplacement,
mais la Convention avait cru devoir le maintenir à la tête
des troupes. Après la déroute de Doué ce n'était plus possible ; il fallait donner satisfaction aux soldats sous peine de
voir éclater une révolte générale. Aussi la Commission
centrale, tout en rendant justice au zèle et au patriotisme de
Leigonnier, lui retira le commandement des troupes et requit
Menou de se mettre à la tête de l'armée[1].

Malgré la prise de Doué et la honteuse déroute de l'armée
républicaine, tout espoir de sauver Saumur n'était pas perdu.
Cette ville est en effet d'une défense facile. Située entre la
Loire et le Thouet, ces deux rivières lui servent, au nord et
au sud, de remparts infranchissables pour une armée sans
équipage de pont et sans pièces à grande portée. Deux
redoutes bien garnies de canons, avaient été élevées sur la
hauteur de Bournan qui commande la ville. Elles fermaient
la route de Doué et interdisaient l'entrée du pont Fouchard.
De ce côté, Saumur était inexpugnable. Le seul point par où
l'attaque fût possible était du côté du château. Là, en effet,
deux routes, conduisant aux faubourgs de Nantilly et de
Fenet, peuvent donner accès dans la ville. La première, celle
de Varrains, longe la rive droite du Thouet ; la seconde suit,
depuis Montsoreau, les bords de la Loire. Entre ces deux
routes s'élève une ligne de coteaux couverts de clos de vigne
et de bois. Les petits vallons et les sentiers tortueux que l'on
y trouve offrent aux tirailleurs des abris assurés.

Les habitants de Saumur savaient bien que là était le point
vulnérable de la place et pendant que l'ingénieur Dabadie,
capitaine du génie, faisait élever les redoutes de Bournan,
les administrateurs de la ville lui avaient demandé de leur
indiquer les travaux de fortifications qu'il croyait urgent de
faire du côté du château. Dabadie, après avoir parcouru le

---

[1] *Dix ans de guerres intestines*, par le lieutenant-colonel Patu des Hauts-
Champs, p. 71 et suiv. Savary t. I, p. 251 et suiv. Arch. Nationales AFII 266.
Procès verbal des séances des 6 et 8 juin 1793 de la Commission centrale.

terrain qui s'étend entre la route de Varrains et celle des Moulins situé au-dessus de Notre-Dame, reconnut qu'il faudrait, pour assurer à la ville une parfaite sécurité, établir des lignes entre ces deux routes. Mais ces travaux auraient exigé, pour leur exécution et pour leur défense, plus de temps et plus d'hommes qu'on n'en n'avait. On se borna donc, d'après son conseil, à construire une redoute à la jonction des routes de Varrains et de Chaîntre[1]. On supposait d'ailleurs que Saumur ne serait attaqué qu'après la retraite de l'armée républicaine dans ses murs, et alors ce serait l'affaire du général de placer des bataillons sur les coteaux, d'établir des batteries, enfin d'y disposer les troupes de telle sorte que l'ennemi, attiré peu à peu sous le feu du château, fût foudroyé par l'artillerie de la place.

Ces moyens de défense auraient été bien suffisants pour arrêter les Vendéens, si l'incurie des généraux et la lâcheté des soldats ne les eussent rendus illusoires.

Le lendemain de la déroute de Doué, Menou avait envoyé au général Salomon, qui commandait trois mille hommes à Thouars, l'ordre de se diriger de suite sur Saumur avec ses troupes. Salomon se mit en marche le 8 vers quatre heures de l'après-midi. Il ignorait la position des catholiques, tandis que ceux-ci étaient instruits de son mouvement. On dit que la Rochejaquelein avait pu pénétrer la veille dans Saumur, à la faveur d'un déguisement, qu'il avait dîné chez M. de Nesde où il avait eu connaissance des instructions envoyées au général Salomon.

Toujours est-il que lorsque les Républicains arrivèrent à Montreuil, vers les huit heures du soir, ils trouvèrent les Vendéens embusqués près de la ville. Ils essayèrent de forcer le passage et se battirent avec courage jusqu'à onze heures du soir. Leurs efforts furent vains, et Salomon fut fort heu-

---

[1] On voit encore quelques restes de cette redoute auprès du parc de M. Bernard, à l'entrée du bourg de Varrains.

reux de profiter de l'obscurité pour dérober aux royalistes son mouvement de retraite. Il se replia sur Thouars, puis sur Parthenay et Niort où il rejoignit le corps d'armée de Biron.

Il fallait que Saumur renonçât à tout espoir d'être secouru et que l'on se résignât à se défendre avec les sept ou huit mille hommes qui y étaient renfermés[1]. Cette garnison aurait été assez nombreuse, aidée de la garde nationale et des habitants bien disposés à se battre, si on avait eu d'autres soldats que ceux qui se trouvaient dans la place. Les uns, démoralisés par leurs défaites, tremblaient de se trouver de nouveau en face d'un ennemi devant lequel ils ne savaient que fuir ; les autres, sans courage, sans honneur militaire, ramassés dans les boues de Paris, n'avaient, jusqu'à ce jour, employé leurs armes que contre leurs chefs. Tous étaient vaincus avant de combattre.

Duhoux, que son grade de général de division appelait au commandement en chef de l'armée, était malade ; il ne sortait pas de sa chambre et ne pouvait ni monter à cheval, ni conduire ses troupes au combat. Il s'en remettait, pour la direction de l'armée, au général Menou, brave soldat, mais qui, dans cette circonstance, montra la plus profonde incapacité. Les généraux Coustard, Berthier, Santerre, qui n'arriva que le matin même de l'attaque, Marceau, aide-major à la légion de la Fraternité, Joly, lieutenant-colonel du quatrième bataillon de formation d'Orléans... devaient l'aider à défendre la ville.

On tint dans la matinée du 9 un conseil de guerre dans la chambre du général Duhoux. Le représentant du peuple Richard, le maire et les officiers généraux y assistaient. Duhoux venait d'être prévenu que l'ennemi occupait les bois de Milly, néanmoins il se refusait à croire à une attaque de sa part. Il prit toutefois certaines dispositions et répartit la défense entre les généraux nouvellement arrivés.

---

[1] Cailleau, dans sa lettre aux administrateurs, dit 8 à 9 000 hommes.

Santerre reçut le commandement de la redoute de Varrains, que l'on fît occuper par quatre cents gendarmes à pied, deux bataillons de la garde nationale de Saumur et deux cent cinquante cavaliers de la légion de la Fraternité sous les ordres de Chaillou. Coustard fut chargé de défendre les redoutes de Bournan. Berthier, avec le deuxième et le quatrième bataillons de formation d'Orléans, un bataillon de volontaires et quelques cavaliers, occupa la route des Moulins. Enfin deux cent cinquante volontaires du district de Saumur, mal armés et mal commandés, se renfermèrent dans l'église de Notre-Dame.

Tout ce plan de défense fut organisé à la hâte. A une heure de l'après-midi les officiers d'état-major du général Santerre n'avaient pas encore reçu leurs chevaux, et à quatre heures, le général Coustard ayant fait observer à Duhoux que, n'ayant pas de marque distinctive, les troupes refuseraient de lui obéir : « Allez toujours, lui dit le général en chef, on vous distinguera bien et vous serez obéi ; il n'y aura pas grand' chose aujourd'hui et je ne crois pas que les bougres attaquent[1]. »

Les généraux républicains s'endormaient dans une trompeuse sécurité ; ils étaient dans une ignorance absolue de la marche de l'ennemi. Les piquets de cavalerie envoyés en reconnaissance n'avaient donné que de fausses indications. On racontait d'ailleurs que le général Salomon avait infligé de telles pertes aux royalistes qu'ils étaient dans l'impossibilité de donner l'assaut à Saumur. Soit trahison, soit insouciance, l'incurie fut telle que l'on négligea de relier par des lignes de tirailleurs les corps de Santerre et de Berthier, ce qui, en permettant aux Vendéens de tourner la redoute de Varrains, causa la prise de la ville.

Cependant les chefs Vendéens, dans la nuit du 8 au 9, avaient envoyé un fort détachement s'emparer du pont de

---

[1] Procès de Lebrun. *Arch. nationales* W 289.

Saint-Just[1], sur la Dive. Ni un soldat, ni un canon ne défendaient ce passage important. Les habitants du village de Brézé avaient cependant offert au général Duhoux de garder ce pont. Ils ne demandaient pour cela que quelques centaines d'hommes. Le général républicain, sous prétexte de ne pas affaiblir la garnison de Saumur, leur refusa tout secours.

Vingt mille Vendéens purent donc, dans la matinée du 9, franchir la Dive et tourner par ce mouvement les redoutes de Bournan. Leur cavalerie passa le Thouet au gué de Chacé et occupa sans trouver de résistance les hauteurs de Saumoussay. Saumur allait donc être assailli simultanément par les deux rives du Thouet, mais la colonne de gauche, qui s'avançait par la route de Doué, sous les ordres de Stofflet, Duhoux d'Hauterive, Lescure et Marigny, devait se borner à une fausse attaque. Son but était d'empêcher les bataillons qui occupaient les hauteurs de Bournan de secourir les autres postes.

L'attaque principale devait se faire par la rive droite du Thouet. Les chefs vendéens avaient partagé leur armée en trois colonnes. Celle de droite, sous les ordres de Cathelineau, devait suivre les pentes des coteaux de la Loire et déboucher sur Notre-Dame et le faubourg de Fenet par les routes de Champigny et de Fontevrault. La division du centre, que conduisaient Fleuriot et Desessarts, avait le château pour objectif, mais son principal rôle était de soutenir et de faciliter l'attaque des deux autres colonnes. Enfin la colonne de gauche, commandée par La Rochejacquelein et de la Ville-Baugé, marchait, par la route de Varrains, sur la redoute de Nantilly.

Vers les deux heures de l'après-midi, un habitant de Chacé, le citoyen Charbonneau, accourut en grande hâte à Saumur prévenir le général Duhoux que l'ennemi se montrait en

---

[1] A 8 kilom. S. de Saumur.

grand nombre sur les hauteurs de Saumoussay et que des nuées de tirailleurs s'avançaient sur les coteaux de Chacé à Dampierre. Il n'y avait plus, devant ce rapport, d'illusions à garder : Saumur allait être attaqué.

Menou fit battre la générale. Les soldats, à demi-ivres, sortirent des cafés et des cabarets et se rendirent à leurs postes, entremêlant aux couplets de la *Marseillaise* et du *Ça ira* les cris de : Trahison! trahison! La municipalité et le district se réunirent à l'Hôtel-de-Ville, la commission centrale et la Société populaire se déclarèrent en permanence ; Momoro, Besson, Lachevardière, Minier...vinrent au Club des Jacobins, et, pour réchauffer le zèle des patriotes, demandèrent la tête des aristocrates. Malgré toutes ces démonstrations, bon nombre d'habitants que l'aspect de cette soldatesque avinée était loin de rassurer sur l'issue du combat, enlevèrent les emblèmes républicains qui auraient pu signaler leurs demeures à la vindicte des royalistes. Un vent de trahison soufflait sur la ville, et avant que la lutte ne fût engagée, la crainte de la défaite oppressait les cœurs.

Un fait vint confirmer ces terreurs jusqu'alors sans fondements. Le garde d'artillerie François fut pris enclouant trois canons placés en réserve sous les halles. Arrêté et conduit à la municipalité, il nia toute intention criminelle, et l'entrée des Vendéens dans la ville ne permit pas d'instruire immédiatement cette affaire.

L'adjudant général Berthier, conformément au plan de défense élaboré dans le conseil de guerre tenu dans la matinée chez le général Duhoux, s'était porté vers les Moulins. Il établit sa troupe au hameau d'Aunis, et plaça son artillerie en batterie dans une position avantageuse. Les tirailleurs ennemis se montraient déjà et bientôt Cathelineau déboucha, à la tête de sa colonne, par le chemin de Champigny. Berthier laissa arriver les Vendéens à portée de mitraille et les arrêta par une décharge de toutes ses pièces. Ebranlés par ce feu meurtrier, les royalistes hésitèrent. Berthier, profitant habilement de ce moment d'indécision, fit battre la charge, et, se mettant à la tête de ses bataillons, marcha sur les Vendéens qui se replièrent avec un peu de désordre. Le général républicain ordonna alors à sa cavalerie de charger, mais, au lieu de lui obéir, ces lâches soldats tournèrent le dos et s'enfuirent précipitamment vers Saumur. Berthier fut obligé d'arrêter ses bataillons et de reprendre ses positions. Il avait eu dans cette affaire un cheval tué sous lui.

Ne se voyant plus poursuivis, les Vendéens se reformèrent. La colonne du centre envoya des renforts à Cathelineau qui reprit sa marche en avant. Malgré leur feu bien nourri, les républicains, ployant sous le nombre, furent contraints de se mettre en retraite. Ce mouvement découvrait la gauche des défenseurs de la redoute de Nantilly qu'attaquaient alors de front les soldats de La Rochejaquelein.

Couverts par une ligne de tirailleurs, et ayant à leur gauche, dans les prairies du Thouet, leur cavalerie sous les ordres du brave Domaigné, les Vendéens s'avançaient par le chemin de Varrains. Menou, voyant qu'ils cherchaient à le déborder sur sa droite, ordonna au lieutenant-colonel Chaillou, qui commandait le détachement des cuirassiers de la légion Germanique, de charger.

Chaillou, laissant en réserve la moitié de ses hommes, fond avec une grande vigueur sur les Vendéens qui, mal montés, mal équipés, ne peuvent soutenir son choc et battent en retraite. Les républicains les poursuivent jusqu'à trois quarts de lieue. Ce fut dans cette fuite que Domaigné, qui faisait les plus grands efforts pour rallier ses soldats, fut tué. Il attaqua Chaillou qui le renversa d'un coup de sabre sur la croupe de son cheval. Le brave Vendéen, mortellement atteint, se releva et blessa son adversaire d'un coup de pistolet.

L'espoir que cette vigoureuse charge de cavalerie inspira aux républicains ne dura pas longtemps. Pris en flanc par les tirailleurs vendéens qui, voyant leurs balles s'amortir sur les cuirasses de leurs ennemis, se mirent à tuer leurs chevaux, les républicains durent reculer. Chaillou eut l'épaule et le bras fracassés, un de ses capitaines fut tué, un autre blessé à mort[1]. Bientôt la retraite se changea en déroute, et entraînant avec eux les cinquante cavaliers laissés en réserve, les soldats de la légion Germanique rentrèrent à Saumur en criant qu'ils étaient trahis.

Les bataillons de Paris qui sous les ordres de Santerre défendaient la redoute de Nantilly, déjà démoralisés par la retraite de Berthier et la fuite de leur cavalerie, se crurent perdus lorsqu'ils aperçurent les Vendéens arrives à portée de pistolet de leurs retranchements. Les royalistes avaient habilement profité des accidents du terrain, et ils s'étaient glissés, sans être vus, par le chemin creux de Chaintre. Toutes les hauteurs que les généraux républicains avaient négligé de faire occuper étaient couvertes de tirailleurs et La Rochejaquelein disposait ses soldats pour les lancer à l'assaut de la redoute[2].

Saisies d'épouvante, ces troupes sans solidité s'enfuirent, entraînant au milieu d'elles leurs généraux, Menou et Santerre. Le premier, grièvement blessé à la main, le fut de nouveau dans cette retraite précipitée ; son cheval se renversa sur lui[3].

Tous ces soldats affolés se précipitaient du côté du pont Cessart, déjà encombré par les voitures de l'admistration et les chariots de bagages. Sur la place de la Bilange, les représentants du peuple, le sabre au poing, essayaient de retenir cette foule que la peur aveuglait. Vains efforts ! Prières, exhortations, appel à l'honneur, tout était inutile. Menacés,

---

[1] *Arch. nationales* A. F. II. 265-266. Rapport sur la conduite du commandant Chaillou.

[2] On dit que La Rochejaquelein, voyant ses soldats hésiter à aborder la redoute, lança son chapeau dans l'intérieur du retranchement : « Qui va me le chercher ? » s'écriait-il, et il fit franchir le parapet à son cheval.

[3] Il avait eu la main fracassée par une balle, rapport de Phélippeaux.

insultés, accusés de trahison, ils virent leurs soldats tourner contre eux leurs armes impuissantes à repousser l'ennemi, et, désespérés de la lâcheté de leurs troupes, ils se virent contraints de partager leur fuite.

Berthier, seul, tenait encore en échec la colonne de Cathelineau. La prise de la redoute de Nantilly le força à la retraite. Il venait d'avoir son second cheval tué sous lui, et ses soldats, jusqu'alors inébranlables, commençaient à hésiter, entraînés par l'exemple de leurs camarades. Il se replia sur Notre-Dame, que les volontaires Saumurois venaient d'abandonner, et essaya d'utiliser la batterie que Roberjot[1], aide-de-camp de Duhoux et commandant de la place de Saumur, avait fait établir au bord de la Loire. Il ne put s'y maintenir ; les Vendéens pénétraient de toutes parts dans la ville : Cathelineau descendait sur Notre-Dame par les coteaux de la Loire ; Fleuriot par les descentes des Ursulines et de la Gueule-de-Loup ; La Rochejaquelein par le faubourg de Nantilly. Il fallait reculer. Berthier se replia le long des quais ; en arrivant au pont, sa troupe se débanda.

Bourbotte, qui avait pu résister au flot des fuyards qui l'entraînaient, voulut tenter de retarder l'entrée de l'ennemi dans la ville par une charge de cavalerie. Il conjura Marceau et le colonel Boisard de faire un dernier effort. Boisard parvint à réunir quelques hussards de son régiment qui erraient par la ville, augmentant encore le désordre déjà si grand. Bourbotte se mit à leur tête et se porta vers Nantilly. A l'entrée du faubourg, son cheval est tué par un boulet ; Marceau sautant à bas du sien le lui offrit, disant qu'il aimait mieux être tué ou pris que de voir un représentant du peuple tomber entre les mains des brigands[2].

---

[1] *Archives nationales* A F II. Sous-lieutenant dans la légion franche, 15 novembre 1792, aide-de-camp du général Duhoux 23 mars 1793, adjudant général 8 vendémiaire an II.

[2] Marceau, en récompense de sa conduite, fut nommé adjudant général le 15 juin 93.

Celte dernière tentative fut inutile. Avant même d'arriver à Nantilly, les hussards de Boisard l'abandonnèrent ; il fallut rétrograder et suivre l'armée dans sa retraite précipitée. Comme aucun point de ralliement n'avait été indiqué, chacun en sortant du faubourg de la Croix-Verte prit la route qu'il voulut. Menou et Duhoux vers la Flèche, Santerre du côté de Baugé, Berthier dans la direction de Bourgueil. La déroute ne s'arrêta qu'à l'entrée de cette ville, en avant de laquelle Berthier parvint à faire camper les bataillons.

Tandis que les républicains s'enfuyaient affolés, les royalistes entraient de tous côtés dans Saumur, et, avant même que les derniers fuyards eussent franchi le pont Cessart, La Rochejaquelein et la Ville-Baugé arrivaient sur la place Saint-Pierre. Descendant au galop la rue du Pressoir-Saint-Antoine et franchissant la porte du Bourg, ils arrivèrent sur les quais d'où ils purent apercevoir le pont et la rive droite de la Loire couverts de fuyards. On raconte que La Rochejaquelein s'embusqua au coin du théâtre et, ramassant un fusil, activa la déroute en envoyant quelques balles au milieu de cette foule effarée. Peut-être eût-il payé cher cette imprudente valeur, car un grand nombre de soldats républicains étaient encore dans la ville, si quelques-uns des plus hardis de ses compagnons ne fussent arrivés à son aide[1].

Les Vendéens se portèrent aussitôt à l'Hôtel-de-Ville, et il faut que leur entrée dans Saumur ait été bien inopinée et bien prompte pour que les administrateurs du district et les membres du conseil de la commune, réunis dans la grande salle des séances depuis le commencement de l'attaque, n'eussent pas eu le temps de s'enfuir. Trois d'entre eux seulement purent s'échapper ; les autres furent gardés à vue pendant la nuit, mais telle était encore la clémence des Vendéens que le lendemain matin ils furent tous renvoyés chez

<hr>

[1] *Histoire de la guerre de Vendée*, par l'abbé Deniau, t. I, p. 153 et suiv.

eux prisonniers sur parole[1]. Le drapeau tricolore fut abattu, les armoires et les placards enfoncés, les registres et les papiers de la municipalité brûlés[2] dans la grande salle des séances[3]. Fort heureusement le secrétaire greffier, Brosseau, avait pu faire partir pour Tours la plus grande partie des archives de la ville.

Il était huit heures du soir lorsque les Vendéens entrèrent dans Saumur. Leur premier soin fut de se porter rapidement à l'entrée du pont Fouchard et d'établir une batterie qui enfilait ce pont. On empêchait ainsi tout retour offensif des républicains placés dans les redoutes de Bournan.

Coustard n'avait pas été attaqué sérieusement pendant la durée du combat; quelques tirailleurs seulement l'avaient inquiété, néanmoins ses troupes, composées en grande partie des fuyards de Doué, étaient fortement ébranlées. Il résolut cependant de tenter de reprendre la ville. Il ordonna en conséquence à deux bataillons de Paris de se porter sur le pont Fouchard et de s'en emparer. Ces soldats indisciplinés, loin d'obéir à leur général, l'accablent d'insultes, le menacent de leurs armes, et déclarent qu'ils ne marcheront que si la cavalerie leur montre le chemin. Coustard fait alors appeler le commandant Weissen et lui donne l'ordre de charger sur la batterie ennemie. « Où nous envoyez-vous, général, lui dit Weissen ? — A la mort, répond Coustard ; le salut de la République l'exige! » Le brave commandant s'élance alors sur le pont à la tête de ses cuirassiers, la mitraille en renverse le plus grand nombre, et Weissen, couvert de blessures, est obligé de reculer. A ce moment la fusillade éclate sur la vieille route de Doué, et on aperçoit la tête d'une colonne vendéenne se

---

[1] Biblioth. de M. Allain Targé. — *Mémoire pour servir de réponse aux faits calomnieux répandus contre les habitants de Saumur.* Ce mémoire est de Rossignol.

[2] Tous les registres de délibération et de correspondance en cours de durée furent ainsi brûlés. Les autres avaient été envoyés à Tours dans de tonneaux.

[3] Registre de délibération commencé le 25 juin 1793.

dirigeant vers Saint-Florent. A cette vue, l'infanterie se croit tournée ; elle se débande, abandonne son général et, aux cris de « sauve qui peut », s'élance sur la route d'Angers. La redoute est évacuée, un grand nombre de républicains se rendent prisonniers. Saumur est au pouvoir de l'armée catholique[1].

[1] Savary, t. I, p. 157 et suivantes. — *Hist. de la Vendee*, par l'abbé Deniau, t. II, p. 138 à 153. — *Dix ans de guerres intestines*, par Patu des Hauts-champs, lieutenant-colonel de l'État-major, p. 77 et suivantes. *Moniteur universel*, séances des 5, 6, 8, 12, 13, 15, 16, juin 1793. — Archives nationales W16 305 : Lettres de Duhoux à Biron. Archives de la Guerre : Lettres de Tallien au Comité du Salut public. — Archives nationales A F II. 265, 266 : Rapport sur la conduite du commandant Chaillou. — Bibliothèque d'Angers H, 1560, t. IV. Lettres du citoyen Cailleau, maire de Saumur, aux administrateurs du département de Maine-et-Loire. — Bibliothèque de M. Allain Targé. Mémoire pour servir de réponse aux faits calomnieux répandus contre les habitants de Saumur. Archives de la guerre. Lettres de Momoro au conseil exécutif siégeant aux Tuileries. Niort, 13 juin 1793.

CHAPITRE V.

A u lieu de poursuivre au-delà de la Loire les débris de l'armée républicaine et d'anéantir ces misérables soldats, qui n'auraient offert à leurs coups que des victimes faciles à immoler, les Vendéens, étonnés de leur victoire, ne songèrent qu'à remercier Dieu auquel ils l'attribuaient. Ils manquaient d'ailleurs de cavalerie, et deux jours de marche et de combats avaient épuisé les forces de leurs meilleurs fantassins. Du reste, pour la plupart d'entre eux, le but était atteint ; Saumur en leur pouvoir, c'était l'Anjou délivré du joug des républicains, et des conquêtes au nord de la Loire ne les tentaient guère.

Le lendemain de leur victoire, un *Te Deum* solennel fut chanté à l'église Sainte-Pierre. Tous les chefs de l'armée catholique y assistèrent ; les soldats, le chapelet d'une main, le fusil de l'autre, se pressaient dans les églises pour entendre les exhortations « *des bons prêtres* ». « Ils avaient apporté leurs étendards noircis de poudre, déchirés par les balles, et c'était un magnifique spectacle de voir tous ces drapeaux s'incliner et se relever chaque fois que le nom de Jésus était prononcé[1]. »

Les Vendéens parcouraient la ville aux cris de : « *Vive le Roi ! Vive la religion catholique !* » et exigeaient des habitants qu'ils fissent disparaître les inscriptions et les emblèmes républicains, mais sans employer la force. De l'aveu même de leurs ennemis, ils ne commirent aucun dégât et ne se livrèrent à aucune violence. Les habitants, d'ailleurs, ne songeaient guère à résister. Le dernier soldat républicain n'avait pas encore passé les ponts de la ville que les cocardes blanches ornaient tous les chapeaux et que les croix de Saint-Louis décoraient la poitrine de tous les chevaliers. Beaucoup, à l'instar des chefs vendéens, se couvraient la tête d'un mouchoir rouge de Cholet[2] Quant à ceux que ce revirement inattendu de la fortune offusquait, ils quittèrent, sans être inquiétés, une ville où la réaction triomphait. C'était ainsi que les administrateurs du district et les membres du conseil de la commune se retirèrent à Blois.

Un des premiers soins des vainqueurs avait été d'ouvrir les portes des maisons d'arrêt. Un assez grand nombre de prisonniers de guerre et quelques suspects y étaient dé-

---

[1] Vᵗᵉ de Walsh, *Lettres vendéennes*, t. 1, p. 33.

[2] *Journal des Assemblées nationales*, t. xxviii, p 914. Lettre de Tallien à la Convention. « Les habitants de Saumur se sont conduits de la manière la plus abominable... les dames ont assisté au *Te Deum* et ont pris le deuil pour la mort de Louis XVI. »

tenus[1]. Parmi ces derniers se trouvait le général Quétineau, incarcéré par ordre de la commission centrale.

Convié de nouveau par les chefs de l'armée catholique à suivre leur fortune, Quétineau refusa et profita de la liberté qui lui fut généreusement accordée pour se rendre à Tours, où il se mit à la disposition des représentants du peuple. Incapables de comprendre la noblesse de cette conduite et d'y voir la preuve la plus convaincante de l'innocence du malheureux général, Tallien et ses collègues le firent arrêter et traduire devant le tribunal révolutionnaire. C'était l'envoyer à la mort : il n'y échappa pas[2].

Moins avides de vengeance que ne l'étaient les républicains, les Vendéens, pendant les quatorze jours de leur occupation, n'incarcérèrent qu'un très petit nombre de personnes[3]. Les registres d'écrou de la maison d'arrêt sont les témoins irréfutables de leur modération. Les trois ou quatre mille prisonniers militaires qu'ils avaient faits furent relâchés pour la plupart après avoir été tondus, quelques-uns seulement furent envoyés dans l'intérieur de la Vendée. Deux habitants de la ville furent emmenés prisonniers : le notaire Rossignol, accusé du crime de lèse-majesté, et un marchand nommé Boutannier[4].

Le butin que les catholiques firent dans la ville fut immense[5]. Cinquante pièces de canon, une très grande quantité de poudre, de cartouches, de gargousses, de boulets, tous les effets d'habillement militaire, de campement, d'équipement

---

[1] Toutes les ex-religieuses qui habitaient la ville et un grand nombre de prêtres avaient été incarcérés.

[2] *Archives de la Guerre. Lettre des représentants du peuple au Comité du Salut public.* Tours, 13 juin.

[3] Vingt-sept hommes et trois femmes. La plupart de ces prisonniers furent relâchés après trois ou quatre jours de détention. Reg. d'écrou n° VI. Maison d'arrêt.

[4] Reg. de délibération. Séance du second jour du 2e mois de l'an II. Rossignol fut fusillé à Mortagne le 20 sept. Le vieux Callières de l'Etang était au nombre des prisonniers; il fut relâché. En 1789, il avait formé à Paris un bataillon de vieillards. *Monit.* t. II, p. 517.

[5] Plus de deux millions.

tombèrent entre leurs mains. Ils s'emparèrent des blés, des farines, des sous fabriqués à l'atelier des monnaies. Santerre put cependant sauver la caisse de l'armée. Quant à celle de la ville, le citoyen Sébille, commissaire receveur des billets de confiance, put en retirer pour 51500 l. qu'il cacha chez sa sœur, la citoyenne Brad. Les Vendéens durent se contenter des 5 à 6000 l. qu'ils trouvèrent dans les placards de l'hôtel de ville.

Les Vendéens recrutèrent des soldats parmi leurs prisonniers. Un grand nombre des hommes de la légion Germanique, déserteurs suisses et allemands, s'enrôlèrent sous les drapeaux catholiques, et, sous le nom de *Vengeurs de la Couronne,* formèrent, avec les chasseurs de Stofflet, le noyau et l'élite de l'armée permanente des royalistes.

Le 12 juin, les chefs vendéens tinrent un grand conseil de guerre. Il s'agissait de décider des opérations à venir et de nommer un généralissime.

Fallait-il passer la Loire et marcher sur Tours et Paris, ou bien devait-on rentrer dans la Vendée en gardant Saumur comme tête de pont? Les plus entreprenants des généraux catholiques, Stofflet et La Rochejaquelein, étaient partisans du premier projet. Ils montraient les fuyards républicains ouvrant eux-mêmes la route à l'armée catholique en semant devant elle la terreur et l'effroi. La marche sur Paris n'était plus qu'une promenade triomphale ; les populations, que la crainte seule attachait à la République, se soulevaient sur le passage des Vendéens, et les provinces, délivrées du joug de fer que la Convention faisait peser sur elles, étaient prêtes à acclamer un roi. Ce n'était donc plus seulement la Vendée qui s'avançait sur Paris, c'était la France entière unie dans la pensée de détruire ce repaire de crimes et d'infamies.

L'imagination trompait ces cœurs généreux ; jamais leurs soldats n'auraient voulu les suivre si loin de leur pays, jamais la France n'eût consenti à remonter si haut dans son passé. Il y avait eu trop de spoliations accomplies, trop de violences exercées, trop de sang répandu, pour que les bourreaux pussent pardonner à leurs victimes.

Cathelineau ramena à la réalité les esprits séduits par ces paroles enthousiastes. Personne mieux que lui ne savait ce que l'on pouvait demander aux paysans vendéens ; personne n'avait plus d'influence sur eux que « le saint de l'Anjou », et il n'hésita pas à avouer qu'il lui serait impossible de déterminer les plus braves et les plus affectionnés de ses compagnons à perdre de vue les rives de la Loire. Il proposa donc de s'emparer d'Angers et de Nantes et de faire ainsi de la Loire le rempart de la Vendée. Une fois maître de ces deux villes, il serait facile de faire soulever la Bretagne et la Normandie, et d'arracher à la République le nord-ouest de la France. Alors seulement la marche sur Paris pourrait être tentée.

Il rallia à son opinion la majorité des généraux et il fut décidé que La Rochejaquelein resterait à Saumur avec deux mille hommes ; Langrenière et La Bigottière devaient lui servir de lieutenants.

Ce fut dans ce conseil de guerre que, sur la proposition de Lescure, Cathelineau fut nommé généralissime. Choisir un paysan pour chef de l'armée était de la part des gentilshommes un acte d'habile politique. Les Vendéens ne s'étaient pas soulevés pour rendre aux nobles leurs privilèges, mais pour défendre leur foi et conserver leurs enfants. Il est bien rare qu'un peuple se dévoue à la mort pour la satisfaction d'intérêts particuliers, et que les grandes actions ne soient les effets des grands desseins. Cathelineau représentait la Vendée chrétienne, il s'était levé pour venger la gloire de Dieu et pour arracher les fils des paysans aux recruteurs de de la République, il était bien le chef désigné pour commander à une armée de croyants[1].

« [1] Aujourd'hui 12 juin mil sept cent quatre-vingt-treize, l'an premier du règne de Louis XVII, nous soussignés commandant les armées catholiques et royalistes, voulant établir un ordre stable et invariable dans notre armée, nous avons arrêté qu'il sera nommé un général en chef de qui tout le

Avant le départ de l'armée pour Angers, les Vendéens envoyèrent dans les villes et dans les villages environnants de petits détachements chargés de désarmer les habitants et d'enlever les approvisionnements de blé et de farine qui pouvaient s'y trouver. Beauvollier en conduisit un à Chinon. Il entra dans cette ville sans trouver de résistance, s'empara d'une centaine de barils de farine et délivra les prisonniers, parmi lesquels était sa femme[1].

Le 17 juin, l'armée catholique quitta Saumur. L'administration de cette ville avait été confiée à un comité royaliste composé d'hommes dévoués à la cause monarchique. Desmé Dubuisson, l'ancien sénéchal du Saumurois, en raison de son âge et de sa situation précédente, avait été choisi pour le présider. Les autres membres furent MM. Guényveau, ancien maître des requêtes, Gibert, ci-devant procureur du roi, Joseph Le Doyen de Clesme, Coutelet, Sanzay, procureur, Dufour de Chanteloup, ancien échevin de la ville, de Fay[2], Chol de Torpanne, officier d'infanterie en retraite. Ce poste, que les circonstances rendaient périlleux, fut refusé par quelques-uns. Bonnemère, sollicité de faire partie du comité, se récusa, Gilles Blondé de Bagneux, Guillon de la Fresnaye, Sébille... firent de même. Mais, reçus ou refusés, ces honneurs n'en furent pas moins comptés pour des crimes[3].

Enfin, pour compléter l'administration de la ville, Abraham

---

monde prendrait l'ordre. D'après le scrutin, toutes les voix se sont portées sur M. Cathelineau qui a commencé la guerre et à qui nous avons voulu donner des marques de notre estime et de notre reconnaissance. En conséquence il a été arrêté que M. Cathelineau serait reconnu en qualité de général en chef de l'armée et que tout le monde prendrait l'ordre de lui. Fait à Saumur en conseil, au quartier général, le dit jour et an que dessus. Signé : Lescure, de Beauvollier, Bernard de Marigny, Dehargues, Stofflet, de la Ville-Baugé, de la Rochejaquelein, de Beauvollier, Duhoux d'Hauterive, d'Elbée, de Boisy, Tonnelet, Desessarts, Bonchamps. »

[1] Savary, t. I, p. 300. — *Mémoire de M. de la Rochejaquelein*, p. 138.

[2] Gentilhomme saumurois, époux de Marie Girard.

[3] *Archives nationales*, A F 467. Arrêté des représentants du peuple, 10 juillet 93.

Carrefour de la Pelouze[1], ancien chef de brigade d'artillerie,
fut nommé lieutenant de roi, commandant la place et le
château. C'était un homme d'une grande énergie. Il proposa
aux chefs de l'armée catholique un plan de défense que les
circonstances ne permirent pas de mettre à exécution, et,
pendant la courte durée de son commandement, il fit prêter
à un grand nombre de ses concitoyens le serment de fidélité
à Louis XVII. Il se compromit gravement, aussi fut-il une des
premières victimes des vengeances républicaines[2].

La Rochejaquelein avait suivi ses compagnons d'armes à
Angers, mais aussitôt la prise de cette ville il revint à Saumur.
Sa présence y était nécessaire. La désertion faisait de grands
ravages parmi ses troupes, et des paroisses entières partaient
sans que l'on pût les retenir. Le moment de la moisson
était arrivé et rien ne pouvait empêcher les Vendéens d'aller
rentrer leurs récoltes. Vainement La Rochejaquelein dé-
ployait-il tous les moyens de séduction pour en conserver
quelques-uns auprès de lui, ces soldats improvisés s'en-
nuyaient de n'avoir rien à faire et ils ne s'expliquaient pas
l'utilité de leur présence puisqu'on ne se battait plus.

Le général catholique, pour tromper les habitants sur la
force réelle de la garnison, faisait des patrouilles de nuit et
simulait l'arrivée de renforts en parcourant la ville au galop
et en faisant pousser à ses compagnons les cris répétés de :
Vive le roi ! Mais il arriva un moment où il ne fut plus possible
de leur faire illusion. Le détachement vendéen était réduit à
huit hommes et dans une reconnaissance que La Rochejaquelein fit du côté de Chinon, il manqua d'être enlevé par les
hussards républicains qui étaient rentrés dans cette ville et
qui se disposaient à marcher sur Saumur[3].

[1] Son fils Eustache Abraham Carrefour était un ancien officier de carabiniers. Il servit dans l'armée vendéenne.

[2] *Greffe de la Cour d'Appel d'Angers.* Reg. n° 2, destiné à la transcription
des jugements rendus par la commission militaire.

[3] D'après le rapport de Chambon, capitaine du 8e hussards, qui commandait le poste de Chinon, cette reconnaissance eut lieu le 25. Voy.
Archives de la Guerre, et Savary : *Guerre de Vendée.*

Il fallut évacuer la ville. La Rochejaquelein se mit en
marche le 24 à neuf heures du soir, emmenant avec lui environ deux cent cinquante personnes, deux pièces de canon,
reste de l'artillerie trouvée à Saumur. Il coucha à Thouars et
rejoignit ensuite Lescure à Amaillou[1].

Un grand nombre des habitants de Saumur suivirent les
Vendéens dans leur retraite. Parmi eux : Henri Gibert, Le
Doyen de Clesme et Céleste Allain sa femme, de Fay[2], André
Guényveau, auditeur à la chambre des comptes de Bretagne,
l'ancien avocat du roi Lorier, le chevalier de Fesques, époux
d'Yves-Marie Desmé, Mathurin Sailland d'Epinatz, sa femme
et ses quatre filles, le chevalier de Pas de Loup, Léon Rodays,
gendre de Jean Guényveau, Maultrot, Clairval, La Guérivière
qui fut fusillé au Mans et dont le fils fut guillotiné
à Laval, Le Roux de Nedde, Charles Maillard, M⁰ de Crozé,
Philippe Thoreau, Gain-Laroche, Pillerault, Valois, etc.[3]...

Tandis que l'armée vendéenne se fondait au souffle destructeur de la désertion, l'armée républicaine se réorganisait à Tours. Tout d'abord on avait espéré que le château ré-
sisterait quelques jours, et, le 10 juin, le général Duhoux écrivait à Biron que deux mille cinq cents hommes y étaient enfermés et qu'ils se défendaient avec la plus grande énergie.
Il lui soumettait un plan émané de la commission centrale
qui était basé sur cette prétendue résistance du château.
Salomon que l'on croyait à Chinon, Coustard, qui devait s'être
réfugié aux Ponts-de-Cé, et Santerre, que l'on savait à Baugé,
devaient marcher sur Saumur en trois colonnes. On demandait à Biron mille à douze cents hommes de cavalerie et
quatre mille fantassins. La réponse de Biron et la nouvelle

---

[1] *Doc. inédits sur H. de la Rochejaquelein*, p. 97. *Mém. de M. de la
Rochejaquelein*, p. 154.

[2] De Fay, sa femme et sa fille suivirent l'armée vendéenne sur la rive
droite de la Loire. V. *Mém. de M. de la Rochejaquelein*, p. 173.

[3] On verra dans le chapitre suivant le triste sort de la plupart de ces personnes. De Nedde, Valois, de la Pelouze fils devinrent officiers dans l'armée
vendéenne. *Mém. de M. de la Rochejaquelein*, p. 170.

de la capitulation du château firent tomber ces illusions.
« Salomon, que vous croyez à Loudun, vient d'arriver à Saint-
Maixent, écrivait Biron. Sa division est très fatiguée par un
combat de huit heures dans lequel elle a perdu deux cents
hommes et seize officiers. Deux canons ont été pris. Quant
à moi, je n'ai pas, en comptant la légion de Westermann,
huit cents bons chevaux. D'ailleurs des rassemblements considérables se font dans nos environs; ils me font craindre
que les brigands se portent sur Niort et les Sables, et mon
devoir est de garder mes forces[1]. »

Lors même que Biron eût pu envoyer les renforts qu'on
lui demandait, le défaut d'entente des généraux et des
représentants, l'esprit d'insubordination des troupes, que
ces défaites réitérées n'avaient fait qu'accentuer, eussent
rendu ce plan impraticable. On dut se borner à réorganiser
l'armée.

Le général Berthier, nommé chef d'état-major de la division de Saumur, s'en occupait activement. Il fut aidé dans
cette tâche par Ronsin, adjoint du ministre de la guerre. En
attendant l'arrivée toujours retardée des officiers généraux
promis par la Convention, il fallut nommer généraux de
brigade provisoires Jolly[2], Burac et Belfroy. Ce dernier prit
le commandement de toutes les troupes à cheval de l'avant-
garde. Six adjudants-généraux furent aussi désignés, parmi
lesquels Rossignol, lieutenant-colonel de la 35e division de
la gendarmerie nationale, Grammont[3], commandant du bataillon des Cordeliers, Roberjot, ancien commandant de la place
de Saumur, Turreau, qui devint général en chef de l'armée

---

[1] *Archives nationales*, W. 305 : Procès de Biron.

[2] Lieutenant colonel d'un bataillon de formation d'Orléans. Il s'était jeté
dans le château de Saumur à la fin de la journée du 9 juin. Il fut relâché
par les Vendéens, se rendit à Tours et prit le commandement d'une brigade.

[3] Nourry dit : Grammont, né à la Rochelle, ancien comédien. Il fut condamné à mort et exécuté avec son fils, sous-lieutenant dans l'armée révolutionnaire, le 11 avril 1794.

de l'Ouest[1]. Le général Duhoux étant toujours malade de sa blessure, le général La Barolière prit le commandement en chef des troupes.

Le 21 juin, l'armée républicaine reprit l'offensive. Le capitaine Chambon[2], des hussards, fut envoyé à Azay, et deux de ses soldats s'avancèrent même jusqu'à Chinon où ils enlevèrent le drapeau blanc. Le lendemain, Chambon occupa cette ville avec quatre-vingts cavaliers. Le 26, à la suite d'une reconnaissance que La Rochejaquelein fit en personne, l'évacuation de Saumur fut décidée.

Prévenu du départ des Vendéens, Chambon se présenta le 26, à midi, devant les portes de Saumur. Tandis que douze de ses hussards occupaient les hauteurs de Bournan, il entrait dans la ville à la tête du reste de son détachement. Un trompette sonnant le *Ça ira* le précédait, et les cris de : Vive la nation ! vive la République ! retentissaient sur son passage. On reprit, avec la même hâte que quelques jours auparavant on avait mis à l'abandonner, la cocarde tricolore, et le plâtre, sous lequel on avait dissimulé les inscriptions républicaines, étant enlevé, les Saumurois se trouvèrent de nouveau de sincères républicains.

Le capitaine Chambon avait couru aux prisons délivrer les patriotes victimes de la rage des brigands. Mais il n'y trouva que des criminels qu'il dut y laisser. Il arrêta lui-même le garde d'artillerie François, celui qui avait été surpris enclouant des canons le jour de la déroute de Saumur, et pour le soustraire à la populace qui voulait le tuer, il l'envoya dans les prisons de Chinon[3]. « Tous les moyens ne sont pas épuisés à Saumur, écrivait-il. Six pièces de canon nous restent et des grains ont été soustraits aux brigands. Les

---

[1] *Archives nationales*, A. t. II, 267. A la fin du mois de juillet, les généraux Fabrefonds, Barbazan, Dutruy vinrent compléter l'état-major de la division de Saumur.

[2] Il mourut le 8 septembre suivant, au combat du Moulin aux Chèvres.

[3] François, traduit devant la commission Sénart, qui siégeait à Tours, fut condamné à mort et exécuté le 2 juillet 93.

rebelles fuient devant nous, intimidés par l'armée qui s'approche. Si je continuais, je serais bientôt à Cholet, mais j'attends vos ordres pour agir'. »

Il n'y avait plus à en douter, l'ennemi s'éloignait, et les républicains pouvaient rentrer triomphants dans les villes témoins de leur fuite honteuse.

Le 27, une partie de l'avant-garde quitta Tours et vint coucher à Chinon ; le surlendemain et les jours suivants toute l'armée se mit en marche. Les représentants Turreau et Bourbotte accompagnaient l'avant-garde et précédaient de quelques jours leurs collègues qui ne devaient arriver à Saumur qu'avec le corps d'armée.

Le premier soin des représentants de la Convention, en reprenant possession de la ville, avait été de faire procéder à l'arrestation des membres du comité royaliste. Les plus compromis d'entre eux prirent la fuite ; les autres, coupables seulement d'avoir été inscrits malgré eux sur la liste, attendirent la justice républicaine. On confisqua les biens des premiers ; on jeta les seconds en prison. Dufour, Sanzay, Chol Torpanne, Guillon La Fresnaye, Chasle, Boislève, Sébille, Laumonier, Monard, Blondé, Dumarais, Coutelet... furent incarcérés au château, puis transférés à Amboise et de là à Bourges'. Tous devaient passer en jugement devant le tribunal révolutionnaire. Grâce aux certificats de civisme que la municipalité leur délivra, grâce aux pétitions réitérées que leurs concitoyens adressèrent à la Convention, grâce surtout à la mort de Robespierre, ils sauvèrent leurs têtes. Ils ne furent cependant mis en liberté qu'au mois de novembre 1794[3].

---

[1] Lettre de Chambon. Saumur, 26 juillet. Nouveau témoignage de la clémence des royalistes, les républicains ne trouvèrent pas un seul patriote dans les prisons de Saumur.

[2] *Archives nationales* AF II, 267. Tous ne furent pas incarcérés en même temps. C'est ainsi que Sanzay, Guillon et Sébille ne furent arrêtés que le 27 vendémiaire, par ordre du comité révolutionnaire.

[3] *Archives nationales*. Adresse des membres du comité royaliste à la municipalité de Saumur.

Pour ceux qui avaient suivi les Vendéens ou qui s'étaient cachés dans les villages environnants, on fut impitoyable. Le président du comité, Desmé Dubuisson, retiré à sa campagne de Brain, ne s'y croyant pas en sûreté, se réfugia d'abord dans la commune de Breille, puis dans celle d'Hommes, près de Langeais. Il resta caché pendant dix mois[1] chez le curé de cette paroisse, l'abbé Renard. A cette époque, la Terreur faisait de la pitié un crime, et la délation, comme un mal honteux, gangrenait les consciences. Le curé d'Hommes ne put échapper à la contagion : il dénonça son hôte et son ami. Le malheureux vieillard[2], jeté dans une charrette, fut conduit à la maison d'arrêt de Saumur. Interrogé le 15 nivôse par le Comité révolutionnaire, accusé de professer depuis longtemps des opinions contraires au nouveau régime et d'avoir accepté des fonctions dans l'armée des brigands, il ne nia ni ses regrets, ni ses espérances. Ses paroles et ses actes le condamnaient. On décida qu'il serait traduit devant le tribunal révolutionnaire. En attendant que son tour de monter sur l'échafaud arrivât, Thomas Desmé fut reconduit dans la prison de la Tour Grenetière. Il y languit près de deux mois. Enfin le 7 pluviôse (26 février 94), il mourut de froid et de misère à l'infirmerie de la prison[3].

Guényveau, de Fay, de Clesme ne furent pas plus heureux. Ils avaient suivi La Rochejaquelein. Ils errèrent à la suite de l'armée vendéenne et passèrent la Loire avec elle. Les deux premiers moururent de maladie. De Clesme fut fait prisonnier,

[1] Du 10 juillet 1793 au 9 nivôse an II (29 déc. 1793).

[2] Il était âgé de soixante-dix ans.

[3] Bibliothèque de M. Allain-Targé. Pétition des citoyens Girault et Desmé de Chavigny au républicain Menuau pour être remis en possession des biens de leur oncle Desmé. Voy. *Registre des décès de la ville de Saumur*, destiné à remplacer ceux qui ont été brûlés par les brigands. On prétend que Thomas Desmé s'empoisonna dans sa prison avec du laudanum, espérant ainsi que ses biens ne seraient pas confisqués. Cette supposition est invraisemblable. Le décret assimilait les membres du comité royaliste aux émigrés et prononçait la confiscation des biens avant toute autre peine.

ainsi que sa femme Céleste Allain, lors de la déroute du Mans. Tous deux furent suppliciés à Laval[1].

Le Comité, qui s'arrogeait ainsi le droit de faire jeter en prison les individus suspects de professer des sentiments anti-républicains, avait été établi par Bourbotte et Turreau dès les premiers jours de juillet. Sa mission était d'éclairer la conduite des mauvais citoyens et de découvrir leurs intelligences avec les rebelles. Des pouvoirs très étendus furent attribués à ses membres : ils pouvaient arrêter, interroger, et livrer aux tribunaux militaires tous ceux dont ils soupçonnaient le civisme.

Ne pouvant trouver à Saumur un assez grand nombre de révolutionnaires ardents, pour composer un Comité à leur convenance, les représentants du peuple y firent entrer quelques étrangers. Momoro, commissaire national, en fut nommé président. Il ne tarda pas à être envoyé, avec Lachevardière, à Angers, pour organiser le Comité de cette ville. Minier, officier municipal de la commune de Paris, le remplaça à Saumur. Damesme, administrateur du département de la Seine, en fit aussi partie, mais le personnage le plus influent du Comité était Lepétit, secrétaire de Bourbotte. On leur adjoignit le citoyen Guillemet, président du district, le médecin Riffault, agent national, l'administrateur Olivier, enfin les citoyens Ydrac, médecin, Aschard et Chasteau. Des comités de surveillance, établis dans chacune des sections de la ville et chargés de faire les visites domiciliaires, vinrent compléter cette organisation redoutable[2].

Au commencement d'octobre, les représentants Hentz et Francastel, envoyés par le Comité du Salut public pour établir dans les départements rebelles le gouvernement révolutionnaire, passèrent par Saumur. Ils reconstituèrent dans un sens

---

[1] Bibl. de M. Allain-Targé. Pétition de Marie-Céleste Le Doyen de Clesme, femme Philippe Bernard, pour être réintégrée dans les biens de ses père et mère.

[2] *Archives nationales*, A F II. Ydrac ne fit partie du Comité que pendant quelques jours.

plus républicain la municipalité et les divers comités de cette ville. Lepetit resta seul de l'ancien Comité, dont les membres furent remplacés par le médecin Pierre Vilneau et par les citoyens Mocet, Gautier, Rogeron, Bérot et Juteau. Tous, à l'exception de Vilneau', sortaient des rangs du peuple. Ce dernier, pâle copie de Robespierre, avait la morgue et la raideur, l'orgueil et l'ambition du sombre despote. Quant à Lepetit, ce sinistre gamin de dix-huit ans, il était venu à Tours avec les bataillons de Paris. Bourbotte ayant eu besoin d'un secrétaire le prit avec lui lorsqu'il revint à Saumur. Lepetit, d'un caractère vif, écrivant avec facilité, gagna les bonnes grâces de son maître. Il professait en toute occasion des sentiments ultra-révolutionnaires, et Bourbotte, ne pouvant trouver à Saumur un homme *assez monté* pour faire marcher dans une voie vraiment républicaine le nouveau Comité, en nomma Lepetit président.

Tels sont les hommes qui organisèrent la Terreur à Saumur. Maîtres de la vie de leurs concitoyens, ils remplirent les prisons de suspects. Pourvoyeurs infatigables de la guillotine, ils envoyèrent bien des victimes à la mort. Pillards effrontés et sanguinaires, ils n'étaient cependant pas de cette race d'hommes que le sang fait délirer et dont les crimes sont grands par leurs excès. Le vol était leur but ; la guillotine, le moyen de satisfaire cette vile passion. Les pouvoirs redoutables dont ils étaient revêtus, leur irresponsabilité vis-à-vis de toute autorité, les ont rendus justiciables de l'opinion. Si elle s'est montrée sévère à leur égard, l'infamie de leur conduite explique la rigueur de cet arrêt.

Une nation entière courbée sous le joug d'un tyran, jouet de ses caprices, victime de ses fureurs, est chose trop commune dans l'histoire de l'humanité pour que l'on s'étonne de voir un pays devenir, comme l'était alors la France, semblable à un cadavre entre les mains de quelques hommes.

La nomination de Vilneau est du 10 octobre 93

Les Jacobins étaient les maîtres, et Robespierre, leur chef, posait sa main sanglante sur la couronne des Bourbons. C'était au moyen des Sociétés populaires que ces redoutables sectaires gouvernaient l'opinion. Aussi épuraient-ils avec un soin jaloux ces Sociétés, à chaque étape qu'ils faisaient dans la voie révolutionnaire. Les commissaires nationaux, Lachevardière et Momoro, furent chargés par les représentants du peuple de régénérer celle de Saumur. Déjà, avant la prise de cette ville par les Vendéens, ils avaient tenté de mettre l'ancienne Société des Amis de la Constitution à l'unisson des Clubs de Paris. Mais l'exaltation de ces fougueux Jacobins, qui parlaient le langage de Marat et fêtaient la sainte Guillotine, effrayait ces paisibles bourgeois qui admettaient bien qu'on leur vendît à vil prix les terres des communautés religieuses, que l'on déportât quelques vieux prêtres, que l'on coupât la tête à quelques nobles, mais qui ne voulaient pas recevoir les éclaboussures du sang qui tombait de l'échafaud.

Lachevardière et Momoro, pour se créer un auditoire capable d'apprécier leurs théories et de les mettre en pratique, ouvrirent la Société à l'élément populaire. On supprima la cotisation, on abaissa à quinze ans l'âge qu'il fallait avoir pour être reçu membre du club, on permit les personnalités « qui pourraient servir à dévoiler l'incivisme et les autres vices politiques des citoyens »; enfin, on encouragea la délation en créant, dans le sein de la Société, un comité de surveillance chargé de recevoir les dénonciations. Dès lors, la Société des *Amis de la Liberté et de l'Egalité*, composée en grande partie de la population des Ponts et de Fenet, devint l'arbitre de la liberté et de la vie des citoyens. Les motions votées, les désirs exprimés au sein du club, étaient des ordres auxquels la municipalité et le tribunal révolutionnaire se conformaient avec empressement.

Le président de la Société populaire régénérée fut le citoyen Riffault. Le proviseur du collège, l'abbé Pinvert, était le secrétaire du club et un de ses orateurs habituels. Les jours de *décadi*, il y menait ses élèves pour y recevoir les leçons de pur civisme et de morale républicaine, que professait le citoyen Meignan, curé de Saint-Jacques, président du Comité d'instruction[1].

Au mois de novembre 1793, une nouvelle impulsion fut donnée au club de Saumur par les représentants Hentz et Francastel. Il prit le nom de *Société populaire Montagnarde Jacobite,* et transporta le lieu de ses séances, du couvent des Capucins, dans l'église Saint-Pierre[2].

Annihilée par les autorités nouvelles, violentée par les représentants du peuple, maltraitée par les généraux, menacée de mort par les commissions militaires, la municipalité, le conseil général de la commune, comme on disait alors, ne jouait plus le premier rôle dans l'administration de la cité. Les intérêts locaux avaient dû s'effacer devant l'intérêt général de la République, et les représentants de la ville devant ceux de la nation. Obéir à d'incessantes réquisitions, assurer les subsistances de la commune et le logement des troupes, se défendre contre les calomnies répandues contre eux, tels étaient les devoirs et les occupations des officiers municipaux.

Il n'y avait pas eu d'élections depuis le mois de décembre 1792, les mêmes hommes siégeaient à l'Hôtel-de-Ville[3], mais d'autres principes les guidaient. Le citoyen Cailleau, chef de l'administration municipale, beau-frère et oncle d'émigrés[4],

Bibl. d'Allain Targé, Reg. de la Société républicaine de Saumur(imprimé).

[2] *Arch. mun.* Reg. pour inscrire les notes et les opérations journalières de la municipalité.

[3] C'étaient les citoyens Cailleau, Couléon, Peflault-Latour, Pelou, Bédanne, Toupelin, Leblanc, Sébille, Clément, Cahouet, Pain et Bazile.

[4] Sa sœur avait épousé, le 1er septembre 1772, Louis de Foucauld de Pontbriand, capitaine aide-major aux carabiniers de Monsieur. Louis de Foucauld, fils du précédent, était lieutenant dans le même régiment. Ces deux officiers donnèrent leur démission au mois de mars 1792, lorsque Berruyer fut nommé colonel de leur régiment. « MM. de Foucauld, voyant avec douleur les esprits disposés à sauter le pas et, en arrivant au quartier, ayant entendu les carabiniers chanter le *Ça ira,* ont donné leur démission. Le régiment était alors à Strasbourg. » (*Moniteur universel,* t. xi, p. 635).

avait dû donner des preuves non équivoques de son dévouement à la République pour conserver son poste à une époque
où l'on vous faisait un crime de l'opinion de vos proches.
Les travaux importants dont il avait été chargé lui avaient
donné une grande influence sur les ouvriers de la ville. Il
imposait au peuple par sa taille élevée, son aspect sévère et
rude, son laconisme, tandis qu'il rassurait les bourgeois philosophes par son hostilité bien connue à l'égard de toute
idée religieuse. Homme de rare énergie, il était de la trempe
des Bourbotte et des Choudieu, contre lesquels il eut plus
d'une fois à lutter. Pendant la Terreur, bien des habitants de
Saumur lui durent la vie, il en laissa néanmoins périr
quelques-uns[1] que peut-être il eût pu sauver ; mais, comme
un grand nombre de ses contemporains, il croyait ce régime de sang indispensable pour affermir à jamais la Révolution en France, et il sacrifia, sans hésiter, ses intérêts et ses
affections au triomphe de ses idées.

Les Vendéens, qui connaissaient son hostilité à leur égard,
pillèrent sa maison, brûlèrent ses meubles[2], tandis que les
bataillons de Paris, pour excuser leur lâche conduite, l'accusaient de les avoir vendus aux royalistes. « Les rebelles, disaient-ils, ont été fêtés à leur entrée dans la ville, pendant que
l'on jetait de l'eau bouillante sur les soldats républicains. »
Cailleau n'eut pas de mal à se défendre de ces calomnies.
Dans une lettre qu'il adressa aux administrateurs de Maine-
et-Loire, il en fit justice et prouva que la municipalité, sans
aucun pouvoir au milieu de toutes les autorités qui la com-

[1] Archives municipales. Correspondance de l'an II. Lettre de la femme
Quantin au maire de Saumur.

[2] Le citoyen Cailleau reçut une indemnité provisoire de 1 000 l. Postérieu-
rement d'autres secours furent distribués aux victimes des Vendéens. Lachevardière et Momoro reçurent à cette occasion 10 000 l. Voy. *Arch. nationales*, A. F. II, 119. *Arch. de la Guerre*. Lettre de Lachevardière au Ministre, 11 juillet 1793. Les rebelles pillèrent aussi la maison de l'abbé
Cailleau située à l'entrée des Ponts. Les représentants en mission logeaient
dans cette maison.

primaient, n'était pour rien dans la prise de Saumur[1]. Quant
à l'action odieuse que l'on reprochait aux habitants, il fut
facile de les en laver : la maison désignée comme étant celle
d'où l'on avait jeté de l'eau bouillante se trouvait inhabitée.
On arrêta cependant la femme Châtelut pour avoir tiré sur
la troupe. Traduite devant la commission militaire, elle fut
condamnée à mort et exécutée sur la place du Salut Public[2].

Cette malheureuse femme fut une des plus humbles victimes offertes en sacrifice à la Révolution, bien d'autres têtes
tombèrent sous le couperet pour satisfaire la sombre divinité ; mais avant de raconter les événements qui se passèrent
à Saumur pendant la Terreur, je vais retracer brièvement
l'histoire des faits militaires qui eurent lieu aux environs de
cette ville jusqu'au passage de la Loire par l'armée vendéenne.

Après la déroute de Saumur, l'armée de Menou avait été,
avons-nous dit, réorganisée à Tours par les soins du général
Berthier. Le 4 juillet, elle se trouva tout entière réunie sous
les murs de Saumur, occupant à peu près les mêmes positions
qu'avant la prise de cette ville. Le général La Barolière la
commandait. Il avait pour brigadiers Santerre, Joly et Chabot.
Menou avec l'avant-garde occupait Doué. Fabrefonds, Dutruy, Barbazan et Gauvilliers servaient sous ses ordres. La
force totale de cette division était de 12 000 hommes d'infanterie et de 1 600 chevaux.

Berthier ne se faisait aucune illusion sur la valeur de ces
troupes. « Cette armée, écrivait-il dans un mémoire adressé
à la Convention, se compose de bataillons de nouvelle levée ;
elle ne représente qu'une masse sans instruction, sans discipline. Les bataillons de Paris en particulier sont formés,
pour les deux tiers, de désorganisateurs[3]. »

L'indiscipline de ces troupes était telle que l'on n'osa leur

[1] Bibl. d'Angers, H. 1560, t. IV. Lettre du citoyen Cailleau, maire de Saumur, aux administrateurs du département de Maine-et-Loire.
[2] Sophie Hubert, femme Châtelut, exécutée le 19 novembre 1793.
[3] *Savary*, t. I, p. 388.

faire traverser Saumur. On craignait qu'ils ne pillassent la ville, dont ils accusaient les habitants de trahison. On les fit camper sur les hauteurs de Bournan, l'avant-garde occupant Doué. Les rumeurs les plus étranges circulaient dans l'armée républicaine : les brigands, affirmaient les uns, étaient dans le plus complet désarroi, un des principaux de leurs chefs était mort, La Rochejaquelein s'était brûlé la cervelle ; les autres prétendaient au contraire que des rassemblements considérables existaient du côté de Vihiers, et qu'une armée formidable marchait sur Saumur[1]. En réalité, pendant toute la durée cette guerre, il fut impossible aux républicains de se procurer aucun renseignement précis sur ce qui se passait dans l'intérieur de la Vendée. Il n'y avait pas de traîtres parmi les royalistes, et les espions que les Bleus envoyaient parmi eux ne revenaient jamais.

Le 6 juillet, le général Biron arriva à Saumur. Son intention était de prendre le commandement des troupes, de marcher sur Nantes où il se réunirait à l'armée de Canclaux. Il espérait trouver à Cholet Westermann, dont il connaissait la pointe hardie sur Châtillon, et renforcer sa petite armée de cette légion. Le camp fut levé à deux heures après minuit, et l'armée tout entière se mit en marche dans la direction de Doué, ne laissant, à la grande frayeur des Saumurois, que deux mille hommes pour garder la ville[2].

L'armée arriva le 8 à Angers. Là, Biron apprit la déroute de Westermann et l'opposition que mettait la commission centrale à l'exécution de son plan. Irrité d'être sans cesse contrecarré par les représentants du peuple dans ses opérations militaires, il écrivit le 10 au ministre de la guerre que sa mauvaise santé ne lui permettait plus de servir utilement la République et qu'il lui remettait sa démission de commandant en chef. Il prévenait en même temps le comité

[1] *Archives de la guerre*, Momoro et Damesme au Conseil exécutif. Saumur, 6 juillet 1793.

[2] *Archives de la Guerre. Lettres du citoyen Fevelet.* Saumur, 8 juillet 1793.

du Salut public que depuis le 23 juin Bouchotte[1] refusait de répondre à ses lettres, et que rien au monde ne l'empêcherait de remettre le commandement de l'armée au plus ancien général. Deux jours après, le ministre lui transmit le décret de la Convention lui ordonnant de se transporter sur le champ à Paris pour rendre compte de sa conduite au Comité exécutif provisoire. A la même date, Rossignol recevait des lettres de service le nommant général de brigade et l'attachant en cette qualité à l'armée de la Rochelle.

Ainsi, tandis que Biron allait payer de sa tête[2] le crime d'être noble et de ne pas avoir émigré, l'orfèvre Rossignol, qui prêchait l'insubordination aux troupes, et que Tallien, en pleine Convention, avouait être un ivrogne et un pillard[3], était nommé général de brigade le 12 septembre, général de division et commandant en chef de l'armée des côtes de la Rochelle le 27 du même mois[4]. Telle est la justice républicaine.

Le rappel de Biron n'empêcha pas La Barolière de se porter d'Angers sur Brissac et d'occuper Aubigné-Briant sur le Layon. Il espérait tourner Vihiers par Saint-Lambert. Vihiers était occupé par 15 000 rebelles. La Barolière ne comptait guère sur un succès ; lui aussi était écœuré de l'indiscipline de ses soldats, qu'il n'avait pu, pendant la route, empêcher de voler et de piller. « Je crois de mon devoir, citoyen ministre, écrivait-il à Bouchotte, de ne pas vous cacher le peu de discipline de cette armée. L'insouciance de presque tous les officiers, les pillages qui s'y commettent, l'ivrognerie outrée, continuelle, de ceux à qui le salut de l'armée est confié, enfin le peu d'accord qui règne parmi les officiers généraux. J'ai le cœur navré de tout ce que je vois, et quand on a servi

---

[1] Ministre de la guerre.

[2] Incarcéré à l'Abbaye le 4 septembre, il écrivit à la Convention pour lui demander un prompt jugement. Condamné à mort le 31 décembre 1793, comme coupable de conspiration contre la sûreté de l'Etat, il fut exécuté le lendemain. Voy. son procès, *Archives de la Guerre* Wb¹ 305.

[3] *Moniteur universel.* Séance de la Convention du 26 août 93.

[4] *Savary*, t. I, p. 375.

trente-six ans avec honneur, il est dur, à la fin de sa carrière, de voir le mal, sans pouvoir que faiblement y remédier[1]. »

Le vieux général ne se plaignait pas sans raison ; le pillage était tel que les représentants du peuple durent défendre aux directeurs des messageries de prendre aucun paquet de la main des soldats, sans qu'il fût accompagné d'un permis des chefs de corps.

Les femmes, qui, malgré les ordres du ministre, suivaient l'armée en grand nombre, en embarrassaient la marche par leur nombre, épouvantaient les soldats par leurs frayeurs et, par leurs exigences, les rendaient cruels et pillards. Une quantité prodigieuse de filles habillées en hommes avaient accompagné les bataillons de Paris. Dans la seule légion Germanique on en comptait quatre cents. Elles étaient en réalité les chefs de l'armée, dirigeant à leur gré l'insubordination des soldats, dictant leurs ordres aux officiers[2].

Dans la matinée du 15, l'avant-garde républicaine se mit en marche d'Aubigné, où elle était campée, sur Montilliers. Elle ne tarda pas à se heurter contre une colonne de Vendéens qui, sous les ordres de Bonchamps et d'Elbée, l'attaqua de front, tandis qu'une autre troupe. dirigée par Lescure, filait le long du Layon. Les républicains se replièrent sur la brigade Barbazan, qui occupait les hauteurs du Jouannet, mais ils furent dépostés de ces positions et canonnés avec succès par une batterie que les royalistes y établirent. Le combat paraissait tourner à l'avantage des troupes catholiques; déjà le centre de l'armée républicaine était percé et le quartier-général enlevé, lorsque, par un mouvement hardi, le général Dutruy, descendant des hauteurs de Milly, déboucha sur les derrières des Vendéens à la tête de trois bataillons d'infanterie et des 8e et 9e régiments de hussards. Cette manœuvre força les catholiques à se replier. Ils reculèrent jusqu'à Vihiers, à deux lieues en arrière du champ de bataille.

---

[1] *Arch. de la Guerre*. La Barolière au ministre. Brissac, 12 juillet 93.
[2] *Archives nationales*. A F, II, 119. *Arch. de la Guerre*, lettre du généra. Hazard, administrateur du district de Saint-Louis, aux ministres.

Si l'on en croyait le rapport de Bourbotte et de Turreau, ce combat aurait été un véritable succès pour les républicains. « On a été obligé, écrivaient-ils à la Convention, d'arrêter l'ardeur des soldats qui, après neuf heures de combat, voulaient encore, aux cris de « vive la République », poursuivre l'ennemi jusque dans ses repaires. » En réalité, les troupes avaient été sur le point de se débander. « Elles ont montré peu de volonté d'attaquer l'ennemi, disait Berthier dans son rapport au ministre, et nous ne devons ce succès qu'à l'avant-garde et à quelques manœuvres hardies. L'ardeur n'est devenue générale que lorsque l'ennemi eut pris la fuite, mais on a cru devoir électriser la bravoure de tous en rendant général l'éloge que quelques-uns seuls méritaient[1]. »

Le 16, les républicains durent bivouaquer ; le pain manquait, et il fallut attendre l'arrivée des convois pour reprendre la marche. Ce ne fut que le 17 que La Barolière ordonna de continuer le mouvement sur Vihiers.

L'avant-garde, sous les ordres de Menou, entra dans cette ville sans rencontrer de résistance, mais elle y fut bientôt si vigoureusement attaquée que l'armée entière dut marcher à son secours.

« Les troupes occupaient les hauteurs de Vihiers, lorsqu'on entendit une explosion terrible du côté de Montilliers ; trois caissons de cartouches et de gargousses venaient de sauter dans le parc. Au même moment, l'ennemi, comme s'il attendait ce signal, attaque avec audace ; l'avant-garde se bat bien, le reste de l'armée marque peu d'ardeur. Quatre bataillons de la gauche avaient déjà commencé leur retraite. Deux autres bataillons s'étaient fusillés : Gauvilliers et Berthier ont essuyé leurs feux, en cherchant à leur faire connaître leur erreur. Enfin, les bataillons de la gauche, ayant été ralliés, ont soutenu l'avant-garde, et l'ennemi a été chassé avec perte[2]. »

[1] *Savary*, t. I, p. 378, 390.
[2] Rapport des généraux Berthier et Dutruy.

Les convois de pain avaient fui dès le commencement de l'action, les vivres ne purent être distribués que le lendemain.

Les généraux républicains s'attendaient à une nouvelle attaque à la pointe du jour, et quelques-uns, effrayés de la mauvaise disposition qu'avaient montrée les troupes dans le dernier combat, conseillèrent à La Barolière de battre en retraite sur Doué ou Argenton. Mais le général refusa et décida que l'armée resterait à Vihiers et s'y défendrait si elle était attaquée.

Toute la matinée, de nombreuses patrouilles républicaines fouillèrent le pays sans rencontrer d'ennemis. A midi, au moment où les soldats allaient manger, l'attaque commença. Les Vendéens, sortant tout à coup des bois où ils étaient cachés, se précipitèrent sur l'avant-garde et la repoussèrent par un feu très vif et très bien ajusté. Menou reçut une balle dans la poitrine, Bourbotte eut son cheval tué sous lui, trois adjudants-généraux furent blessés. Les républicains reculèrent en assez bon ordre. Tout à coup, sans que rien pût motiver leur terreur, les bataillons de Paris, qui se trouvaient à plus d'une demi-lieue du combat, prirent la fuite en criant à la trahison. A cette vue, toute l'armée se débanda, le désordre et la frayeur furent au comble et la déroute commença sans que nulle puissance humaine pût en arrêter le cours. Il arriva bientôt ce qui arrive quand tout est perdu : tous commandent, personne n'exécute. La route se trouvant obstruée par les caissons, les voitures, les pièces d'artillerie abandonnées, les fuyards, roulant dans les fossés, se jetèrent dans les bois, dans les blés, et gagnèrent à travers champs la route de Saumur. Vainement Bourbotte essaya-t-il d'arrêter ce désordre ; il fut sur le point d'être pris et ne dut son salut qu'à la bonté de son cheval. Poursuivi jusqu'à deux lieues de Doué, il perdit ses armes, ses bagages, et dut, pour ne pas être reconnu, se débarrasser de tous ses vêtements et de ses bottes. Dans sa précipitation, il jeta son habit dans la poche duquel était un portefeuille qui renfermait 21.000 l. d'assignats[1].

Les Vendéens s'avançaient rapidement sur les derrières de cette troupe effarée, l'épouvantant par leurs cris et par les coups de fusils qu'ils ne cessaient de tirer. La nuit, qui commençait, augmentait la lâcheté des soldats qui, ne craignant plus d'être reconnus, jetaient sacs, fusils, gibernes… tout ce qui pouvait alléger leur marche[2].

On ne put arrêter les troupes à Doué, et l'armée arriva à Saumur, au milieu de la nuit, dans une confusion inexprimable. Les soldats voulaient repasser de suite la Loire ; il fallut, pour les en empêcher, placer des canons en batterie à l'entrée du pont.

Le lendemain, la panique était encore si grande, que, pour se trouver à la tête de la déroute, l'état-major dut se replier jusqu'à Tours. On ne peut peindre la consternation de cette ville à l'arrivée des tristes débris de l'armée de Saumur. Des charriots de blessés mêlés à la cavalerie, à l'infanterie, des soldats épars de différents corps, quelques-uns presque nus, tous accablés de besoin, de douleur et de fatigue.

En apprenant l'abandon de Saumur, Momoro, Ronsin, Rossignol[3] et les membres de la commission militaire accoururent d'Angers. Ils trouvèrent les boutiques fermées, la ville évacuée, les autorités constituées, sauf le maire, le procureur de la commune et un membre du district, en fuite. Il n'y avait ni vivres, ni administration, ni généraux. Seize cents hommes s'étaient cependant renfermés dans le château, résolus de le défendre. « La conduite des généraux est inconcevable, écrivait Momoro, et si nous n'eussions tout arrêté, tout aurait fui jusqu'à cent lieues[4]. »

---

[1] Compte-rendu à la Convention des dépenses faites par les représentants en mission.

[2] Santerre, poursuivi par Forêt, dut, pour lui échapper, faire franchir à son cheval un mur de six pieds.

[3] Rossignol arrivait de Paris et venait d'être promu général de brigade.

[4] Lettre de Momoro au Conseil exécutif national siégeant aux Tuileries, Saumur, le 21 juillet 1793. Rapport sur l'état politique de la Vendée au Comité du Salut public par Momoro. Ce rapport fut lu à la Société des Cor-

Momoro accusait les généraux d'incapacité, de trahison et de lâcheté, qu'aurait-il pu dire des soldats? Ces fuyards commirent dans les campagnes des atrocités sans nombre. Ils se répandaient dans les fermes, les habitations isolées, les villages, pillaient les caisses publiques, volaient les chevaux, le linge, les volailles, les assignats... violaient les femmes et les filles[1]. A Saint-Germain-sur-Vienne, quatre hussards pénètrent dans la maison de campagne[2] du maire de Saumur, violent une de ses domestiques et allaient se porter aux mêmes excès sur la fille du citoyen Cailleau, si sa mère ne fût venue à son secours et ne l'eût fait échapper. Ces misérables se vengèrent en tuant à coups de fusil une quantité prodigieuse de volailles et de bestiaux et en emportant tout ce qu'ils purent enlever. Les autres habitants ne furent pas épargnés. Chez la chanoinesse du Petit-Thouars, une bande de trente à quarante pillards, accompagnée de femmes, mit tout à sac. Les draps, les couvertures des lits, tout le linge fut volé. Ailleurs ils s'emparaient des chevaux, des bœufs de labour, qu'ils vendaient ensuite[3].

L'odieuse conduite des soldats républicains porta à son comble l'exaspération des habitants des campagnes. Les administrateurs d'Indre-et-Loire se firent, auprès de la Convention, les interprètes de leur mécontentement; ils se plaignaient surtout de l'abandon de Saumur, laissé sans vivres et sans troupes à la discrétion des Vendéens. « Les

deliers qui en vota l'impression. Bruslé et Lachevardière pensaient comme lui. Ils écrivaient en date du 28 juin à un de leurs amis, membre du Conseil général de la Commune : « Tu peux penser, mon ami, quel est le désordre « de l'armée quand elle est commandée par des généraux et des officiers qui « n'aiment pas la Révolution. Je ne puis te rapporter tous les viols, vols et « assassinats que les hommes à 500 l. commettent. »Ils racontent le viol com- « mis à la Trochoire... « Ces femmes sont mortes de désespoir. »

[1] A Thisay, un soldat à cheval s'introduit dans la maison du citoyen Jacques, receveur des impositions de la commune, torce sa femme à lui remettre 900 l. d'argent. Arrêté et conduit à l'état-major, on se borna, pour toute punition, à lui faire couper les cheveux.

[2] La Trochoire, commune de Saint-Germain.

[3] *Moniteur universel*, séance du 29 juillet 93.

paysans, disaient-ils, voulaient sonner le tocsin et contraindre tous les habitants de seize à soixante ans de se rendre à l'armée. » C'était la levée en masse, l'emploi contre les rebelles des moyens dont ils usaient contre la République.

Ces craintes semblèrent prêtes à se réaliser. Le 26 juillet, un gendarme, porteur d'un avis du général Duhoux, alors à Angers, arriva à Saumur. Duhoux prévenait Rossignol de la prise des Ponts-de-Cé par un parti vendéen. La situation était grave, la ville pouvait être attaquée par les deux rives de la Loire. On battit la générale et toutes les dispositions furent prises pour repousser l'ennemi. La garnison se composait de onze cents hommes au château et d'environ un millier de soldats dans la ville. La Barolière, qui réorganisait à Chinon les débris de son armée, envoya deux bataillons de renfort et quelque peu de cavalerie.

Le 27, on tint un conseil de guerre chez le général Rossignol. L'adjoint du ministre de la guerre, Ronsin, les commissaires nationaux Momoro, Hazard, Bodson, Millier, Laporte, Parrin, Hardy, Félix, le chef de brigade Valois commandant du château, Poché Durocher, commandant la place, l'ingénieur en chef d'Albadie y assistèrent. Il fut arrêté que la ville serait mise en état de siège, que tous les habitants seraient tenus, sous peine d'être déclarés traîtres à la patrie, de se rendre sur la place de la Comédie avec toutes les armes qu'ils pourraient se procurer, enfin que des commissaires seraient envoyés dans les communes environnantes pour requérir les municipalités de diriger sur Saumur tous les hommes en état de porter les armes.

En attendant les effets de cet arrêté, on dressa une batterie à la Croix-Verte, à la jonction des routes d'Angers et de Baugé. Dumas et Crespin, deux inventeurs parisiens qui construisaient des machines « destinées à foudroyer les Vendéens », furent requis d'en établir sur ce point. « J'ai renvoyé mon épouse et mon fils à Tours, écrivait Momoro, car nous sommes décidés à nous ensevelir sous les ruines de Saumur ;

nous faisons couper les ponts et, si nous le pouvons, nous nous ménagerons une retraite sur Chinon. Malgré ces affaires, ajoutait-il, la commission militaire opère sans relâche[1]. »

Les Saumurois en furent quittes pour la peur. L'adjudant-général Talot reprit les Ponts-de-Cé, les Vendéens rentrèrent dans le Bocage et tout danger imminent disparut.

Ces échecs, attribués à l'absence de républicanisme des généraux jusqu'alors employés dans la Vendée, décidèrent la Convention à substituer aux nobles des hommes d'un patriotisme prononcé. Le comité du Salut public épura l'état-major de l'armée des Côtes de la Rochelle. Des mesures énergiques furent votées : formation d'un corps de tirailleurs et de chasseurs, de compagnies de pionniers et d'ouvriers chargés d'abattre les forêts, d'incendier les bois, les taillis et les genêts ; les femmes, les enfants et les vieillards des rebelles devaient être conduits à l'intérieur, les récoltes et les bestiaux saisis et transportés sur les derrières de l'armée ; enfin, pour donner satisfaction à l'opinion, la levée en masse fut proclamée. Au son du tocsin, toutes les communes devaient se lever et tous les citoyens de seize à soixante ans devaient marcher à l'ennemi[2].

Le même arrêté prescrivait l'expulsion complète de toutes les femmes de l'armée, la réduction au strict nécessaire des voitures d'équipage. « Les brigands marchent avec leurs armes et un morceau de pain noir dans leur sac, disait Barrère à la Convention, tandis que vos soldats, qui déshonorent l'armée par leur inconduite et leur lâcheté, traînent à leur suite cent soixante voitures de bagages[3]. » On recommandait aussi aux généraux de n'employer comme mot d'ordre que des expressions patriotiques et des noms d'anciens républicains ou de martyrs de la liberté. Enfin, pour compléter ces

[1] Lettre de Momoro aux administrateurs du département de Paris.
[2] Extrait du registre du comité du Salut public, 26 juillet 1793.
[3] *Moniteur universel*, séance du 29 juillet.

mesures, le général Rossignol fut promu au commandement en chef de l'armée des Côtes de la Rochelle.

Rossignol, « l'enfant chéri du Comité du Salut public », était un ancien orfèvre de Paris. La prise de la Bastille en fit, comme tant d'autres, un héros[1]. Mis en goût de gloire par ce facile triomphe, il échangea la veste de l'ouvrier contre l'uniforme du soldat et fut choisi pour commander la 35e division de gendarmerie, qui fut envoyée dans la Vendée dès le commencement des troubles. Il se distingua à Chemillé et en divers combats. Protégé par Ronsin et par Tallien, il obtint les récompenses dues à la valeur par le chemin bien plus court de l'intrigue. Nommé général de brigade au mois de juillet, il fut, quelques jours après, appelé au commandement de l'armée de la Rochelle. « Il est beau, disait Tallien, de voir Rossignol, sorti de cette classe tant dédaignée par la noblesse, succéder à Monseigneur le duc de Biron. » Et il ajoutait : « Je ne discute pas si Rossignol boit, si Rossignol pille, mais s'il a toujours marché dans le sentier étroit du patriotisme ». Son républicanisme et sa bravoure étaient en effet les seuls titres du nouveau général. Son incapacité était reconnue même par lui : « Je ne suis pas foutu, disait-il, de commander une armée », mais il avait de ces défauts qui séduisaient les vrais sans-culottes. Ivrogne et pillard, il passait ses journées au cabaret à boire avec ses gendarmes. Quand il était ivre, il leur donnait l'exemple du pillage en forçant les armoires des maisons où on le logeait, et en envoyant à la citoyenne Rossignol des ballots de linge et de vêtements, fruits de ses rapines[2]. Celle-ci était accourue à Saumur partager la fortune de son mari. Elle y tenait table ouverte chez le citoyen Jannot, traiteur, et dépensait 4 000 l. par mois pour sa table[3].

---

[1] Rossignol avait été un des juges de la Force pendant les massacres de septembre. Compris par Fouché sur la liste des conjurés de la rue Saint-Nicaise, il fut transporté à Mahé, la principale des Séchelles, puis, le 13 mars 1802, il fut conduit avec trente-trois autres déportés à l'île d'Anjouan, l'une des Comores, où il mourut. Quatre seulement des co-détenus survécurent.

[2] *Moniteur universel*, t. xvii, p. 518. Voir séance du 18 août. — *Moniteur*, t. xvii, p. 500. — *Savary*, t. ii, p. 59 et suiv.

[3] Arch. de la Guerre. État des dépenses particulières du général Rossignol

Rossignol avait pour mission de réorganiser l'armée dans un sens vraiment républicain , de combattre les mauvais principes dont elle était infestée, mais surtout d'épurer l'état-major. Comme l'administration « était hors de sa portée », il demanda à conserver Ronsin pour chef d'état-major. La démission de La Barolière fut acceptée. Salomon, Santerre, Rey et Gauvilliers commandèrent les divisions de l'armée de Saumur. « Les deux premiers sont de ma trempe, écrivait Rossignol à Bouchotte, mais Gauvilliers paraît avoir fait la guerre plutôt pour défendre son château que par amour de la République. Quant à Rey, il ne doit pas inspirer de confiance aux vrais sans-culottes, c'est un protégé de Philippeaux[1]. » Ils ne tardèrent pas à être remplacés.

Rossignol confia au général Salomon le commandement de son avant-garde, Santerre fut mis à la tête du corps d'armée, et l'on laissa Rey à Chinon pour organiser la réserve, enfin Gauvilliers fut chargé, avec le général Dambarère, officier de génie, de mettre Saumur en état de défense. Il fit démolir plusieurs moulins qui masquaient le feu du château, et abattre les arbres qui se trouvaient autour de la place.

Rossignol devait rester sur la défensive jusqu'à l'arrivée de l'armée de Mayence, que l'on transportait en poste dans la Vendée ; néanmoins il résolut de tenter une reconnaissance du côté de Doué. On annonçait de tous côtés les préparatifs des Vendéens qui semblaient se disposer à une grande expédition. Leurs avant-postes établis en avant de Doué, à deux lieues et demie de Saumur, inquiétaient les habitants des campagnes. Le 5 août, les généraux Ronsin et Salomon partirent avec 2700 hommes d'infanterie et 300 cavaliers et arrivèrent, vers les sept heures du matin, sur les hauteurs de Montfort. Ils les trouvèrent couvertes de tirailleurs ennemis.

[1] Arch. de la Guerre. Let. du ministre à Rossignol du 29 juil. Let. de Rossignol à Bouchotte, Saumur 8 août 93. Philippeaux, en passant à Tours le 15 juil., avait nommé Rey, alors adjudant-général, général de division, avec mission d'organiser la réserve de l'armée de Saumur. (*Archives nationales*, AF, III, 177.)

La cavalerie républicaine dut se replier, et Ronsin, jugeant que le but de la reconnaissance était atteint, allait donner le signal de la retraite, lorsqu'on vint le prévenir que les Vendéens pliaient et que les hussards étaient parvenus jusqu'aux portes de Doué. Il fit marcher alors une colonne de mille hommes d'infanterie. Les postes des Vendéens, mollement défendus, furent forcés et les rebelles poursuivis jusqu'à Concourson. La ville de Doué fut saccagée : beaucoup de femmes, d'enfants et de blessés, réfugiés dans les caves, furent fusillés et un grand convoi de prisonniers conduit à Saumur ; puis les républicains se retirèrent après avoir engagé les habitants des campagnes qui s'étaient unis à eux à rentrer dans leurs foyers[1].

Ronsin, à son retour, fut embrassé et félicité ; l'emphase républicaine enfla ce léger succès, et Rossignol écrivit, le lendemain, au général Boulard, qui commandait la division de Niort, « qu'il allait marcher en masse sur les Sables[2] ».

L'ivresse qui suit la victoire contribua sans doute à décider le général républicain à prendre cette burlesque détermination ; ce fut aussi à cette exaltation des esprits que la fête de l'Unité, célébrée le 10 août, à Saumur, emprunta son principal lustre. Représentants du peuple, commissaires nationaux, administrateurs du district, membres de la commission militaire et du conseil de la commune, généraux et officiers de tous grades, s'unirent aux Sociétés populaires de la ville pour fêter l'anniversaire de la chute du tyran. Rossignol chanta, au club des Jacobins, des airs patriotiques auxquels les sans-culottes de Saumur firent chorus. Le soir, la ville fut illuminée, et les habitants en liesse purent contempler la lugubre silhouette de l'échafaud qui se dressait menaçant sur la place de la Bilange.

A ce moment, « la cour de Saumur » était dans tout son éclat. Les membres de la commission centrale, Bourbotte,

---

[1] *Moniteur universel*, séance du 5 août. Rapport de Rossignol.
[2] Archives de la Guerre. Lettre de Rossignol à Boulard.

Turreau, Richard, et surtout Choudieu, y régnaient en satrapes. Ce dernier, que Philippeaux appelle « un sans-culotte à festins et à lambris dorés », s'y reposait d'un excès de travail par un excès de débauche. Il avait la violence et l'audace de Danton et aimait comme lui les raffinements du luxe, cherchant dans l'orgie des nuits l'oubli du sang qu'il répandait le jour. Plus avide de puissance que désireux de richesses, ce démocrate avait des vices de grand seigneur. Il dominait ses collègues par son énergie et leur imposait son autorité par son amour pour le pouvoir. Richard était sous sa dépendance, Bourbotte pliait devant lui, et Philippeaux monta sur l'échafaud pour l'avoir raillé.

Autour de ces grands conventionnels s'agitait l'état-major empanaché de Rossignol. Ronsin, homme de lettres, auteur de diverses tragédies[1], devenu par la faveur d'Hébert et d'Anacharsis Clootz l'adjoint de Bouchotte, était le bras droit de Rossignol, « le général-ministre » de la cour de Saumur. La fortune l'avait récompensé d'avoir délaissé les Muses, et le poète famélique, qui, au 10 août, n'avait pour toute fortune qu'un écu de six livres, couchait dans un lit de 20.000 livres et faisait tuer un bœuf pour en manger la langue.

Il avait pour collègue le brasseur Santerre, parisien hâbleur, dont l'ignorance égalait la présomption. Digne chef de ces

---

[1] La *Ligue des fanatiques et des tyrans*, qui fut représentée au théâtre Molière, et l'*Are traphile*. Voici quelques vers de la première de ces tragédies.

LE GÉNÉRAL

Mais d'où vient pour les rois votre haine funeste?

LE DÉPUTÉ

Justes, je les chéris, tyrans, je les déteste,
Les rois sont un fléau...
Du dernier des Louis au premier des Césars,
Sur les crimes des rois interrogez l'histoire,
Pour un dont les vertus ont consacré la gloire,
Mille se sont souillés des plus noirs attentats, etc.

Il avait été nommé adjoint au ministre de la guerre le 23 avril 93.

héros à 500 livres, sortis des boues du faubourg Saint-Antoine, il avait leur jactance loin des périls, leur impressionnabilité dans les combats. C'était à l'aide de fumées soporatives qu'il espérait vaincre les rebelles, et il recommandait l'emploi de boulettes asphyxiantes pour terminer la guerre[1].

Puis venait Momoro[2], l'imprimeur du *Père Duchesne*, le protecteur de l'évêque Gobel. Sa femme, que Philippeaux appelle une impudique Messaline, était la maîtresse de Choudieu. Enfin Lachevardière et le général Parein, président de la Commission militaire, qui, sur un modeste théâtre, s'exerçait à devenir digne d'être choisi pour chef de l'armée révolutionnaire et de présider aux massacres de Lyon.

Tout ce monde, grassement rétribué[3], buvant le vin des émigrés[4], se servant de leurs voitures, montant leurs chevaux, fatiguait par d'incessantes réquisitions les administrateurs et les habitants de la ville. Saumur semblait être leur proie ; les soldats campaient à ses portes, remplissaient ses bouges, ses cabarets, ses églises, tandis que les chefs logeaient dans les plus belles maisons de la ville[5].

[1] Santerre avait été nommé par le peuple commandant général du faubourg Saint-Antoine, le 15 juillet 1789. L'Assemblée nationale avait confirmé cette nomination, voy. *Moniteur univers*. Envoyé à Lisieux au commencement de la Révolution, il avait été arrêté par ordre de Buzot pour avoir prêché le partage des terres. « Je suis étonné qu'un pareil homme préside une section de Paris, disait Buzot à la Convention. » Il était président de la section du Théâtre-Français dite de Marseille. Il avait été nommé général de brigade le 23 octobre 1792. *Moniteur universel*, t. xiv, p. 266.

L'emploi des matières incendiaires était une manie chez Santerre. Digne précurseur des pétroleurs de 1870, il avait proposé à l'Assemblée d'incendier la Bastille avec de l'huile d'œillette enflammée avec du phosphore. *Moniteur universel*, t. i, p. 572.

[2] Momoro s'était fait, aux débuts de la Révolution, une spécialité de l'impression des libelles diffamatoires : voy. *Moniteur universel*, t. iii, p. 384-404.

[3] Rossignol avait 50,000 l. de traitement et 50,000 l. de fonds secrets. — Bourbotte dépensa 28,725 l. pendant sa mission, Bodin 165,833 l. Un seul voyage de Hentz coûta 3,077 l. à la République..... (Compte rendu des dépenses faites par les représentants en mission.)

[4] Compte rendu par Bourbotte de sa mission.

[5] La Commission centrale tenait ses séances dans la maison Blancler-Pupier, sur la place de la Bilange. Le commandant de place logeait chez le citoyen Blondé-Bagneux. Le Comité de surveillance occupait la maison Desmé, puis la maison Pitatouin-Lacoste.

Jusqu'à l'arrivée de la garnison de Mayence, il ne se passa
en Vendée aucun événement militaire important. Le général
Rey, sur des rapports inexacts, forma l'aventureux projet de
marcher de Chinon sur Cholet pour délivrer 3.000 prisonniers
républicains qui se trouvaient dans cette ville. Il fut vivement réprimandé de ce zèle intempestif. « Vous êtes mal
instruit, lui écrivit Rossignol, le général Salomon, qui commande l'avant-garde à Doué, s'est porté, hier, de cette ville
sur Coron, à deux lieues de Cholet, et y a rencontré l'ennemi
au nombre de 6.000 hommes. Ainsi, par un acte d'humanité
mal entendu, vous vous exposiez à sacrifier votre troupe. Je
vous enjoins de rentrer sur-le-champ à Chinon, et de ne rien
entreprendre que je ne vous aie donné des ordres[1]. » Quelques
jours après, Rey dut occuper Loudun et Thouars.

L'étrange nomination de Rossignol, les singuliers officiers[2] auxquels il accordait sa confiance, l'étonnant système
de guerre qu'il préconisait, son goût bien connu pour la
propriété d'autrui, avaient effrayé les représentants Goupilleau et Bourdon de l'Oise. Aussi, lorsque le nouveau
général, accompagné de Bourbotte, arriva à Chantonnay
pour inspecter les divisions de Niort, de Luçon et des
Sables[3], l'entrevue fut-elle des moins cordiales. Bourbotte,
menacé par ses collègues d'être conduit sur les derrières de
l'armée et d'être incarcéré dans le château de la Rochelle,
tira un pistolet de sa poche, menaçant de brûler la cervelle
au premier qui tenterait de mettre ce projet à exécution.
Quant à Rossignol, les représentants du peuple le suspen-
dirent de ses fonctions de général en chef, « attendu que sa

[1] *Savary*, t. ii, p. 29 à 31.

[2] Ordre donné au commandant Fiasse, grenadier de la Convention, de
venir occuper à Saumur la place d'aide-de-camp du général Rossignol. Archives de la guerre.

[3] Rossignol avait chargé les adjudants généraux Hazard et Grammont de
lui faire un rapport sur l'état des esprits dans les villes situées dans son
commandement. *Savary*, T. ii, p. 18 et 22. Ce rapport lui fut remis le 14 août.
Il a été publié par M. Baguenier-Desormeaux.

manière d'agir est loin d'inspirer aux troupes la confiance qu'elles doivent avoir dans leur général' ».

Le lendemain du jour où parut cet arrêté, le conseil général de la commune de Fontenay, informé que Rossignol, logé dans la maison du sieur de Lépinay-Beaumont, avait, sous prétexte de l'émigration de ce citoyen, fait enfoncer les armoires, et qu'il s'était emparé, « pour le service de la République, » de sa voiture, ordonna l'arrestation du général et celle de ses complices pour être livrés au tribunal criminel militaire établi à Niort.

Rossignol n'attendit pas l'exécution de cette mesure. Il partit pour Tours le soir même avec Bourbotte. A son arrivée dans cette ville, il se plaignit à la Commission centrale de la mauvaise réception qui lui avait été faite. Choudieu, Richard, Rewbell, Bourbotte et Merlin décidèrent que l'un d'entre eux se rendrait auprès du comité du Salut public pour l'informer de la suspension de Rossignol.

Bourbotte fut désigné pour remplir cette mission, et, en attendant la décision de la Convention, on chargea Santerre du commandement de l'armée.

La Convention, dans sa séance du 28 août, mit fin à cette querelle. L'arrêté de Goupilleau et de Bourdon fut cassé ; ces deux représentants furent rappelés, et le général Rossignol, réintégré dans ses fonctions, obtint les honneurs de la séance et reçut l'ordre de se rendre sur-le-champ à son poste[2].

Rien de bien remarquable ne s'était passé à Saumur pendant ces luttes d'influence, qui montrent à quel degré de désorganisation on était arrivé. Il n'y avait eu que quelques petits faits de guerre. Dans une reconnaissance faite le 24 août par l'adjudant-général Grignon, la petite ville d'Argenton fut cernée. Cinquante ou soixante Vendéens qui s'y trouvaient prirent la fuite, quinze d'entre eux furent faits prison-

---

[1] Arrêté de Goupilleau de Fontenay et de Bourdon de l'Oise du 22 août.

[2] Archives de la guerre. Arrêté des représentants du peuple réunis à Tours, 25 août. *Moniteur universel*. Séance du 28 août.

niers par les hussards républicains. Parmi eux se trouvait
Augustin Dupuis de Malineau, natif de Clairet, près de Loudun. C'était un ancien officier du régiment de Béarn-Infanterie, qui servait depuis quelques jours seulement d'aide-decamp à Langrenière[1].

Le général Rey, qui occupait Airvault, envoya aussi cinq
cents hommes sous les ordres du général Burac, pour disperser
des rassemblements qui menaçaient le marché de Parthenay.
A l'arrivée de cette troupe, les Vendéens, sortant en grand
nombre des bois où ils étaient cachés, l'attaquèrent vigoureusement. Burac battit en retraite, se défendant avec énergie, jusqu'à ce qu'un renfort, conduit par Rey, lui permît de
reprendre l'offensive. Les rebelles furent repoussés et on
leur reprit les bestiaux dont ils s'étaient emparés à Parthenay.

Cependant l'arrivée de la garnison de Mayence avait excité
l'ambition de tous les chefs. Chaque général était désireux
de commander à des troupes dont la présence lui assurait la
victoire, chaque député voulait combattre avec elles, espérant qu'un peu de cette gloire dont elles allaient se couvrir
rejaillirait sur lui.

Le 23 août, la première division, forte de 5,200 hommes,
arriva à Tours. Les deuxième et troisième divisions la suivirent à quelques jours d'intervalle.

Le 25, un conseil de guerre fut réuni dans cette ville. Les
députés en mission et le général Rossignol y assistèrent.
On ne put s'entendre sur la destination à donner aux Mayençais. Le plan de campagne que proposa Ronsin fut rejeté et
il fut convenu qu'un nouveau conseil de guerre serait tenu
à Saumur, le 2 septembre, pour arrêter un plan définitif et irrévocable[2].

L'avant-garde de l'armée de Mayence partit donc de Tours

---

[1] Voir au chapitre suivant son interrogatoire et sa condamnation à mort.

[2] Le général Joly fut envoyé à Paris pour faire des observations au Comité
du Salut public sur la destination donnée à l'armée de Mayence. Rapport
de Momoro aux Cordeliers, p. 18 et 19.

le 26 août, sous les ordres de Kléber. Elle se composait de deux mille quatre cents hommes d'infanterie, de soixante chasseurs à cheval et de quatre pièces de campagne. Elle arriva le 30 à Saumur où elle fut accueillie avec un grand enthousiasme. Les représentants Richard et Choudieu, les généraux Santerre, Joly, Turreau s'étaient portés à sa rencontre à plus d'une lieue de la ville. Le maire, le conseil de la commune, les Sociétés patriotiques attendaient la colonne à une demi-lieue du pont, avec des couronnes civiques que Kléber fit attacher aux drapeaux. Les habitants admiraient l'air martial, la discipline de cette vaillante troupe, qui campa à la Croix-Verte en attendant la décision qu'allait prendre le conseil de guerre.

Le lundi 2 septembre, à dix heures du matin, les citoyens Rewbell, Merlin, Richard, Turreau, Choudieu, Cavagnac, Méaulle, Philippeau, Ruelle et Fayau, tous représentants du peuple en mission dans les départements de l'Ouest, et les généraux Rossignol, Canclaux, Duhoux, Menou, Santerre, Aubert-Dubayet, Chalbos, Salomon, Rey, Mieszkowsky et Dambarère, se réunirent dans le grand salon de la maison Blancler[1].

La discussion fut des plus animées. L'armée de Mayence descendra-t-elle sur Nantes, ou marchera-t-elle directement sur Cholet et Mortagne ? Telle était la question qui divisa l'assemblée en deux fractions égales. Dix voix se prononcèrent pour la marche par Nantes, dix pour celle par Saumur[2]. Bourbotte refusa de donner son avis et Dambarère proposa une attaque simultanée par ces deux points.

Ne pouvant arriver à s'entendre, le Conseil décida que les généraux se concerteraient entre eux pour arriver à formuler un plan. Après une longue discussion, la marche par Nantes fut adoptée malgré les efforts de Choudieu et de Rossignol[3].

---

[1] Rewbell fut nommé président; Lachevardière fut désigné pour secrétaire.
[2] *Savary*, t. ii, p. 108. *Moniteur*, t. xvii, p. 507.
[3] *Savary*, t. ii, p. 110 et suivantes.

D'après ce plan, l'armée des Côtes de la Rochelle[1], dont la division de Saumur faisait partie, devait se borner à une dé-fensive active, sauf le corps d'armée placé à Chantonnay qui dut coopérer aux mouvements de l'armée des Côtes de Brest[2]. La division de Rey se porterait sur Bressuire, celle de Saumur sur Argenton et Vihiers. L'armée de Canclaux devait donc prendre l'offensive et rejeter les Vendéens loin de la mer, sur l'armée de Rossignol.

Ce général avait adopté ce plan, mais il s'était réservé le droit d'attaquer Mortagne, s'il le jugeait convenable. Il était très mécontent de la destination donnée par le conseil de guerre à l'armée de Mayence, et fort peu disposé à seconder son collègue.

Les généraux de l'armée des Côtes de Brest et Aubert Dubayet n'avaient pas manqué, pour décider les membres du conseil à adopter leur plan, de leur représenter le peu de fond que l'on pouvait faire sur ces troupes de Saumur toujours battues et encore désorganisées. Comment compter sur ces soldats indisciplinés qui abandonnaient leurs généraux dans le péril? Leur contagieux exemple aurait corrompu les Mayen-çais, qui, une fois engagés dans ce pays difficile de la Vendée, auraient été délaissés par ces lâches, que la vue d'un fusil vendéen mettait en fuite.

Ces reproches n'étaient pas exagérés. Malgré les soins de Berthier, malgré la rigueur des commissions militaires, l'in-discipline était encore extrême dans l'armée de Rossignol. « Il semble, écrivaient les commissaires Brûlé et Besson au ministre de la guerre, que le même plan de désorganisation existe toujours parmi les bataillons de Paris et que l'on ait envoyé tous les motionneurs de la capitale. » Tout était au pillage ; la loi qui chassait les femmes de l'armée n'était pas exécutée ; les états-majors s'emparaient de tous les chevaux à leur convenance, les soldats s'écartaient jusqu'à trois

---

[1] L'armée des Côtes de la Rochelle était commandée par Rossignol.
[2] Canclaux avait sous ses ordres l'armée des Côtes de Brest.

lieues pour piller les habitants. Les paysans, exaspérés de leur conduite, confondaient dans une même haine ces soldats pillards et le régime qui semblait protéger leurs déprédations[1].

« Anéantissons la Vendée ! Plaçons la Terreur à l'ordre du jour », avait dit Barrère à la Convention, et le terrible décret du 26 juillet, la levée en masse, la formation d'une armée révolutionnaire, avaient été les premières mesures prises pour inaugurer ce monstrueux régime.

Le 7 septembre, quelques jours avant l'exécution du plan de Canclaux, les représentants du peuple près de l'armée de la Rochelle proclamèrent la levée en masse.

« Le 12 de ce mois, disait l'arrêté, le tocsin sonnera dans les districts d'Angers, Saumur, Baugé, Ségré, Châteauneuf, Château-Gontier, la Flèche. Les citoyens, sous la conduite d'un chef par commune, s'armeront de fusils, de piques, de fourches, de brocs, de faux à revers. Ils devront se fournir de pain pour quatre jours et ne prendre aucun bagage[2]. »

Les hommes de la masse des districts de Chinon, Baugé, Bourgueil affluèrent en grand nombre à Saumur. La plupart arrivaient en sabots, porteurs d'armes invraisemblables. Les quelques fusils de chasse qu'ils possédaient n'étant pas de calibre ne pouvaient être d'aucun usage. Ne pouvant leur donner des armes on leur donna des écharpes. L'écharpe et le panache ont toujours joué un grand rôle en temps de révolution. Quelques-uns eurent des piques forgées avec les grilles des églises et des couvents. L'aspect de ces troupes était lamentable. Santerre, si facile à l'enthousiasme, n'avait pas confiance ; Barrère les traitait « d'armée fabuleuse ». Il ne se trompait pas. « Une armée fabuleuse marche sur la Vendée, disait-il à la Convention ; elle est de quatre cent mille

[1] *Savary*, t. II, p. 42, 43, 49.

[2] Arrêté des représentants du peuple pour la levée en masse. Bibliothèque de M. Allain-Targé, imprimé.

hommes et s'est formée en vingt-quatre heures[1]. » Elle ne mit pas beaucoup plus de temps à se fondre.

L'armée des Côtes de Brest n'avait pas adopté cette mesure ; la crainte de fournir un prétexte à des rassemblements en avait détourné les représentants.

Les généraux de l'armée de Saumur ne pouvaient se consoler de n'avoir pas réussi à faire adopter leurs projets. Ils tinrent un nouveau conseil de guerre, le 11, et conçurent un nouveau plan de campagne qui mettait à néant celui concerté avec le général Canclaux.

Ce dernier commença néanmoins son mouvement dès l'arrivée de la garnison de Mayence à Nantes. Le 16, Saint-Père, Machecoul, Montaigu et Clisson étaient en son pouvoir. Le 17, il se présentait sous les murs de Mortagne.

L'offensive prise par les Vendéens, et plus encore son mauvais vouloir n'avaient pas permis à Rossignol de mettre ses troupes en marche au jour convenu. Sa droite, commandée par le général Tuncq, avait été battue le 5 à Chantonnay ; Salomon, qui s'était avancé imprudemment jusqu'à Martigné, avait été repoussé par La Rochejaquelein ; enfin Lescure avait dispersé les hommes de la masse réunis à Thouars et avait reculé seulement devant les troupes régulières que le général Rey amenait en toute hâte au secours de la ville.

La division de Saumur, qui devait se porter le 14 de Doué sur Vihiers, fut assaillie ce jour-là par les Vendéens. On parvint à les repousser, grâce aux dispositions prises par le général Dambarère qui disposa habilement son artillerie, mais cette attaque retarda jusqu'au 17 la marche des colonnes de Duhoux, de Rey et de Rossignol.

Ce fut seulement à cette date que ce dernier put agir. Retenu à Saumur par une indisposition, il confia à Santerre et à son fidèle Ronsin le commandement de la division de Doué.

---

[1] *Moniteur universel.* Séance du 25 août. — Voir la lettre de Richard à la Convention, *Moniteur universel*, t. XVII, p. 676. Id. 702.

Composée de 8 à 9 000 hommes de mauvaises troupes, bien des fois vaincues, et ayant pour réserve 10 000 hommes de la masse, armés de piques et de fourches, cette division se mit en marche le 17. La brigade Joly occupa Vihiers et le Cou-dray-Montbault. On bivouaqua sur la grand'route.

D'après le plan de campagne du 2 septembre, cette armée devait rester à Vihiers jusqu'à ce que Canclaux fût arrivé sous les murs de Mortagne. Mais les soldats avaient envie de piller ; ils criaient « à Cholet, à Cholet ! » Les généraux n'eurent pas l'autorité nécessaire pour résister « à ces légèretés », ainsi que le dit Santerre dans son rapport. On décida que le lendemain l'armée se mettrait en marche. La brigade Tureau, composée de soldats plus aguerris, devait former l'avant-garde.

On ne put partir qu'à neuf heures ; les convois de vivres et de munitions n'étaient pas arrivés la veille au soir. Les représentants Bourbotte et Choudieu, les généraux Turreau, Ronsin et Santerre se placèrent à la tête de la colonne et l'on se dirigea sur Vézins. Les chefs de l'armée républicaine étaient tellement sûrs de la victoire qu'ils firent marcher leur armée en colonne de route, qui s'allongea de sorte que la queue était encore à Vihiers lorsque la tête sortait de Coron. On négligea même de faire occuper les hauteurs qui dominent ce bourg, et, sans prendre aucune précaution, en cas d'attaque, on fit entrer dans la longue et étroite rue de Coron toute la brigade Turreau.

Santerre s'aperçut de cette faute et voulut la réparer. Il ordonna à quelques pièces d'artillerie de tourner et d'aller se mettre en batterie sur les hauteurs. Ronsin s'y opposa. « Comment, lui dit-il, tu commandes la retraite ! Point de retraite et mourons ici ! » « Chacun le répéta et personne ne le fit », ajoute Santerre dans son rapport.

Piron et Langrenière, qui commandaient les Vendéens, s'apercevant de cette fausse manœuvre, se jettent avec impétuosité sur la tête et sur les flancs de la colonne républicaine, la rompent, et la refoulent dans les rues de Coron. L'artillerie et les caissons barraient la route ; il se produisit un encombrement que les Vendéens augmentèrent et changèrent en déroute en s'emparant des hauteurs, d'où ils firent un feu extrêmement vif sur les républicains. Les hommes de la masse lâchèrent pied les premiers, jetant, pour mieux courir, leurs piques et leurs sabots. Les troupes régulières les imitèrent ; généraux et représentants suivirent l'exemple des soldats. « Est-ce que tu t'en vas, disait Ronsin à Santerre ? Tout le monde s'en va. » Et chacun de se sauver.

Santerre ne dut son salut qu'à la bonté de son cheval, auquel il fit franchir un mur de six pieds de haut. Ronsin fut accusé de s'être caché dans une étable. Les républicains perdirent fort peu de monde dans cette affaire, mais une douzaine de pièces de canons et leurs caissons tombèrent entre les mains des rebelles[1].

Le lendemain, Stofflet attaqua la division Duhoux, qui se trouvait en l'air par suite de la retraite de l'armée de Doué. Les positions de Saint-Lambert et de Daulieu furent brillamment enlevées par les Vendéens. Les hommes de la réquisition se dispersèrent, comme ils faisaient toujours, aux premiers coups de fusil ; seule la garde nationale d'Angers voulut résister à la Jumellière. Elle fut écrasée. Cinq cent soixante-quinze pères de famille périrent dans ce combat.

Ces échecs successifs, suivis de la victoire remportée par les Vendéens à Torfou, forcèrent les républicains à reprendre les positions qu'ils occupaient avant l'arrivée de l'armée de Mayence.

On venait d'en faire une nouvelle épreuve. Chaque fois que les armées républicaines avaient essayé de pénétrer dans la Vendée par la route de Saumur à Cholet, elles avaient été repoussées. Aussi renonça-t-on à tenter, de ce côté, de nou-

---

[1] Lettre de Santerre au républiquain (*sic*) ministre de la guerre, 20 septembre 1793. — Réponse de Philippeaux à tous les défenseurs officieux des bourreaux de nos frères de Vendée. — Patu Deshautchamps, p. 183-139.

veaux efforts. D'ailleurs, l'armée de Saumur était de nouveau désorganisée et de longtemps incapable de rien entreprendre.

Canclaux, dont les troupes étaient beaucoup plus solides, reprit l'offensive quelques jours après l'échec de Torfou. Il invita son collègue de Saumur à réunir tout ce qu'il pourrait de troupes à la Châtaigneraie. Il s'agissait, d'après ce nouveau plan, de marcher par Châtillon sur Cholet, et de se réunir, dans cette ville, à l'armée des côtes de Brest.

Rossignol donna des ordres en conséquence : Santerre, Rey et Chalbos partirent de Doué, de Thouars et de la Châtaigneraie, et se réunirent à Bressuire. Ce fut dans cette ville que ces généraux reçurent l'avis de leur suspension ou de leur changement.

Les deux armées des côtes de Brest et de la Rochelle étaient réunies en une seule qui prit le nom d'armée de l'Ouest[1]. Léchelle en reçut le commandement en chef[2]. Aubert-Dubayet, Grouchy, Rey, Salomon, Gauvilliers, Beffroy, Burac, Mieskowsky, furent suspendus. Santerre fut envoyé à Orléans. Turreau, nommé général de division, passa à l'armée des Pyrénées-Orientales. Rossignol remplaça Canclaux à Nantes. Duhoux, accusé d'avoir trahi la République, dut aller à Paris rendre compte de sa conduite.

Tout ce bouleversement était l'œuvre de Ronsin. Parti pour Paris après la défaite de Coron, pour prendre le commandement de l'armée révolutionnaire[3], il profita de son séjour dans cette ville pour dénoncer au ministre de la guerre Canclaux et son état-major. Il les accusait de tendances aristocratiques. Ces plaintes, et le projet dès longtemps conçu d'éloigner tous les nobles de l'armée, furent les causes qui amenèrent ces grands changements.

Toutes ces destitutions, qui désorganisaient l'armée, furent

---

[1] *Archives nationales* A. F. II 119,

[2] Léchelle était originaire de la Charente-Inférieure et avait servi comme chef de bataillon de ce département.

[3] Il en fut nommé général le 27 septembre.

désapprouvées par les représentants en mission. Bellegarde et Choudieu écrivirent au comité du Salut public pour demander quelles en étaient les causes.

« Que l'on destitue les nobles et les gens suspects, mais que l'on laisse à l'armée tous ceux qui servent bien la République, sans quoi on découragera une foule de braves gens[1]. » On ne les écouta pas, leur règne était fini[2].

Le 7 octobre, Léchelle arriva à Saumur Il trouva dans cette ville les représentants Hentz et Prieur de la Marne, qui lui communiquèrent les instructions du comité du Salut public. La division de Saumur, fort réduite, devait se tenir sur la défensive ; le rôle actif était destiné à l'armée de Nantes.

Rossignol partit le 8, laissant le commandement de la ville au général Commaire, lieutenant-colonel du bataillon de Gauvilliers, qui avait été nommé à ce poste en remplacement du général Gauvilliers.

Saumur cessa dès lors de jouer le principal rôle dans les événements de la Vendée. Le théâtre de la guerre s'en éloigna. Représentants du peuple qui singeaient les rois, généraux chamarrés, état-major étincelant de broderies, de panaches, de cocardes, courtisanes qui commandaient aux armées, tout le côté brillant, toute la poésie de la guerre, disparut avec eux. Il ne resta que les horreurs qui l'accompagnent : des hôpitaux regorgeant de malades, des prisons de captifs, des échafauds inondés de sang.

---

[1] Archives de la guerre. Lettre de Bellegarde et de Choudieu au comité du Salut public. Bressuire 8 octobre 1893 *Archives nationales* A F II 142.

[2] Ils ne tardèrent pas à être rappelés. Il n'y eut plus que cinq Commissaires de la Convention attachés à l'armée de l'Ouest. Un à Saumur, Turreau, l'autre à Nantes, ce fut Carrier, deux avec les armées et un autre central.

CHAPITRE VI.

ORDRES barbares ou insensés, discours emphatiques, fêtes où le grotesque le dispute à l'impiété, aplatissement de tout un peuple devant la Peur, l'unique divinité dont il consente encore à reconnaître la puissance : telle est, en quelques mots, l'histoire intérieure de la France, du mois de juillet 1793 au 9 thermidor an II.

A cette époque les lois étaient devenues des fléaux comme autrefois les vices. La délation courait les rues le front haut.

Toute oreille était suspecte; les choses inanimées elles-mêmes inspiraient de la défiance, et l'on regardait avec terreur les portes et les lambris. Rien n'échappait à l'effroyable tyrannie qui pesait sur la France. Ni les villes ni les campagnes, ni les hommes ni les choses, ni les corps ni les âmes n'en étaient exempts. Jamais joug ne fut plus lourd, jamais tant de sang ne coula pour une idée, jamais l'âme d'un peuple ne fut broyée sous un marteau plus pesant. Soumis à cette épouvantable compression, esclaves de la Terreur, les hommes de cette époque perdent, aux yeux de l'histoire, la responsabilité de leurs actes. Victimes et bourreaux tremblent également devant la pâle divinité, et il serait injuste de demander compte aux uns comme aux autres de toutes les lâchetés, de toutes les infamies, de tous les crimes qu'ils commirent alors.

Saumur fut soumis à la loi commune, la Terreur y régna en souveraine, et le voisinage de la Vendée servit d'excuses à tous les crimes. Mais avant d'entreprendre le récit des événements de cette époque néfaste, il est nécessaire de revenir en arrière : l'exposé de certains faits qui précédèrent la grande Terreur fera mieux comprendre comment une population paisible et honnête se courba sous le joug des voleurs et des assassins venus de Paris pour l'exploiter et la terroriser.

On ne peut nier que dès le début de la Révolution, les partisans des idées nouvelles ne se soient posés en ennemis de la religion et de ses ministres. Y avait-il eu, de la part du clergé, des actes qui pussent justifier cette attitude ? Rien ne peut être signalé avant le vote de la Constitution civile. Le bas clergé, au contraire, avait applaudi aux réformes réclamées par le Tiers ; sorti de son sein, il partageait jusqu'à ses préjugés. Les évêques en effet suivirent une autre ligne de conduite, mais ce fut plutôt comme nobles que comme prêtres qu'ils firent de l'opposition au nouvel ordre de choses. La vente des biens ecclésiastiques elle-même, malgré son caractère de violence et d'arbitraire, ne rebuta pas la majorité des membres du clergé. Ne possédant rien, les curés de campagne ne se trouvèrent pas atteints par cette mesure, et ils virent sans regrets, peut-être avec une certaine satisfaction, le décret qui dépouillait de leurs biens des supérieurs peu aimés, des congrégations enviées. Mais lorsque l'Assemblée s'avisa de toucher aux choses de la conscience, lorsqu'elle voulut imposer aux prêtres des obligations contraires à leurs serments, alors ils aperçurent dans ces réformateurs des ennemis de leur foi, et se retournant contre eux, devinrent les adversaires d'une Révolution, aux débuts de laquelle ils avaient applaudi.

Les membres du clergé de Saumur avaient, avons-nous dit, prêté, pour la plupart, le serment civique. Aussi les cérémonies du culte ne furent pas interrompues dans cette ville ; mais si l'autel conserva ses ministres, les fidèles s'éloignèrent du temple. En devenant des fonctionnaires salariés par l'Etat, en recevant l'investiture de la main d'un fonctionnaire civil, en se soumettant au choix de ceux dont ils devaient diriger les consciences, les curés constitutionnels perdirent ce qui rend le caractère du prêtre sacré, l'institution divine qui le fait apte à remplir sa mission surnaturelle. Les incrédules s'en moquèrent, les croyants les méprisèrent. Devenus des objets de dérision ou de dédain, les uns rétractèrent le serment qu'ils avaient prêté à la Constitution, les autres se dégradèrent de plus en plus et s'enfoncèrent dans les fanges de la Révolution. Les premiers périrent sur l'échafaud, les seconds succombèrent sous le mépris universel.

Le curé de Saumur, M. Martin Duchesnay, avait été un des plus chauds partisans des idées nouvelles. Son exemple avait entraîné tous ses vicaires ; aussi, lors de la division de la ville en quatre paroisses, avait-il été maintenu dans la cure de Saint-Pierre. Mais la nouvelle organisation ecclésiastique lui enlevait plus de la moitié de ses paroissiens et diminuait de beaucoup son importance. Aussi s'y opposa-t-il autant qu'il le put. Les habitants des nouvelles paroisses le

surent, pétitionnèrent contre lui et demandèrent son renvoi.
Il fut néanmoins maintenu à Saint-Pierre, mais il devint
impopulaire. Peu à peu ses illusions s'envolèrent. Loin de se
réaliser, l'accord, qu'avec un grand nombre de ses collègues,
il avait rêvé de voir s'établir entre la Religion et la Révolution, devenait de jour en jour plus difficile : l'abîme se creusait.

La rupture cependant n'était pas encore complète. Le
clergé était encore invité aux fêtes publiques et le curé de
Saint-Pierre assista à celle qui fut célébrée, le 14 juillet 1792,
en souvenir de la Fédération. Mais après la déchéance du
Roi, le caractère antireligieux de la Révolution s'accentua.
Les électeurs qui se réunirent à Saumur, le dimanche 2 septembre, pour nommer les députés à la Convention, dédai-
gnèrent de demander au curé de Saint-Pierre l'autorisation
de s'assembler dans son église ; il n'y eut ni messe du Saint-
Esprit, ni cérémonies religieuses d'aucune sorte. L'évêque et
le curé n'osèrent protester.

L'esprit religieux s'affaiblissait en France. La coutume que
l'on avait adoptée, dès le début de la Révolution, de tenir les
assemblées électorales dans les églises, y était certainement
pour quelque chose, mais les curés constitutionnels, en mê-
lant sans cesse la politique à la religion, y contribuèrent plus
que tout. On ne savait, en allant à la messe, si on entendrait
un discours politique ou une exhortation religieuse, et l'on
prit l'habitude de considérer l'église comme un club. Les
républicains eux-mêmes ne pouvaient s'empêcher de mé-
priser ces prêtres apostats : ils voyaient dans leur adhésion
au décret qui les dépouillait de leurs biens et de leurs rangs,
une lâche faiblesse ou une basse ambition.

L'habitude des pratiques religieuses se perdit donc ; peu à
peu les églises se vidèrent, et l'isolement, premier châtiment
des curés assermentés, se fit autour d'eux. Bientôt l'insurrection de la Vendée, que l'on attribuait au clergé insoumis,
acheva de discréditer tout ce qui touchait à l'Eglise. Le
peuple confondit dans une même haine les prêtres réfrac-

taires et ceux qui s'étaient ralliés à la République, et l'a-
théisme, hautement professé, devint le meilleur des certificats de civisme. Aussi lorsque les émissaires d'Hébert, de
Chaumette et d'Anacharsis Clootz, arrivèrent à Saumur
pour y répandre les doctrines de « l'orateur du genre humain », trouvèrent-ils le terrain bien préparé. Nous verrons
ce qu'ils firent de la religion et de ses ministres.

Les républicains, si mal disposés à l'égard du clergé constitutionnel, furent impitoyables pour les prêtres insoumis.
L'Assemblée législative avait pris contre eux des mesures
sévères ; un nouveau serment avait été exigé, et, en cas de
refus, les prêtres rebelles, privés de toute pension, étaient
placés sous la surveillance des autorités de la commune. Si
des troubles religieux survenaient, ils devaient être envoyés
au chef-lieu du département.

Ces mesures rigoureuses ne furent pas appliquées, tout
d'abord, à Saumur. Les prêtres non assermentés furent seulement invités à se présenter devant la municipalité pour
faire une déclaration de leurs sentiments pacifiques et une
promesse de participer aux offices de leur paroisse[1]. Mais
lorsqu'éclata la guerre de Vendée, tous ces prêtres furent
arrêtés, conduits à Angers et enfermés, avec un grand
nombre de leurs confrères, à la Rossignolerie. Parmi eux se
trouvaient : les deux frères Baudry, dont l'aîné était aumônier
de l'hôpital ; Caffin, chapelain de Saint-Pierre, directeur des
dames Ursulines ; Nacquefaire, chapelain de Saint-Nicolas,
directeur des Visitandines ; Papiau, gardien des Récollets ;
Métayer, Gusnier ; Agraffel, aumônier du château ; Auger,
curé de Distré... En tout trente-huit prêtres du district de
Saumur[2].

Ces mesures ne produisirent pas les résultats attendus;

<hr>

[1] Reg. des délibérations de la municipalité de Saumur. Séance du 4 février 1792.

[2] Bibliot. d'Angers, mss. 643. H. 2128. — Ceux qui avaient une certaine
aisance payaient une pension les autres étaient nourris pour 1 f. 25 par jour.

beaucoup de prêtres se cachèrent. Aigris par la persécution, tous leurs efforts tendirent dès lors à recruter des ennemis à la Révolution. Ceux-mêmes qui étaient internés devinrent pour les administrateurs une source d'embarras et le cri universel fut : « Délivrez-nous des prêtres réfractaires ! » Villier, membre du département de Mayenne-et-Loire, fut chargé de porter ce vœu devant l'Assemblée. « La haine des prêtres est éternelle, dit-il, et ce n'est qu'en expulsant ceux qui ont refusé de se montrer bons citoyens que l'on pourra se mettre à l'abri des horreurs qu'ils nous préparent. »

Le 25 juin 1792, Lecointre-Puyraveau, député des Deux-Sèvres, proposa que les directoires des départements fussent autorisés, sur la demande de vingt citoyens, à prononcer la peine de la déportation contre les prêtres insoumis. Quoique soutenue par Vergniaud, cette motion ne passa pas et ce fut seulement après le 10 août que le décret fut rendu. Il était ordonné à tous les prêtres non assermentés de sortir de France dans le délai de quinze jours[1]. En cas de désobéissance ils devaient être transportés à la Guyane. Les prêtres sexagénaires et ceux reconnus infirmes étaient réunis au chef-lieu du département et reclus jusqu'à leur mort dans des maisons destinées à cet effet.

Le décret fut promulgué le 24 août. Le 30, tant était grande sa hâte, le Directoire du département de Mayenne-et-Loire arrêta qu'il serait formé un convoi de tous les prêtres détenus à la Rossignolerie et qu'ils seraient conduits à Nantes sous l'escorte d'un détachement de la garde nationale pour y être embarqués.

A Ancenis ce convoi se croisa avec un détachement de deux cents gendarmes qui marchaient à la frontière. A la vue de ces malheureux prêtres, qu'ils accusaient d'être par leurs prédications les promoteurs de la guerre, les soldats furieux mirent le sabre à la main et voulurent les massacrer. Il fallut

---

[1] Ils recevaient trois livres d'indemnité par journée de dix lieues. *Mon. Univ*. t. XII, p. 403, t. XIII, p. 516.

que leur escorte les protégeât[1]. Arrivés à Nantes, les prêtres angevins furent embarqués sur les navires le *Français* et la *Didon*[2]. On les débarqua en Espagne, à Saint-André et la Corogne. Parmi ces exilés se trouvaient : MM. Berton, Caffin, Platet, Nacquefaire, Baudry le jeune, prêtres de Saumur, et Auger, curé de Distré.

Ceux que leur grand âge ou leurs infirmités avaient pré-servés de la déportation furent moins heureux encore. Délivrés par les Vendéens après la prise d'Angers, presque tous se reconstituèrent prisonniers lorsque les républicains eurent repris la ville, se sentant trop vieux ou trop infirmes pour suivre les armées catholiques. Le plus grand nombre mourut victime des Commissions militaires. D'autres, parmi lesquels : MM. Métayer, Baudry l'aîné, Agraffel, Papiau, et Gasnier de Saumur, furent conduits à Nantes, enfermés sur une galiote qui servait de prison. Ils y périrent tous, les uns de maladie, les autres noyés dans la Loire[3].

Le décret qui abolit la royauté en France n'eut pas le re-tentissement qu'on aurait dû attendre d'un tel événement. Depuis le 10 août on était en république ; en la proclamant le gouvernement du pays, la Convention ne fit que constater un fait. Des fêtes patriotiques eurent lieu à Saumur à cette occasion. L'enthousiasme fut médiocre. Les membres des Conseils de la commune et du district étaient bien franche-ment républicains, mais la bourgeoisie hésitait et se méfiait de la facilité avec laquelle avait disparu cette vieille insti-tution de la royauté. Pour les royalistes constitutionnels, le

---

[1] Bibl. d'Angers mss. 908. *Histoire des faits d'armes de la garde nationale d'Angers*, par Berthe, relieur.

[2] Bibl. d'Angers mss. 641. Les capitaines transportèrent ces prêtres en Es-pagne au prix de 150 livres par tête et 2 500 livres d'indemnité. On en em-barqua 150 sur la *Didon*, 50 sur le *Français* et 114 sur l'*Aurore*.

[3] D'après M. Quéruau-Lamerie, quinze prêtres angevins, parmi lesquels les prêtres de Saumur ci-dessus cités, furent réunis à un convoi de quarante et un prêtres réfractaires de la Nièvre. Ils arrivèrent à Nantes le 25 ven-tôse an II et furent enfermés dans une galiote hollandaise (*Revue d'Anjou* année 1889).

décret du 21 septembre ruina leurs dernières espérances. Leurs yeux s'ouvrirent à la fin, et ils regrettèrent alors l'appui qu'ils avaient si follement prêté aux ennemis d'un roi, dont ils pleuraient aujourd'hui les disgrâces. Bonnemère et Dupetit-Thouars se retirèrent à la campagne; Merlet et un grand nombre de Saumurois, qui avaient joué les principaux rôles au début de la Révolution, quittèrent la ville. Ceux qui y restèrent durent renoncer à leurs emplois et perdirent toute leur popularité. Les accusations pleuvaient sur eux. Il ne se passait pas de séances au Comité de surveillance ou à la Société populaire sans qu'ils ne fussent l'objet d'une dénonciation. Les républicains en voulaient surtout au président Desmé. Accusé d'être imbu d'idées contre-révolutionnaires, de fréquenter assidûment la maison de la dame Dezé[1] et celle du sieur Lorrier, ci-devant commissaire du roi à Saumur, « tout ce qu'il y a de plus gangrené dans le canton », il dut donner sa démission[2].

D'ailleurs la Convention venait de prescrire l'épuration de la magistrature et des administrations départementales. Des élections eurent lieu à Saumur dans les premiers jours de décembre. Le tribunal fut entièrement renouvelé. Allain fut élu·président avec Monard, Delavau, Bouffard, Leroux-Denesde... comme juges. Bizard fut nommé commissaire national auprès du nouveau tribunal[3].

Il en fut de même pour le bureau de conciliation ; tous ses membres furent changés.

Le Conseil du district et celui de la commune furent également modifiés. Cailleau fut réélu maire. Les citoyens Couléon, Sébille, Leblanc, Clément, Toupelin, Bédane, Peffault-Latour, Cahouet, Ollivier fils, Pelou, Bazile et Pain composèrent le conseil, avec Loir-Mongazon pour procureur. C'était à peu de chose près l'ancienne municipalité, dont les tendances s'accentuèrent dans le sens révolutionnaire.

---

[1] Marie-Hilaire de la Mazière, veuve Dezé, directrice de la poste.
[2] Archives nationales F¹ᶜ II, 12.
[3] Archives municipales, pièces non cotées.

Plusieurs causes concouraient à l'engager dans cette voie. En premier lieu un décret de la Convention qui prescrivait la publicité des séances des conseils des communes. Les assemblées municipales tombèrent de plus en plus sous la domination des clubs. A Saumur Rossignol, Riffault, Maignan, Ydrac, Vilneau, Pinvert... président, orateurs ou membres influents de la Société populaire, devinrent les véritables administrateurs de la cité[1].

La nouvelle de la prise de Verdun, celle de la mort du brave Beaurepaire, l'insurrection de la Vendée contribuèrent aussi à exalter le sentiment républicain dans le département de Maine-et-Loire. Dans un excès d'enthousiasme, un grand nombre de jeunes gens demandèrent à partir pour la frontière, sans fusils de guerre et sans munitions. Le ministre de la guerre dut modérer ce zèle. Ne fallait-il pas conserver des hommes pour défendre la République contre ses ennemis intérieurs ? Quoique la guerre n'eût pas encore éclaté, les troubles, les assassinats, les pillages n'avaient pas cessé. Dans les districts de Vihiers et de Cholet l'agitation était extrême. Il fallait de véritables expéditions militaires pour empêcher les paysans de chasser de leurs églises les curés constitutionnels. C'est ainsi que le 23 août deux cents hommes de la garde nationale de Saumur, avec un canon et des munitions, avaient été dirigés sur Doué pour prêter main forte aux autorités de cette ville[3]. Ces demandes de secours étaient continuelles ; aussi la proposition du général Dumouriez de renforcer l'armée du Nord à l'aide de la moitié des compagnies de grenadiers de toutes les gardes nationales de France fut-elle fort mal accueillie. Le district de Saumur avait d'ailleurs largement payé sa dette à la patrie. Depuis le commencement de la guerre neuf cents volontaires s'étaient enrôlés[4].

---

[1] Archives nationales AFII 119. Arrêté du 6 juillet 1793.

[2] Archives municipales, pièces non cotées. — Arch. nationales AF¹⁶, II, 12·

[3] Archives municipales, registre 165.

[4] Cent quinze jeunes gens de Saumur s'enrôlèrent du mois de juin au mois d'octobre 1792.

On arriva ainsi au commencement de l'année 1793. Sans que l'on sût pourquoi, une sourde angoisse serrait les cœurs. Comme à l'approche d'un cataclysme on éprouvait un malaise indéfinissable. C'était la Terreur qui planait déjà sur la France, son souffle glaçait les plus braves. La tragédie, dont les massacres de septembre n'avaient été que le prologue, allait se dérouler sanglante. La mort du roi en fut le premier acte.

Les administrateurs du département de Maine-et-Loire et ceux du district de Saumur profitèrent de cette occasion pour se laver de tout soupçon de royalisme. Les antécédents de quelques-uns d'entre eux pouvaient les en faire suspecter. Ils envoyèrent à la Convention une adresse qui commençait par ces mots : « Législateurs, jugez Capet ! Que la foudre frappe le tyran qui a frappé les fondements de l'Etat'..... »

Sans doute, dans ces excitations au meurtre du roi, il faut faire la part de l'emphase d'une époque où l'on ne savait rien dire avec simplicité. Mais les conventionnels qui votèrent la mort de Louis XVI ne sont-ils pas en droit d'y chercher une excuse à leur crime ?

Les deux Dandenac, députés du Saumurois, surent résister à ces inhumaines provocations. L'aîné vota pour la réclusion du roi jusqu'à la paix. Furieux de cet acte de modération, un de ses collègues, le boucher Legendre, le précipita de la tribune dans le parquet. Dandenac se releva couvert de contusions. Son frère montra une semblable fermeté. Il se récusa comme juge et prononça un discours où il refusait de reconnaître à la Convention le droit de juger le roi. Il vota la déportation de tous les prisonniers du Temple et leur détention jusqu'à la paix[2].

---

[1] *Moniteur universel,* séance du 3 janvier 1793.

[2] Votes des députés de Maine-et-Loire. Choudieu : la mort. — Delaunay l'aîné : la mort. — Dehouillière : la détention jusqu'à la paix et la déportation après. — Laréveillière : la mort. — Pilastre : la détention jusqu'à la paix et le bannissement après. — Leclerc : la mort. — Dandenac l'aîné : la réclusion jusqu'à la paix. — Delaunay le jeune : la détention jusqu'à la paix, puis la déportation. — Lemeignan : la réclusion jusqu'à la paix (*Moniteur universel,* séance du 16 janvier 1793).

Comment accueillit-on à Saumur la nouvelle de l'exécution du 21 janvier? Il serait intéressant de le savoir. Malheureusement les documents relatifs à cette époque manquent complétement. Les registres de la municipalité, ceux du district, tous les papiers, toutes les pièces qui auraient pu les remplacer ont été détruits par les Vendéens lorsqu'ils prirent Saumur au mois de juin 1793. Il y a donc là une lacune impossible à combler. Il est d'ailleurs présumable que l'insurrection de la Vendée, qui menaçait tant d'intérêts particuliers, ait fait oublier aux habitants de Saumur toutes leurs autres préoccupations politiques.

Nous avons raconté dans les chapitres précédents la part que prit Saumur à cette guerre. Nous n'y reviendrons pas. Nous nous bornerons au récit des faits d'ordre civil qui se passèrent dans cette ville, depuis le 24 juin 1793, jour de son évacuation par l'armée catholique, jusqu'à la mort de Robespierre. Ce fut l'époque de la grande Terreur : les républicains se vengent avec une cruauté inouïe de leurs frayeurs et de leurs défaites et Saumur n'a rien à envier à Angers et à Nantes.

Pour la clarté du récit et pour éviter d'enchevêtrer des événements de différentes natures, nous examinerons tour à tour ce que devinrent, entre les mains des Montagnards, les diverses institutions sociales dont se compose la vie d'un peuple.

Avec l'armée républicaine était rentré à Saumur le clergé constitutionnel, qui avait fui devant la colère des soldats catholiques[1]. Le culte n'étant pas officiellement aboli on continua de le célébrer, mais les membres du Comité révolutionnaire apportèrent mille entraves à sa célébration. Ce Comité, presqu'exclusivement composé des commissaires de la Commune de Paris, était imbu des doctrines athées d'Hébert et de Chaumette. Ce fut d'abord à la religion qu'il

[1] M. Martin Duchesnay et un grand nombre de prêtres de Saumur s'étaient réfugiés à Blois pendant l'occupation de Saumur par les Vendéens.

s'attaqua. Ces membres exigèrent que la loi qui ne tolérait qu'une seule cloche par paroisse fût appliquée. A leur instigation les représentants en mission prirent un arrêté dans ce sens. Toutes les cloches des églises de Saumur, au nombre de onze, furent descendues et portées à l'atelier monétaire[1]. Les exercices religieux continuèrent cependant quelque temps encore, mais les rangs des fidèles s'éclaircissaient de plus en plus. Ceux qui avaient conservé la foi allaient, en cachette, à la messe du réfractaire et fuyaient tout rapport avec les curés assermentés. Quant aux républicains, ils dédaignaient les uns et les autres.

Jusqu'alors les membres de la Convention n'avaient pas eu recours à la contrainte pour répandre leurs doctrines. L'esprit philosophique dominait dans cette Assemblée ; ses membres affectaient à l'égard du Christianisme une indifférence qui leur faisait repousser l'emploi de la force contre les manifestations religieuses. Ils croyaient que leur exemple et leurs exhortations suffiraient pour arracher le peuple à ces pratiques superstitieuses dont il le plaignait d'être encore esclave. Ils espéraient que le jour était proche où le Christianisme abdiquerait lui-même. Ils s'attendaient à voir les ministres de la religion, éclairés par les lumières de la philosophie, proclamer l'insanité des doctrines qu'ils professaient, arracher les voiles du sanctuaire et découvrir au peuple le néant de ce Dieu qu'ils offraient depuis si longtemps à son adoration. Aussi lorsque l'évêque Gobel, cédant aux sollicitations d'Hébert et de Chaumette, vint donner au clergé l'exemple de l'apostasie, la Convention l'applaudit « d'avoir su s'élever à la hauteur de l'esprit révolutionnaire ».

A Saumur, le curé de Saint-Jacques, le citoyen Meignan, n'avait pas attendu l'éclatante manifestation de l'évêque de Paris pour déclarer « qu'il cessait d'exercer son métier de prêtre ». Son église était devenue « *le club des sans-culottes ré-*

<hr>

[1] Archive nationales A. F. II 119. Arrêté du 6 juillet 1793.

volutionnaires[1] ». On allait y applaudir les discours de Vilneau, les vers de Lepetit et les hymnes du citoyen Riffault. Le bourreau Dupuy et le principal du collège Pinvert y faisaient assaut de sans-culottisme, tandis que les exécuteurs des massacres de Bournan et de Parnay venaient y recevoir les félicitations dues à leur conduite patriotique.

A la fin d'octobre 1793, le Conseil de la commune, composé d'hommes hostiles à toute idée religieuse, fit vendre à l'adjudication les bancs et les chaises des églises de Nantilly et de Saint-Nicolas, sous prétexte qu'aucun citoyen n'assistait plus aux cérémonies religieuses[2]. Les protestations du curé Minier[3] ne furent pas écoutées, et de fait l'exercice public du culte catholique cessa à cette date. On établit à Saint-Nicolas un magasin de blé, et l'on confia la garde de Nantilly au cordonnier Poitou. Quant à l'église Saint-Pierre, son mobilier fut respecté parce qu'elle servait de lieu de réunion à la Société populaire[4].

Le curé de cette paroisse, M. Martin Duchesnay, se repentait amèrement des complaisances qu'il avait eues pour la Révolution, à son début. Les conséquences de sa faiblesse lui apparaissaient, et il rougissait du scandaleux spectacle donné par quelques-uns de ses confrères.

Quoi qu'il soit pénible de divulguer ces hontes, il est cependant utile de le faire. La vue de l'esclave ivre, que l'on promenait dans les rues de Sparte, détournait de l'ivresse les jeunes Lacédémoniens ; le récit de l'apostasie du curé Meignan préservera peut-être d'une semblable chute quelques prêtres tentés de l'imiter.

---

[1] Archives municipales. Registre des délibérations. Pétition adressée le 20 brumaire an II au Conseil général de la commune. Cette pétition est signée par les citoyens Moriceau, Riffault, Pupier, Valin. Pelou, Arrault, Meignan...

[2] Registre des délibérations. Séance du 27 octobre 1793. Ces bancs furent achetés par l'entrepreneur des pompes funèbres, Maillebois (Archives municipales. Pièces non cotées, liasse Culte).

[3] Curé de Nantilly.

[4] Archives municipales. Reg. des délibérations du 27 août au 5 octobre 1793.

Le 15 novembre, le curé de Saint-Jacques prévint le Conseil de la commune, dont il était membre, qu'il épouserait le même jour, à l'issue de la séance de la Société populaire, la citoyenne Anne-Louise Thoreau. Il invitait ses collègues à l'assister en cette circonstance. Au jour dit, à huit heures du soir, le Conseil de la commune, ayant à sa tête le maire, se transporta à l'église Saint-Pierre. Un grand nombre de notables se joignirent au cortège.

Meignan et son épouse arrivèrent escortés d'un grand nombre des membres du Comité révolutionnaire, de l'administration du district et d'une foule de citoyens des deux sexes. Il déclara son intention au maire. Le citoyen Cailleau le jeune, officier de l'état civil, prononça alors un discours où « il montra la raison et la philosophie remportant la victoire sur de vains préjugés ». Pendant que l'on transcrivait l'acte sur les registres, des hymnes patriotiques furent chantés par des citoyennes, et le peuple, heureux de satisfaire sa double haine, applaudit à l'infamie du prêtre et à l'avilissement de la fille noble[1].

Un certain nombre de prêtres n'attendaient que ce signal pour rendre publique leur apostasie. Le citoyen Clavreul, vicaire de Meignan, fut leur interprète. « Je viens, dit-il, de l'assemblée des Sans-Culottes avec la satisfaction d'avoir déchargé ma conscience et d'avoir rendu, le premier dans cette ville, un hommage public à la Raison, en abjurant mon métier de prêtre. J'ai déposé sur le bureau de la Société mes lettres de prêtrise, brevet d'erreurs et de mensonges, qui ont été brûlées au milieu de l'assemblée. Je déclare être dans la

---

[1] Acte de mariage du citoyen Meignan. Reg. de l'état civil 1793. Les témoins de Meignan furent : les citoyens Tremblier, vice-président du district ; Riffault, président de la Société populaire ; Cailleau, maire de Saumur. Ceux de la mariée furent : Memini Mogue et Pascal Barraux, Commissaires nationaux, et Claude Simon, membre du Comité révolutionnaire. La citoyenne Thoreau était âgée de quarante-deux ans ; Meignan en avait trente-quatre. L'acte de mariage a soin de faire remarquer que la citoyenne Thoreau était « de la caste noble ». Quelques jours après leur mariage, Meignan et sa femme reconnurent un fils qu'ils avaient eu précédemment.

ferme intention de ne plus professer, ni enseigner que les principes de la morale universelle, de la liberté et de l'égalité. Cinq de mes confrères, ajouta-t-il, viennent de manifester la même intention[1]. »

Ce fut après ce discours un assaut d'impiété ; les motions les plus extravagantes se succédèrent : les uns demandaient que les catéchismes fussent brûlés et remplacés par le code de la Raison ; les autres que les confessionnaux fussent employés à faire des guérites « pour leurs frères d'armes » ; d'autres encore que les « chaires servissent de tribunes aux orateurs des clubs, les autels de piédestaux à la déesse de la Raison ». Enfin la séance fut levée, et pour en conserver à jamais la mémoire il fut décidé que le procès-verbal en serait imprimé et distribué au peuple[2].

Le curé de Saint-Pierre ne voulut pas rester complice de tant d'infamies. Il protesta contre ces lâches apostasies et rétracta son serment. C'était, à cette époque, courir au devant du martyre. Il fut immédiatement arrêté, jeté dans la prison de la tour Grenetière d'où il ne sortit que pour prendre place dans ce funèbre convoi, qui, parti de Saumur en frimaire, sema de cadavres chaque étape de sa route[3].

Le curé de Nantilly, M. Minier, n'eut pas le courage de suivre cet exemple. Il se cacha pendant la Terreur, et protégé par l'affection de ses paroissiens, il continua d'exercer secrètement son ministère dans la maison du citoyen Hiett.

Les résultats de cette mémorable séance ne tardèrent pas à se faire sentir. Sous prétexte de fermer les églises une bande de pillards s'organisa[4]. Lepetit se mit à leur tête et

---

[1] C'étaient les citoyens Vilneau, curé de Varains, Besnard et Blandin, vicaires de Nantilly, Papin, vicaire de Saint-Jacques, et un autre dont le nom a été soigneusement raturé sur le registre.

[2] Registre des délibérations. Séances du 15 novembre 1793 et du 22 floréal an II. La chaire de Saint-Nicolas servit de tribune aux orateurs du club.

[3] Notes sur Lepetit, communiquées par les administrateurs de Saumur au Comité de surveillance, 23 germinal an III.

[4] Archives municipales. Registre pour copier les lettres écrites par les officiers municipaux.

« il allait dans les ci-devant églises, non-seulement de Saumur, mais des environs, enlever les calices, les ciboires et les autres vases sacrés, sans aucune formalité ». Il commit « tant d'indécences dans ses opérations » que le Comité révolutionnaire, dont il était un des membres, ne put s'empêcher de le blâmer[1].

Ce pillage fut signalé au président de la Société populaire qui s'empressa d'écrire au commandant de place d'avoir à réprimer ce désordre. Il invita aussi le Conseil de la commune d'aviser aux moyens d'y mettre fin.

Le Conseil se réunit le 2 frimaire[2] et ordonna qu'un inventaire exact serait dressé de tous les objets d'or, d'argent et de cuivre servant au culte. Ces objets devaient être envoyés à la Convention. Quant au linge et aux étoffes, ils furent déposés à la maison commune. Les églises prirent le nom de temple. Saint-Pierre devint le temple de la Fraternité ; Nantilly, celui de l'Unité ; Saint-Nicolas, celui de l'Égalité, et Saint-Jacques, celui de la Liberté. Les statues, tableaux, emblèmes de toute sorte furent enlevés de ces temples qui furent dès lors destinés à la tenue des assemblées primaires des sections. Tout citoyen néanmoins conserva le droit de les louer pour célébrer le culte à son usage, ou dans tout autre but, mais les portes de ces édifices devaient rester ouvertes pendant la durée de la cérémonie. Tout acte relatif au culte catholique fut interdit ; toutes les cloches, sauf une seule, celle du temple de la Fraternité, qui devait servir en cas d'incendie, furent descendues et fondues[3].

Cet arrêté abolissait officiellement le culte catholique ; il fut exécuté dans toute sa rigueur. Les citoyens Pain et Chasteau, commissaires municipaux, firent transporter, « dans

---

[1] Archives municipales. Registre des délibérations. Arrêté du 14 novembre 1793 ordonnant que les vases sacrés et autres objets d'or et d'argent seraient déposés au département.

[2] *Idem, ibidem*. Séance du 2 frimaire an II.

[3] Archives municipales. Registre des délibérations, séance du 2 frimaire.

la maison de Notre-Dame des Ardilliers, » tous les objets pouvant rappeler le culte proscrit ; le citoyen Bouet, ci-devant oratorien, en eut la garde.

Célébra-t-on, à Saumur, les fêtes en l'honneur de la nouvelle divinité, et la déesse Raison remplaça-t-elle le Dieu que les républicains venaient de chasser? La tradition dit oui, mais aucun document officiel ne vient confirmer ce dire. On ne peut donc rien affirmer à ce sujet. Dans tous les cas les adorateurs de la Raison ne purent se réunir ailleurs que dans le temple de la Fraternité[1], car à peine eut-on fermé les portes de Nantilly sur les derniers fidèles, que l'on dut les rouvrir pour recevoir les prisonniers vendéens, et cela dura ainsi jusqu'à la fin de nivôse. A cette époque l'église se trouva vide, tous les prisonniers ayant été massacrés ; alors le citoyen Poitou, qui en était le gardien, y éleva des porcs[2]. Son ami Maillebois, entrepreneur des bières pour les détenus « y déposa ses ustensiles », et cela jusqu'au jour où Lepetit, revenant de conduire à Orléans un convoi de prisonniers, dont il avait fait fusiller la moitié, fit sentir à la municipalité l'indécence de ce procédé. Il était alors question d'établir le culte de l'Etre suprême, et Robespierre n'entendait pas que l'on transformât en étables à pourceaux les temples de la future divinité.

L'église Saint-Pierre fut employée à de moins vils usages. Après avoir servi de lieu d'assemblée à la Société populaire on y logea des soldats qui manquèrent d'y mettre le feu en faisant cuire leurs aliments[3] ; le Comité révolutionnaire, qui siégeait près de là dans la maison Desmé[4], demanda au Conseil de la commune à s'y installer, mais la ville, ayant

---

[1] Saint-Pierre.

[2] Réquisition au citoyen Poitou de faire sortir sur-le-champ les cochons qu'il a mis dans l'église de Nantilly et au citoyen Maillebois d'enlever les ustensiles qu'il y a déposés. Archives municipales. *Registre des réquisitions.*

[3] Archives municipales. Registre des délibérations. Séance du 5 frimaire an II.

[4] Rue des Cordeliers, actuellement Haute-Rue Saint-Pierre. *Tableau des citoyens actifs de la ville de Saumur.* Bibliothèque de M. Allain Targé.

besoin d'un vaste local pour y établir une raffinerie de salpêtre, s'empara de l'église[1]. Après la pacification de la Vendée on y plaça les fourrages de la gendarmerie, qui occupait à cette époque l'ancienne cure. Ce ne fut qu'en 1802 que l'église fut rendue au culte.

L'hiver de 1794 finissait : Hébert, Vincent, Anacharsis Clootz, Ronsin, Momoro et quatorze de leurs soi-disant complices, avaient été livrés au bourreau. Le culte de la Raison ne leur survécut pas ; la Convention reconnut l'existence de l'Être suprême.

On ne peut aujourd'hui se faire une idée de l'enthousiasme qu'excita en France le rapport de Robespierre et la fête de l'Immortalité de l'âme. On était si las de démolir qu'on ne vit pas le ridicule de ce congrès de philosophes, niant ou affirmant, au gré de leurs caprices, l'existence de leur auteur.

A Saumur, Lepetit, qui avait déployé un si grand zèle pour faire fermer les églises, n'en mit pas un moindre à les faire rouvrir[2]. Désigné par la Société populaire pour se concerter avec la municipalité au sujet des préparatifs de la fête, il proposa un projet qui réunit tous les suffrages.

Ce prospectus (tel est le nom que Lepetit donna à son programme) peint trop bien l'époque pour ne pas le citer en entier :

« Citoyens,

« Un beau jour se dispose, mais pour le célébrer n'allons pas imiter nos aïeux, adorer l'Eternel d'une manière sinistre

---

[1] Le 23 janvier 1794, la Société populaire offrit à la municipalité de lui abandonner l'église Saint-Pierre, où elle tenait ses séances, pour y établir un atelier de salpêtre. Le Comité révolutionnaire, qui siégeait place de la Bilange, dans la maison Pitatouin, fut transporté dans la maison Desmé (Archives municipales. Registres de la correspondance).

[2] Archives départementales, registre de la correspondance du district de Saumur. Lettre du Comité du Salut public ordonnant aux agents nationaux de faire substituer sur le frontispice des édifices, ci-devant consacrés au culte, à l'inscription : *Temple de la Raison*, ces mots : *Le peuple français reconnaît l'Être suprême et l'Immortalité de l'âme* (Décret du 18 floréal an II).

et farouche, en nous prosternant dans ces vastes tombeaux, dont l'ombre froide et silencieuse ne nous inspire que la tristesse et la terreur. Loin de nous ce culte lugubre.... Célébrons la fête de l'Être suprême et ne cherchons pas à le rabougrir jusqu'à nous, mais tâchons plutôt de nous élever jusqu'à lui. C'est sous le ciel qu'il faut nous réunir pour fêter ce grand jour et non pas dans des murailles froides....

« Le Champ-de-Mars nous offre un lieu propice : élevons-y une montagne, image du Sinaï français, dont la cime auguste a bravé tant d'orages.

« Depuis l'enfant à la mamelle jusqu'au vieillard, tout doit y assister.

« Vous viendrez, vous, l'espoir de la patrie, jeunes citoyens, dont le courage a devancé les ans. Ah ! n'enviez pas à vos aînés les lauriers que moissonnent leurs mains ; ils préparent le bonheur du monde par la force de leurs armes.

« Chef-d'œuvre de la nature et son plus bel ornement, sexe charmant, pour toi un nouveau triomphe s'apprête. Viens faire briller au milieu de nous tes vertus et tes grâces, viens montrer à nos yeux les trésors réservés à nos défenseurs pour leur retour ; nous n'en serons point jaloux ; ils les auront bien mérités. »

Après ce pathétique exorde, Lepetit dépeignait en ces termes la fête de l'Être suprême, telle qu'il la rêvait :

« La veille, les jeunes républicains des deux sexes tressent des couronnes et des guirlandes de fleurs et de chêne. A quatre heures du matin, six coups de canon annoncent l'aurore. Tous les citoyens à l'envi s'empressent d'orner l'extérieur de leurs maisons. Le canon gronde de demi-heure en demi-heure. Tout le monde se réunit sur la promenade. Quatre coups de canon marquent l'instant du départ.

« Un piquet de cavalerie ouvre la marche. Un peloton d'hommes d'armes en uniforme, de tambours, d'hommes armés de piques, de musiciens..... le suit. Puis viennent huit groupes :

« Le premier est formé de jeunes gens. « *L'espoir de la Patrie* », dit leur devise.

« Le second est composé de jeunes filles portant au col des corbeilles pleines de fleurs effeuillées. « *Elles sont le prix des vertus civiques* », lit-on sur leur bannière.

« *Nos fils aînés défendent la Patrie* ». Telle est la légende inscrite sur le drapeau des citoyennes mères de famille. D'autres citoyennes, gracieusement enlacées de guirlandes de fleurs, agitent une bannière sur laquelle sont tracés ces mots : « *Nos amants reviendront conduits par la victoire.* »

« Une charrue traînée par quatre bœufs et entourée d'un groupe de cultivateurs vient ensuite.

« Deux canons et leurs servants forment le sixième groupe.

« Le septième se compose d'un peloton d'hommes armés, la tête couronnée de chêne, portant une table sur laquelle est inscrite la Déclaration des Droits de l'homme. Les artistes dramatiques, en costume romain, l'entourent. « *Le trône des tyrans s'écroule devant elle* ».

« Le dernier groupe est celui des défenseurs de la Patrie blessés en combattant. Ils sont couronnés de lauriers et sur leur étendard est inscrit ces deux vers :

> Toujours au champ de Mars le Français est vainqueur ;
> Le glaive des tyrans mollit contre leur cœur.

« Les corps constitués : Administration du district, Conseil de la commune, membres du Comité révolutionnaire, du Tribunal du district, du tribunal de commerce, juges de paix... suivent les groupes.

« Les bustes de Marat, de Lepelletier, de Chalier sont portés en triomphe : « *Leur gloire est immortelle* ; *ils sont au Panthéon.* »

« Enfin les membres de la Société populaire et une foule de citoyens et de citoyennes ferment la marche. »

Le cortège suivit les rues de la Fraternité, Lepelletier, Paucordier, du Petit-Versailles, de la Petite-Douve, et déboucha par la rue Nationale sur la place du Salut-Public[1]. La guillotine, qui, depuis six mois, y était en permanence, avait été enlevée à l'occasion de la fête[2]. On prit ensuite la rue du Champ-de-Mars. Arrivé en ce lieu, une salve d'artillerie retentit. Les bustes, les gerbes de blé, le lait, les fleurs furent déposés au pied de l'arbre de la Liberté. Au sommet de la Montagne fut placée la table des Droits de l'homme. Des discours furent prononcés. Puis une musique harmonieuse disposa les âmes à célébrer leur auteur. On chanta, en l'honneur de l'Etre suprême un hymne composé par Lepetit[3]. Le décret de la Convention est proclamé. « Le peuple témoigne sa joie par des cris de : Vive la République! Vive la Montagne! L'aspect d'un ciel sans nuages, l'allégresse d'un peuple assemblé pour célébrer la Divinité, portent dans tous les cœurs l'enthousiasme des plus doux sentiments ; des larmes de reconnaissance coulent de tous les yeux.

« L'Eternel est adoré ! ! !

« Tout à coup une musique qui inspire de nouveaux sentiments se fait entendre. Les différents groupes chantent tour à tour des couplets à la Liberté et à l'Égalité.

[1] Aujourd'hui rues de la Tonnelle, Grande-Rue, rue d'Orléans, place de la Bilange.

[2] Réquisition faite au citoyen Pirard, charpentier, de démonter la guillotine qui est sur la place du Salut-Public et de la transporter à la maison Pitatouin où siège le Comité révolutionnaire.

[3] Voici le premier couplet et le refrain de l'hymne composé par Lepetit :

> Assez longtemps sur ces autels
> On vit adorer le mensonge,
> Grâce à mes bienfaits les mortels
> Ont enfin achevé leur songe.

REFRAIN.

> Français, avec moi
> Percez de la foi
> Le frivole mystère,
> Mettez sous vos pieds
> Les sots préjugés,
> La Raison vous éclaire.

« Le chant commence par l'hymne des Marseillais et le
Ça ira chéri. Une dernière salve se fait entendre. Les groupes
se confondent : filles, époux, mères, soldats, vieillards,
goûtent dans des embrassements réitérés la douce ivresse de
l'Amour et de la Fraternité.

« On danse.

« L'heure du repos est arrivé ; chacun rentre dans ses
foyers bénissant un si beau jour. »

Ce programme reçut quelques heureuses modifications :
c'est ainsi que des enfants, qui s'étaient imaginés d'imiter
dans leurs jeux la fabrication du salpêtre, formèrent un
groupe particulier portant une corbeille remplie « du ton-
nerre qu'ils avaient fabriqué ».

Une Montagne avait été élevée au milieu du Chardonnet
et un chêne avait été planté sur son sommet. Les rues par-
courues par le cortège avaient été décorées de feuillages et
de fleurs qui, « après avoir servi à honorer la Divinité, furent
utilisées pour chauffer la chaudière commune où se fabrique
la foudre destinée à écraser les tyrans[1]. »

Cette sorte de Fête-Dieu laïque n'était, dans l'esprit de
Robespierre, que le prélude de la réforme religieuse qu'il mé-
ditait. Ce sinistre mystique, qui dans un but humanitaire ver-
sait à flots le sang de ses concitoyens, était bien plutôt un péda-
gogue et un directeur de consciences qu'un homme politique.
Un incessant besoin de professer et de prêcher le tourmentait. Ses discours étaient des leçons, ses rapports des instructions pastorales. Dans la fête consacrée à l'Immortalité de
l'âme, il parut non en président de la Convention, mais en
pontife d'un nouveau culte. Rêva-t-il de détourner à son
profit l'influence que le clergé catholique avait jusqu'alors
exercée sur les masses ; fut-il sincère dans sa tentative de
restauration religieuse et éprouva-t-il cette soif du surna-
turel que bien des hommes ressentent à une certaine époque

---

[1] Archives municipales. Reg. des délib. Séances des 15 et 20 prairial. —
Reg. des réquisitions des 10, 12, 16, 18 prairial, et 20 messidor an III.

de leur vie ? La première supposition est la plus probable. Robespierre sentait que la nation était lasse d'anarchie et que la passion antireligieuse des chefs de la Terreur n'était plus partagée par le peuple. Il ne se trompait pas. Le besoin d'un culte moins matériel que celui de la déesse Raison se faisait vivement sentir, aussi rien ne rendit Robespierre plus populaire que son rapport sur l'existence de l'Etre suprême.

Ce fut aussi la cause de sa chute ; ses collègues tremblèrent en voyant le pays prêt à se jeter dans les bras du plus sanguinaire des despotes, pour échapper au joug des proconsuls de la Convention. Du reste leurs têtes étaient l'enjeu de cette partie ; « l'incorruptible » les aurait prises sans pitié, s'il avait gagné la partie.

Robespierre mort, le Déisme dont il était le pontife tomba avec lui et il fallut se contenter d'une religion sans Dieu, sans culte, sans prêtres. On éleva dans l'église de Nantilly un autel triangulaire surmonté d'un faisceau couronné d'une Gloire, et les jours de décadi le maire ou l'officier municipal délégué distribuait aux peuples l'Evangile républicain en lui faisant la lecture des lois et des décrets de la Convention. On chantait des hymnes patriotiques, et sous l'œil bienveillant de l'autorité, citoyens et citoyennes s'embrassaient fraternellement.

Ces fêtes religieuses où les attractions du club et du bal public étaient habilement mélangées furent cependant peu goûtées. Tant que le bourreau se tint derrière la foule épeurée pour la pousser dans le Temple, elle s'y rendit. Mais lorsque ce sombre ministre de la Terreur, succombant sous l'horreur universel, fut rentré dans la nuit où s'exécutent ses sinistres besognes, tout le monde s'abstint d'assister aux fêtes décadaires¹.

---

¹ Archives municipales. Reg. des délib., 24 brumaire an II. Le conseil de la Commune arrête que le peuple ne pouvant, à cause du mauvais temps, se rendre chaque décadi au temple de la Raison pour y entendre la lecture des lois, cette lecture sera faite dans la maison commune.

L'exercice public du culte catholique fut interdit à Saumur pendant dix-huit mois environ, du 22 novembre 1793 au 30 mai 1795 ; mais dès le mois de mars de cette année 95, Sébastien Hiett, fondeur, « patriote zélé, mais chrétien convaincu, » avertit la municipalité de son intention de rassembler dans sa maison, au numéro 964 de la rue des Patriotes[1], les personnes qui professaient la religion catholique, afin de l'exercer en commun. Il se basait sur la déclaration des Droits de l'homme qui autorisait « l'exercice libre, paisible et intérieur de tout culte quelconque[2] ». La municipalité ne put donc repousser cette demande, et jusqu'à la publication de la loi du 11 prairial, qui autorisa la publicité du culte, les catholiques purent accomplir leurs devoirs religieux dans l'oratoire du citoyen Hiett.

Aussitôt que l'on connut à Saumur le décret de la Convention, Hiett adressa à la municipalité une pétition signée par un grand nombre de femmes, pour demander la réouverture de l'église de Nantilly. C'était le seul des édifices religieux de la ville où l'exercice du culte fût possible. Après avoir servi de prison aux Vendéens, on y avait logé les réfugiés de Montglone[3], puis, après la fête de l'Etre suprême, l'église avait été nettoyée, recarrelée et consacrée à la Raison. Elle servait aussi à la tenue des assemblées primaires.

On permit aux catholiques d'appuyer leur autel à celui de la Patrie, à la condition d'enlever tout ce qui pourrait rappeler leur culte, chaque fois qu'une assemblée de citoyens se tiendrait dans l'église.

A peine l'exercice public du culte catholique fut-il autorisé qu'un grand nombre de prêtres demandèrent à exercer leur ministère. Le 28 prairial, M. Minier, curé de Nantilly, obtint cette permission, et le même jour il baptisait dix-sept enfants,

---

[1] Aujourd'hui rue de Fenet.

[2] Article VII de la Déclaration.

[3] Saint-Florent-le-Vieil.

onze le lendemain, quatorze le cinq juillet[1]. On lui en appor-
tait, non-seulement de la ville, mais aussi des communes
environnantes[2].

Le 11 messidor, une nouvelle pétition fut présentée à la
municipalité. Les signataires demandaient qu'il leur fût
permis de déplacer l'autel de la Patrie. On était alors en
pleine réaction thermidorienne. Le Conseil de la commune,
quoique composé de républicains exaltés, n'osa rejeter cette
demande, et autel, faisceau, bonnet de la liberté, Gloire...
tout fut relégué dans un coin de l'église. On rendit même au
curé Minier les marbres des autels, les chaises, les bancs...
tous les objets du culte qui n'avaient été ni fondus, ni dé-
tournés[3].

Mais les hommes qui avaient applaudi aux mascarades de
Lepetit voyaient avec indignation cette religion, qu'ils
croyaient à tout jamais détruite, retrouver ses ministres et
ses adeptes ; aussi lorsque la Convention, victorieuse au 13
vendémiaire, résolut d'enrayer la réaction royaliste, les
officiers municipaux de Saumur se hâtèrent-ils de revenir sur
leur arrêté. Ils exigèrent que l'autel de la Patrie fût replacé
sous la coupole du Temple[4]. Leur mauvais vouloir à l'égard
des catholiques se traduisit de toutes sortes de manières.
C'est ainsi qu'ils interdirent aux prêtres le droit de réunir les
enfants et de les catéchiser. « Les ministres du culte catholique, dit l'arrêté, employent tous les moyens pour imprimer

---

[1] Noms des prêtres qui demandèrent à exercer leur ministère : le 23 prairial l'abbé Rathery ; le 25, Regnard ; le 28, Minier ; le 29, Hardouin, curé de
Chétigné. Le 2 messidor, Hardouin, curé de Rou, puis Fouques, Despoix,
bénédictin, Jean Ducasse, oratorien, Delhumeau, cordelier, Estienvrot, Richard et Cahouet... Arch. municipales. Liasse du Culte.

[2] Actes de baptêmes de la paroisse de Nantilly. Communication de M. Nom-
balais, curé de cette paroisse. Minier baptisait le dimanche.

[3] Arch. municipales. Reg. des délibérations. Séance du 15 messidor La
ville garda néanmoins quelques objets religieux, par exemple le tableau de
la Présentation de Ph. de Champagne, aujourd'hui dans la chapelle de l'hôpital.

[4] Cet arrêté manqua causer une émeute. Les catholiques criaient à l'impiété, à la persécution. Il fallut les exhortations des prêtres pour que les
signes civiques fussent respectés.

dans le faible cerveau des enfants les principaux préjugés
de leur religion. Ils espèrent rendre ainsi leur culte dominant
et nous replonger dans l'asservissement où ils nous ont
maintenus pendant tant de siècles. » Ils refusèrent aussi de
rendre l'église de Saint-Pierre au culte, « celle de Nantilly
étant suffisamment spacieuse pour contenir plus de personnes que celles qui s'y présentent. »

Quoique servant au culte, l'église restait toujours propriété
communale. Tous les citoyens, quelle que fût leur religion,
étaient admis à l'exercer dans son enceinte. La neutralité de
l'État, en matière religieuse, était absolue. Nantilly, en vertu
de ce principe, servit donc bien des fois aux fêtes républicaines. Le 21 janvier 1796, on y célébra en grande pompe
celle destinée à rappeler le souvenir « de la mort du tyran ».
Tous les fonctionnaires salariés, y compris les ministres des
cultes, durent y assister et prêter, en présence du peuple, le
serment suivant : « Je jure haine à la royauté et à l'anarchie,
attachement et fidélité à la Constitution de l'an III. »

Malgré des réclamations maintes fois renouvelées, Nantilly fut donc, jusqu'au Concordat, la seule église de Saumur
ouverte au culte catholique, et tel était encore en l'an X l'opposition de la bourgeoisie et de la municipalité de la ville à
toutes manifestations religieuses, qu'il était interdit de sonner les cloches pour annoncer les cérémonies du culte[1].

Que devint, pendant la Terreur, cette multitude de prêtres
et de religieux que la Révolution avait rejetés dans le monde?
La loi du 2 frimaire an II était censée avoir pourvu à leur
sort. Les pensions ecclésiastiques avaient été fixées à 1 000 fr.
pour les curés et 800 fr. pour les vicaires. Les anciens bénéficiers et les ex-religieux recevaient des indemnités à peu
près semblables. Mais la Convention, voulant encourager
l'apostasie, décréta, en mars 1794, que ces secours ne seraient
accordés qu'aux curés *abdicateurs*. Le nombre des malheu-

[1] Archives municipales. Registre des délibérations. Registre de la correspondance. Séances des 8 et 23 ventôse an IV. Liasse du Culte.

reux prêtres qui renièrent leur foi pour un morceau de pain
fut grand. L'exemple donné par le curé de Saint-Jacques,
Meignan, fut imité par presque tous les vicaires de Saumur.
Les uns comme Papin, Clavreul, se marièrent ; les autres,
comme Hobbé, Lalande, Blondeau, l'ancien grand-vicaire de
l'évêque Pelletier, fondèrent, en l'an X, une maison d'éducation dans l'ancien couvent des Capucins[1]. D'autres[2] se réfugièrent dans les magasins ou dans les bureaux de l'armée;
enfin quelques-uns quittèrent la ville[3]. Cependant en 1795
il y avait encore à Saumur cinquante-quatre prêtres ou ex-
religieux pensionnés et soixante et une religieuses[4].

Tandis que les émissaires de la Commune de Paris propa-
geaient à Saumur les doctrines athées et y répandaient le
culte de la Raison, les représentants du peuple en mission
s'occupaient d'organiser la police et la justice d'après l'esprit
des grands Comités de la Sûreté générale et du Salut
public.

Ils prirent, quelques jours après le retour de l'armée républicaine dans cette ville, l'arrêté suivant :

ART. 1er. — Il sera établi dans la ville de Saumur un Comité
de surveillance et révolutionnaire, composé de sept membres
et d'un secrétaire.

ART. 2. — Ce Comité emploiera tous les moyens qu'il jugera convenable pour se procurer des renseignements
prompts et positifs sur tous les individus soupçonnés de rébellion, de trahison et d'incivisme. Il pourra décerner des
mandats d'amener et requérir la force publique pour leur
exécution.

---

[1] Archives municipales. Prospectus du 5 vendémiaire an X. Le prix de la
pension était de 450 fr. Chaque élève avait sa chambre.

[2] Blandin, vicaire de Nantilly, fut employé dans les magasins de l'armée ;
Milsonneau, ex-capucin, à l'arsenal ; Delhumeau, à l'hospice.

[3] Besnard alla à Fontevrault comme gardien de l'abbaye ; Vilneau, ex-curé
de Varains, fut chargé de la bibliothèque de la ville.

[4] Archives municipales. Reg. n° 7. Pour servir à l'inscription des pensions
ecclésiastiques.

Art. 3. — Le citoyen La Chevardière¹, commissaire national, présidera ce Comité, dont les membres seront les citoyens Guillemet, président du district, Riffault, procureur syndic, Ydrac, membre du Conseil général de la commune, Ollivier, officier municipal, Aschard et Chasteau, tous deux membres du Conseil de la commune².

La méfiance est une vertu républicaine ; des Comités chargés de surveiller les agissements et de contrôler les opinions, non-seulement des fonctionnaires, mais encore de tous les citoyens, avaient été créés dès le début de la Révolution. Les représentants en mission ne firent que perfectionner l'institution. Une première épuration du Comité de Saumur avait eu lieu au mois de mars³ ; en juillet, les commissaires de la Convention procédèrent à de nouveaux choix. — Le Comité épuré fut composé d'hommes réellement à la hauteur de la mission révolutionnaire qui allait leur être confiée. Les nouveaux élus ne trompèrent pas les espérances que l'on avait conçues ; selon l'expression de Turreau, ils valurent à la République mieux qu'une armée ; ils anéantirent l'aristocratie dans le Saumurois.

Le Comité révolutionnaire fut aidé dans sa tâche par des Comités subalternes établis dans chacune des sections de la ville⁴. Aux membres de ces comités incombait le soin de faire les visites domiciliaires et d'arrêter les suspects. Ils accomplirent leur mission avec la rigueur que déploient les hommes timorés. On réunit dans l'église Saint-Pierre un

¹ La Chevardière n'exerça ces fonctions que quelques jours. Il fut envoyé à Angers pour présider le Comité révolutionnaire de cette ville et remplacé, à Saumur, par Minier, aussi Commissaire national. Au mois d'octobre 1793 Hentz et Francastel, envoyés dans le département pour y organiser le gouvernement révolutionnaire, épurèrent le Comité de Saumur et choisirent pour le présider le secrétaire de Bourbotte, Lepetit.

² Archives nationales, AF, II, 119.

³ Firent partie de ce premier Comité : Cailleau, Tremblier, Meignan, Clavreul.

⁴ Saumur était divisé en quatre sections : celles de l'Unité, de la Liberté, de la Fraternité et de l'Egalité.

nombre considérable de soldats déserteurs, de filles venues
à la suite des héros à 500 livres, de femmes, de mères, de
sœurs et de filles d'émigrés. Le Comité révolutionnaire fit
son choix au milieu de cette foule et remplit les maisons d'arrêt au gré de son caprice ou de sa haine[1].

Il serait impossible de citer les noms de tous ceux qui
furent ainsi incarcérés, non-seulement parce que les registres
d'écrou étaient tenus fort irrégulièrement, mais aussi à
cause de leur grand nombre. Ceux qui avaient ou s'arro-
geaient le droit d'ordonner les arrestations étaient en nombre
infini : généraux, représentants du peuple, membres du
Comité révolutionnaire, officiers municipaux, administrateurs du district, juges de paix, commandants de place, jusqu'aux concierges des maisons d'arrêt rivalisaient de zèle.
Ahuri, le geôlier inscrivait sur son registre le nom des prisonniers, estropiant l'orthographe des noms, se trompant
sur les motifs de l'incarcération, dédaignant d'indiquer en
vertu de quel ordre elle avait eu lieu. Pouvait-il en être autrement ! Quelquefois des convois de trente, cinquante, jusqu'à cent prisonniers passaient par Saumur. Il en venait
de Niort, d'Angers, de Nantes, de Tours, de la Nièvre... de
partout. Ils couchaient une nuit dans la prison et le lendemain ils reprenaient leur route qui aboutissait, pour la plupart d'entre eux, à la place de la Révolution ou aux gabares
de Carrier.

[1] Visites domiciliaires faites le 2 brumaire an II, dans la section de l'Unité.
Furent conduits à Saint-Pierre la citoyenne Thoreau, femme Valois, sœur
d'émigré, et femme de brigand, maintenue. Sa cuisinière qui avait témoigné
beaucoup de joie à l'arrivée des brigands, maintenue. La citoyenne Fay,
femme Sourdeau de Beauregard, maintenue. La citoyenne Saint-Hubert,
sœur de chef de brigands, ex-religieuse de Fontevrault, maintenue. La citoyenne fille du Soulier, la citoyenne Couturier, le citoyen Bellère, comme
ayant un fils à l'armée des brigands, maintenus. Les Comités de sections
furent réorganisés le 31 mai 1794 par Hentz et Francastel. Noms des principaux membres : section de la Fraternité, Allain, épicier, Sureau, instituteur, James, marchand. Section de l'Egalité : Rathouist-Proust, Minier...
Section de l'Unité : Bizard, Couléon, Boret, Chalopin, Girard-Oudry. Section
de la Liberté : Goussery, Laumonier, Arraut, Maurice, Comeau.

Il y eut à Saumur, pendant la Terreur, trois maisons de détention, sans compter l'église de Nantilly, qui servit à enfermer les prisonniers vendéens. C'étaient : la prison de la tour Grenetière, située sur l'emplacement de la gendarmerie actuelle, celle de Boisayrault[1] et celle de Fay, deux maisons d'émigrés, aménagées dans ce but. On y incarcérait surtout des femmes.

L'ancienne prison, située sous le château[2], avait été évacuée au commencement de l'année 1791 et les prisonniers avaient été renfermés dans une grosse tour des remparts de la ville, voisine du Grenier au sel[3]. La nouvelle prison pouvait contenir une centaine de détenus. Lorsqu'au mois de juillet 1793 la population des maisons d'arrêt augmenta subitement, elle se trouva trop petite. La ville dut louer une maison voisine de la Tour[4], pour y établir un corps-de-garde. On mit aussi des prisonniers dans la petite tour[5], dans la chapelle, dans le préau que l'on fit couvrir, en un mot partout où il en put tenir.

Une galerie couverte reliait la prison au Tribunal, établi dans l'ancien palais de la cour des Aides ; enfin la gendarmerie occupait une maison située entre la rue Paucordier et celle de la Petite-Douve.

Le citoyen Bouchard[6] était chargé du service de la prison de la Tour. Il avait trois ou quatre aides. Un poste, commandé par un lieutenant, l'aidait à garder les détenus.

Quel fut, à un moment donné, le nombre des personnes enfermées dans les trois maisons d'arrêt de Saumur ? Il est

[1] Située rue Epurée, aujourd'hui : rue du Temple.

[2] Sur l'emplacement du château d'eau actuel.

[3] De là son nom de tour Grenetière.

[4] La maison Bricet dont le propriétaire avait été tué à l'affaire de Vihiers.

[5] Existe encore rue du Prêche.

[6] Bouchard mourut du typhus en janvier 1794. Sa femme lui succéda, avec Guitton, ancien huissier de Langeais, comme premier aide. Les concierges des maisons de Boisayrault et de Fay étaient les citoyens Charbonneau et Poitou. Bouchard avait un traitement fixe de 400 fr. par an. Il recevait en outre 2 fr. par jour.

difficile de le préciser. Le premier recensement officiel est du 9 germinal an II. Il y avait, à cette date, dans la prison de la tour Grenetière cent trente-trois hommes et cent neuf femmes ou enfants[1]. Celle de Boisayrault contenait douze hommes et dix-neuf femmes ; celle de Fay dix-sept femmes. Or la Commission militaire exerçait ses fonctions depuis le mois de juillet et avait déjà bien contribué à « dégorger les prisons ». Le citoyen Cailleau rendant compte à la Commune d'une visite qu'il avait faite en frimaire, à la Tour, estimait à quatre cents le nombre des détenus de cette seule maison.

Le 12 thermidor il y avait encore dans cette prison, sans compter les hommes au cachot, vingt et un brigands, quatre-vingt-sept femmes et quatre-vingt-trois militaires. Enfin en frimaire an III, c'est-à-dire cinq mois après la mort de Robespierre, le représentant du peuple Bézard fit mettre d'une seule fois en liberté soixante-seize détenus, dont cinquante trois femmes[2].

Il est facile d'imaginer quel pouvait être le régime de ces maisons de détention. Tout simplement effroyable : une botte de paille de dix livres, que l'on changeait tous les quinze jours, pour se coucher ; seize onces de pain par jour et de l'eau pour se nourrir. Dans les chambres où ces malheureux couchaient entassés, ils se roulaient dans leurs ordures. Il n'y avait ni baquets, ni latrines. Ce fut seulement en frimaire, à la suite de la visite faite par Cailleau et David, que le citoyen Meignan, architecte de la ville, reçut l'ordre de faire faire vingt baquets et de faire creuser, dans la cour de la prison, deux trous couverts de madriers pour les vider[3]. Aussi l'odeur qui régnait dans ces charniers était-elle si répugnante que le citoyen Gautier, substitut de l'Agent national, demanda à être

---

[1] Archives municipales. Reg. des délib. Séance du 5 germinal. Liste exacte des détenus de la prison de la Tour.

[2] Reg. d'écrou n° I. Le 8 ventôse an III, il y avait à la Tour quatre-vingt-huit hommes et quatre femmes.

[3] Archives municipales. Reg. des délibérations.

dispensé des visites qu'il devait faire dans les prisons, ne pouvant y aller « sans avoir mal au cœur et la fièvre[1] ».

C'est sur ce fumier que de misérables femmes accouchaient; que des enfants de quatre ans, de deux ans, de quelques mois jouaient[2]. Rongés de gale et de vermine, ils respiraient les miasmes mortels du typhus qui couchait sur leurs lits de paille jusqu'à quarante malades en un seul jour. Il n'était administré aucun remède à ces misérables; ils n'avaient ni soupe ni bouillon, mais seulement du pain et de l'eau[3]. Les officiers de santé chargés de les visiter ne pouvaient rien obtenir, et le médecin Ydrac, qui cependant n'était pas tendre et ne s'apitoyait pas facilement sur le sort des « Brigandes », demandait que du moins les femmes en couche fussent transportées à l'hôpital[4]. Il ne put l'obtenir.

Aussi la mortalité était-elle effrayante. Il y eut à la prison de la Tour jusqu'à onze décès par jour et du 3 juillet 1793 au premier janvier 1794, c'est-à-dire dans l'espace de six mois, on déclara 1699 décès à la mairie[5]. Les fossoyeurs ne pouvaient suffire ; on enlevait les morts dans des tombereaux et on les enterrait tout nus.

On ne peut accuser la municipalité de ce manque total d'humanité. Le Comité révolutionnaire avait été chargé, par les représentants, de la police des prisons, c'est lui le vrai coupable.

Lorsque la grande Terreur fut passée et que la Commission militaire eut été dissoute, le Conseil de la commune

[1] Reg. de correspondance de l'Agent national.

[2] Archives municipales. Registre pour enregistrer les lettres que l'Agent national écrit 6 thermidor an II.

[3] Liste des détenus au 3 germinal an II.

[4] Archives municipales. Pièces non cotées. Lettre de l'Agent national, 6 floréal an II. « Dans la prison de la Tour il y a plus de quarante malades atteints de fièvres putrides et d'autres maladies contagieuses. Ils n'ont ni soupe, ni bouillon. »

[5] Registre des délibérations. 12 nivôse an II. Registre des décès de Nantilly le 19 novembre, 5 décès à la Tour, le 22 novembre 5, le 24 onze, le 30 huit.

chercha à adoucir le sort des détenus[1]. On donna quelques livres de viande pour faire du bouillon aux malades et on décida qu'ils seraient soignés dans l'hôpital établi dans l'ancien couvent des Ursulines. Les hommes furent placés dans la chapelle ; les femmes dans le réfectoire[2]. Beaucoup de ces dernières nourrissaient ; par ordre de Berthelot, médecin en chef de l'hôpital, leurs enfants leur furent enlevés, le lait de ces malheureuses étant contaminé à la suite de leur séjour dans les prisons. Quant aux enfants plus âgés, le Comité de surveillance ayant reconnu « que la nation ne pouvait avoir d'animadversion pour des prisonniers de cet âge », cent cinquante-trois furent confiés aux sœurs de la Providence[3].

On fit aussi cesser le scandale de ces enfouissements qui révoltaient les Sans-Culottes eux-mêmes.

Avant la Révolution chaque église avait son cimetière particulier, qui déjà trop rempli à cette époque, fut en peu de temps tellement encombré de cadavres qu'il devint un foyer d'épidémie. La Société populaire adressa, à ce sujet, de vives représentations au Conseil de la commune. « Agissez vite et révolutionnairement, magistrats, lui disait-elle ; il s'agit de la conservation de l'espèce humaine et de l'existence de vos concitoyens. » Elle demandait aussi, au nom de l'égalité, que tous les morts eussent un cercueil.

L'agent national Mongazon, chargé de trouver un terrain convenable, proposa, pour « Champ du Repos », une pièce de terre située près de la Fuye. Mais, comme il aurait fallu détruire une partie de la redoute de Chaîntre, l'autorité militaire s'y opposa. Enfin une commission, composée du citoyen Cailleau et de deux autres membres, choisit un terrain situé à droite de la route de Doué. Ce terrain appartenait à Valois-

---

[1] Ce fut à partir du 4 floréal an III, que l'on donna 25 l. de viande par jour pour les détenus malades. Jusqu'à cette époque, la viande et autre bonne nourriture étaient achetées avec l'argent des prisonniers.

[2] Les grilles du chœur des Ursulines et celles du chœur de Nantilly qui n'avaient pas servi à faire des piques furent employées à fermer les fenêtres de ces salles.

[3] Archives municipales. Liasse Providence, 3 floréal et 2 prairial an III.

Boisbérard. Comme il était émigré, la ville s'empara du champ sans autre formalité. On exigea aussi que le citoyen Thibaut, fossoyeur en chef, agit avec plus de décence. Il dut faire creuser à l'avance six fosses, d'au moins cinq pieds de profondeur et on lui défendit de dépouiller les cadavres de leur linceul et de les enterrer nus, selon son habitude. Enfin on lui enjoignit de se procurer une voiture couverte, peinte des trois couleurs, pour transporter les morts au Champ du Repos[1].

La mort n'était pas l'unique moyen d'échapper à l'enfer des maisons d'arrêt ; quelques détenus parvenaient à s'échapper, et dans ce cas les geôliers étaient incarcérés à leur place, la loi de brumaire les rendant responsables de leurs prisonniers. La veuve Bouchard, geôlière de la prison de la' Tour, en sut quelque chose. A la suite d'une évasion, elle fut arrêtée avec ses trois aides Guitton, Grosbois et Coutard. Elle échappa à grand'peine à la mort, d'autant plus qu'on lui demandait compte de quarante détenus, inscrits sur son registre d'écrou, dont on ne put jamais connaître le sort.

Après la mort de Robespierre, il y eut dans la maison d'arrêt de Saumur, comme du reste dans toutes les prisons de France, une sorte de révolte. Les prisonniers demandaient à être jugés, menaçant de se procurer la liberté de vive force si on ne faisait pas droit à leur demande. Sur les instances de la municipalité, Mandard, officier de police de l'armée de l'Ouest, se transporta à Saumur, et après un interrogatoire sommaire, mit en liberté un grand nombre de détenus. Quelque temps après, la seconde Commission militaire siégea à Saumur, du 5 floréal an III au 3 vendémiaire an IV. Elle jugea 237 détenus. Il n'y eut pas une seule condamnation à mort[2].

---

[1] En 1797, ce terrain n'était pas encore payé. Au mois de novembre 1800 on donna à M. Valois une rente de quarante boisseaux de seigle (Archives municipales. Liasse Cimetière, 1?, 14 et 27 pluviôse et 21 ventôse an II).

[2] Archives municipales. Registre des délibérations. Séances des 21 et 27 messidor, 4, 10, 12 thermidor an II. P. non cotées. Liasse XVIII. Cette Commission, présidée par Gontier, siégeait habituellement à Tours. Elle tint ses séances à Saumur, dans la maison Boisayrault.

CHAPITRE VII

POUR vider les prisons que les Comités de surveillance avaient su si promptement remplir, il fallait des juges que les lenteurs de la procédure n'arrêtassent pas. La République emprunta à la Monarchie une de ses plus détestables institutions, celle des jugements par Commission militaire[1].

Les Commissions militaires étaient, en général, composées d'officiers, ou du moins étaient présidées par un officier. Elles ne devaient juger, en principe, que les militaires, les rebelles pris les armes à la main, les émigrés en rupture de ban. En fait, tous les crimes contre-révolutionnaires leur furent soumis.

Ces Commissions étaient ambulantes ; elles se transportaient de ville en ville pour « dégorger les prisons et purger le pays des aristocrates ». Instituées par les représentants du peuple en mission, elles reçurent d'eux des pouvoirs à peu près illimités. Devant elles point de défenseurs, point de témoins : un interrogatoire fort court pour s'assurer de l'identité du prévenu, quelques questions pour lui arracher des révélations dont on pût profiter, puis la mort et l'exécution dans les vingt-quatre heures.

Les instructions envoyées de Paris à ces tribunaux leur traçaient leurs inexorables devoirs.

« Un peuple qui se régénère et secoue les langes de l'esclavage doit consentir la perte de ses ennemis ou la sienne. Purgez votre âme de toute faiblesse. Impassibles au tribunal comme la loi, que son bronze arme et entoure vos âmes. N'avoir pour famille que la Patrie, lui sacrifier comme Brutus vos frères, vos amis, vos enfants, s'ils sont coupables, telle est la hauteur de votre devoir.

« Une palme à la main la Patrie vous regarde : méritez. » Et Robespierre déclarait qu'en politique « il ne faut juger qu'avec les soupçons d'un patriotisme éclairé, et ne consulter que son cœur et sa conscience ».

Est-il étonnant que ces monstrueuses excitations, s'adres-

[1] Les Commissions militaires furent instituées par le décret du 19 mars 1793. Les juges devaient recueillir les procès-verbaux, entendre les témoins... le dernier supplice était réservé aux chefs et aux émigrés... Presque toutes les Commissions militaires ne tinrent aucun compte de ces règles.

sant à des montagnards exaltés, aient éteint, dans leurs cœurs, toute équité, toute pitié, toute humanité , et que les membres de ces tribunaux soient arrivés à un tel degré d'insensibilité et de cynisme, à un tel mépris de la justice et de vie humaine, qu'ils aient, en un seul jour, jugé, condamné et fait exécuter cinquante enfants de douze à dix-huit ans[1].

Ce fut le 10 juillet que les représentants du peuple chargèrent le général Bonnin d'instituer une Commission militaire[2] dans l'Anjou. Pierre Mathieu Parein, général de brigade, aide de camp de Ronsin, la présida jusqu'au 4 octobre. A cette époque il fut choisi, sur la recommandation de Momoro, qui avait pu l'apprécier à Angers et à Saumur, pour commander l'armée révolutionnaire[3]. Parein vint à Paris remercier la Société mère de l'avoir choisi. Il prononça à cette occasion un discours qui fut fort goûté. « Je m'efforcerai de justifier votre confiance, dit-il ; Boulanger vous a demandé une guillotine, je vous en demande une seconde, et je vous promets que les aristocrates et les accapareurs rentreront bientôt dans le néant[4]. »

Quelque temps après, Parein fut appelé à la présidence de la grande Commission militaire de Lyon.

Il avait été remplacé, à Angers, par Félix, commissaire de la Commune de Paris.

Le vice-président de la Commission fut Laporte, marchand gantier de Paris. Frère du juré au tribunal révolutionnaire,

---

[1] Archives municipales. Registres pour inscrire les réclamations adressées à la municipalité après la mort de Robespierre. Déposition de Poitou, geôlier de Nantilly.

[2] Les membres de la Commission militaire portaient un tricorne en toile cirée avec un panache et une cocarde tricolore ; au cou une médaille avec ces mots : Commission militaire.

[3] *Moniteur universel*, t. XVIII, p. 97. Séance des Jacobins du 22 vendémiaire an III. Parein, Félix, l'ex-général Rossignol et son frère, compromis dans la conspiration de Babœuf, furent déportés. Parein, après la dissolution de l'armée révolutionnaire, avait été attaché, comme chef d'état-major de l'armée de l'Ouest, auprès du général Moulin. Il fut destitué le 27 vendémiaire an III.

[4] Archives nationales A F II 305, 309.

Laporte était au nombre des hommes que Robespierre avait noté comme pouvant être employés dans le gouvernement qu'il rêvait de donner à la France[1]. Les juges furent Millier[2], Marcelin, remplacé par Roussel. Hudoux, puis Loisillon[3], remplirent les fonctions de greffier. Il n'y avait pas d'accusateur public. Vingt-cinq grenadiers de la Convention, sous les ordres du chef de bataillon Villeminot, servaient d'escorte[4].

La Commission militaire tint sa première séance le 13 juillet, dans l'église des Jacobins d'Angers. Après la déroute de Vihiers elle se transporta à Chinon pour faire justice des fuyards qui avaient crié : « Vive le roi, vive Louis XVIII ! » Elle siégea dans cette ville les 23 et 24 et condamna à mort trois soldats qui furent fusillés sur le front de l'armée[5]. La Commission n'avait encore à sa disposition ni guillotine ni exécuteur.

Le 25 elle arriva à Saumur où elle tint ses premières séances dans une maison de la rue Nationale ; puis, afin d'être plus à portée de la prison, elle s'installa dans une des chambres du Tribunal, dans les bâtiments de l'ancien grenier à sel.

Avant de quitter Angers, elle avait requis l'administration départementale de lui procurer une guillotine et un bourreau. En arrivant à Saumur elle renouvela ses instances et envoya le réquisitoire suivant :

« La Commission militaire aux administrateurs de Mayenne-

---

[1] *Papiers de Robespierre.* Courtois, p. 130. Cette famille Laporte était, je crois, originaire de la Mayenne.

[2] Commissaire national envoyé en Vendée par la Commune de Paris.

[3] Ce fut Loisillon qui, à la Société populaire d'Angers, traita les membres de cette Société de canards que la Commission militaire laissait s'engraisser avant de leur couper le cou.

[4] Arch. de la guerre. *Correspondance militaire générale.* Ils restèrent à Saumur jusqu'au 19 nivôse an II.

[5] Monit. univ. Séance du 29 juillet. *Lettre du commissaire de la section des Gardes françaises à la Commune de Paris,* annonçant l'arrivée de la Commission militaire à Chinon et l'exécution de dix à douze scélérats.

et-Loire et à l'exécuteur des jugements criminels à Angers.

Le président et les membres composant la Commission militaire requièrent l'administration de faire transporter auprès de la Commission, à Saumur, la guillotine qu'elle a dû faire construire, et requièrent pareillement l'exécuteur d'accompagner ladite guillotine à Saumur, sous peine d'être personnellement responsables de nouveaux retards. »

Vexés d'être ainsi placés sur le même pied que le bourreau, les administrateurs envoyèrent cette réquisition au ministre, avec cette note marginale : « Nous ne nous permettons aucune réflexion sur la forme, le style et surtout le genre d'adresse que porte cette singulière réquisition[1]. »

On ne s'arrêtait plus à ces questions d'étiquette ; les administrateurs durent envoyer leur guillotine[2], mais ils purent garder leur bourreau. La Commission dut se contenter de celui de Saumur ; un peu inexpérimenté dans le commencement, il se mit vite au niveau des juges.

Il se nommait Dupuy. Cette famille exerçait de père en fils les lucratives fonctions d'exécuteur des sentences criminelles. La ville lui faisait, avant la Révolution, une pension de douze cents livres, en récompense de l'abandon qu'il avait fait d'un droit de levage sur tous les grains et denrées qui se vendaient sur le marché de Saumur. Il était aussi tenu de balayer les places Saint-Pierre et de la Bilange, chaque fois qu'elles en auraient besoin.

---

[1] Archives nationales F7 3237.

[2] Cette guillotine suivait la Commission dans ses tournées patriotiques. Lorsque la Commission quitta Saumur, le 6 nivôse, elle emmena la guillotine ; aussitôt le district envoya une réquisition à la municipalité de Saumur, pour que la ville fît construire immédiatement une guillotine. Les charpentiers de Saumur n'étant pas assez habiles pour faire cet « outil », on s'adressa à ceux d'Angers. La guillotine fut placée sur la place de la Bilange. Elle y resta en permanence jusqu'à la fête de l'Être suprême. A cette époque elle fut démontée et déposée dans la maison Pitatouin, où siégeait le tribunal révolutionnaire. (Archives municipales, *Registres pour copier les lettres écrites par les conseillers municipaux.*)

Dupuy reçut d'abord cinquante livres par exécution capitale, mais en raison de leur fréquence, la Commission obtint un rabais et arriva à faire couper une tête pour trente livres.

La première condamnation que prononça la Commission militaire à Saumur fut celle des trois gendarmes Muidbled, Cligny et Foucauld[1]. Ces trois soldats avaient, après la déroute de Vihiers « volé à la Trochoire,chez le citoyen Cailleau, et attenté à la sûreté et à la liberté de sa fille. » Quoiqu'il fût prouvé que la cuisinière, Marie Dalenson, avàit été violée par eux, les juges se montrèrent fort indulgents. L'un des prévenus fut acquitté ; les autres en furent quittes pour six heures d'exposition[2].

Les jours suivants il y eut encore de très nombreux acquittements de militaires. La Commission réservait ses rigueurs pour les détenus prévenus de crimes contre-révolutionnaires.

Le 9 août, Pierre-Philippe Lebrun, ci-devant inspecteur des remontes, fut traduit devant elle. Il était accusé « d'avoir livré aux Brigands cent trente chevaux confiés à ses soins et d'avoir prêté serment de fidélité à un soi-disant Louis XVII. » Reconnu coupable du crime de haute trahison envers la République, la Commission ordonna qu'il serait livré au tribunal révolutionnaire de Paris.

Il partit le 12 août pour cette ville, mais il attendit longtemps son sort. Ce fut seulement le 4 octobre qu'il comparut devant ses juges. Les certificats envoyés de Saumur ne purent le sauver et cependant l'accusation d'avoir volontairement livré aux Vendéens les chevaux confiés à sa garde ne put être prouvée ; le malheureux fut néanmoins condamné à

[1] Ils faisaient partie de la 35ᵉ division de gendarmerie commandée par Rossignol et réputée pour son indiscipline.

[2] Cette condamnation et toutes celles qui vont suivre sont tirées d'un registre existant au greffe de la Cour d'appel d'Angers, coté 11 et intitulé : *Registre destiné à la transcription des jugements que pourra rendre la Commission militaire établie près de l'armée des côtes de la Rochelle du 13 juillet au 23 nivôse an II.*

mort. Accusé par la femme Messieux de lui avoir demandé, le jour de l'entrée des royalistes à Saumur, le ruban blanc qu'elle portait à son bonnet pour en faire des cocardes, il dut avouer. C'était assez de ce crime pour monter sur l'échafaud. Il fut exécuté le 5 octobre, sur la place de la Révolution[1].

Il n'y avait pas encore eu d'exécutions capitales à Saumur. La première eut lieu le 12 août. Pierre Lebrun, lieutenant au bataillon de la Réunion, convaincu d'avoir abandonné son poste dans la déroute de Vihiers et d'avoir volé une pendule dans un château, fut condamné à mort et exécuté le même jour sur la place de la Bilange.

La seconde exécution fut celle de Carrefour de la Pelouze. La Commission était allée passer quelques jours à Doué « pour vider les prisons de cette ville », mais elle rentra à Saumur le 21.

Les républicains en voulaient particulièrement à de la Pelouze, qui, comme on l'a vu précédemment, avait exercé les fonctions de lieutenant de roi de Saumur pendant le séjour des Vendéens dans cette ville, et cela avec beaucoup d'énergie et d'activité. C'est entre ses mains que l'on avait prêté le serment de fidélité à Louis XVII, enfin il avait un fils dans l'armée des rebelles. Son sort n'était pas douteux.

De la Pelouze avait été incarcéré le 2 août, ainsi que son domestique Vallée, accusé de servir d'espion aux rebelles. Transférés à Tours avec Lemesle et Dupin, ces quatre accusés furent renvoyés, par les représentants en mission, devant la Commission militaire de Saumur. Le 23 ils furent réintégrés dans la maison d'arrêt de cette ville[2].

[1] Bulletin du tribunal révolutionnaire, 2e partie, p. 54. Archives nationales A F II. 267. Parein avait écrit aux Jacobins de Paris que Richard et Choudieu avaient pris Lebrun sous leur protection. Il fallut que ces derniers se défendissent devant le Comité du Salut public.

[2] Registre d'écrou n° VI de la prison de Saumur. Vallée fut élargi la 8 octobre, Lemesle le 4 septembre. Dupin fut guillotiné à Paris.

L'ancien lieutenaut de roi comparut le 28 août devant Parein. Il montra une grande fermeté dans son interrogatoire dont je reproduis ici quelques parties[1].

Demande. — Si son fils n'est pas venu à Saumur avec les Brigands?

Réponse. — Qu'il ne le croit pas, car il l'aurait vu, à quelque prix que ce fût, et qu'il serait venu l'embrasser.

D. — A lui représenté, s'il est républicain, comment il nous dirait que si son fils était venu à Saumur il l'aurait embrassé, lui qui est un ennemi de la République ?

R. — Que c'est par un sentiment naturel qu'on est fils avant d'être citoyen bon à quelque chose pour sa patrie.

D. — A lui représenté, puisqu'au lieu de repousser son fils avec des sentiments d'indignation, il lui aurait accordé le baiser paternel, il l'approuve donc dans sa démarche?

R. — Qu'il ne croit pas que la nature puisse laisser à un père un sentiment d'indignation contre son fils.

Carrefour fut condamné à mort et exécuté le même jour sur la place de la Bilange, à huit heures du soir, en présence des membres de la Commission militaire[2].

Henri Dupin, directeur de la poste aux chevaux à Saumur, emprisonné en même temps que de la Pelouze, était accusé d'avoir obéi à la réquisition d'un certain Romain, commandant de l'artillerie des catholiques. Il avait enjoint à divers habitants de la campagne l'ordre de fournir des bœufs pour

---

[1] Cette partie de l'interrogatoire de Carrefour de la Pelouze a été reproduite par le P^t Bourcier. *Revue d'Anjou*, 3e année, t. i, p. 42. La Pelouze avait été arrêté par ordre de Richard et de Choudieu. Archives nationales A. F. ii, 267.

[2] Procès-verbal de l'exécution de la Pelouze. Le libellé est identique par toutes les exécutions capitales.

« Le 28 août, à huit heures du soir, nous président et membres composant la Commission militaire établie à Saumur, nous nous sommes transportés, assistés de Jacques Hudoux, notre secrétaire greffier, sur la place de la Bilange de cette ville à l'effet d'être présents à l'exécution du jugement rendu contre... »

le transport de cette artillerie à Saint-Mathurin. Renvoyé
devant le tribunal révolutionnaire de Paris, il fut condamné
à mort. « La sentence fut prononcée à midi, dit le *Glaive
vengeur*, et Dupin ne fut exécuté qu'à cinq heures du soir.
Durant tout ce temps il a pleuré, a gémi, a crié, s'est arraché
les cheveux et s'est livré au plus affreux désespoir[2]. »

Le malheureux laissait six filles.

Une nouvelle exécution eut lieu le 17 septembre. Ce fut
celle d'un jeune homme de vingt-cinq ans, Philippe-Aimé
Frère de Beauvais[1], capitaine de la garde nationale de la paroisse des Verchers. On lui reprochait d'être resté chez lui
alors que son pays était occupé par les rebelles, et de n'avoir
pas conduit la troupe qu'il commandait, à Thouars, pour la
mettre sous les ordres du général Quétineau. Un voyage à
Doué chez un de ses parents, Louis de l'Estoile[2]; l'achat d'une
selle, de quelques cartouches et d'autres effets militaires, ag-
gravaient sa culpabilité. Il fut reconnu coupable d'intelligence
avec les royalistes par des juges qui ne devaient consulter
« que leur cœur et leur conscience ».

L'Estoile, accusé du même crime, échappa à la mort. Le surlendemain de l'exécution de Frère, un gentilhomme de Blou[3],
Étienne de Saint-Hubert, comparut devant la Commission militaire. Son fils aîné avait suivi les Vendéens et le père devait
payer de sa vie la conduite du fils. Saint-Hubert fut ferme et
digne devant ses assassins. Accusé d'avoir « causé et dîné »
avec les chefs vendéens, il nia le fait et reconnut les avoir sa-
lués. Le port de la cocarde blanche, la demande d'une sauve-
garde royaliste étaient des crimes communs à bien des gens.
On les lui reprocha cependant. Saint-Hubert fut exécuté le
10 septembre[4].

---

[1] Beauvais, hameau, commune des Verchers.

[2] Louis-René de l'Estoile, seigneur de Beauregard.

[3] Commune située à quelques kilomètres N. E. de Saumur.

[4] Reg. d'Ecrou n° 6 : Retiré le 10 sept. pour aller au supplice

Cette condamnation acheva la ruine de cette malheureuse famille. La nation confisquait impitoyablement les biens des condamnés, et, comme on l'a dit, la République battait monnaie sur la place de la Révolution[1].

Depuis la fin d'août, un jeune homme des environs de Loudun, Augustin Dupuis de Malineau, était enfermé dans un des cachots de la Tour Grenetière et attendait son tour pour monter sur l'échafaud. Ancien sous-lieutenant au régiment de Béarn-Infanterie, Dupuis avait pris parti pour les royalistes et servait d'aide de camp à Laugrenière. Fait prisonnier à Argenton, le 24 août, par l'adjudant-général Grignon, il avait été envoyé à Saumur et était tombé malade du typhus dès son entrée dans la prison. Plusieurs fois interrogé par les représentants et les généraux républicains, qui espéraient obtenir de sa jeunesse des renseignements sur l'armée catholique, le brave Malineau trompa leur espoir. Ils l'abandonnèrent à Parein.

Dupuis fut conduit au supplice le 20 septembre et mourut en soldat.

Cinq jours après, Laurent Thinault, officier aux eaux et forêts, fut guillotiné. Une quittance qu'il avait signée et délivrée au commissaire de l'armée catholique suffit pour le faire condamner.

Jusqu'au 26 octobre il n'y eut pas de nouvelles exécutions. La Commission prononça seulement de nombreuses comdamnations aux fers ou à la prison. Deux pauvres colporteurs de Saumur furent ainsi condamnés à trois mois de prison pour avoir vendu des tabatières à l'effigie de feu Capet, de Marie-Antoinette et du traître La Fayette.

Le quatrième jour du deuxième mois de l'ère républicaine[2]

---

[1] La sœur du malheureux Saint-Hubert, Adélaïde-Rose, ancienne religieuse Fontevriste, fut institutrice à Fontevrault après la Révolution. Le neveu de Saint-Hubert devint tonnelier à Martigné.

[2] 25 octobre 1793.

fut un jour de fête pour les sans-culottes de Saumur. Un chef des Vendéens, Henri Duverdier de la Sorinière, comparaissait devant la Commission militaire. C'était un jeune homme de vingt-six ans, ancien garde du corps du comte d'Artois.

Au début de l'insurrection vendéenne, Henri de la Sorinière avait pris du service dans l'armée républicaine. Il avait été envoyé à Saumur porter au général Duhoux une dépêche de Choudieu. C'était au moment où les catholiques attaquaient la ville. Menou le retint comme aide de camp, et ayant été envoyé à la découverte il fit une chute de cheval et fut gravement contusionné. Il se retira à Angers ; puis, après la prise de cette ville, chez sa mère, aux Logerons[1]. C'est là que les jeunes gens de la paroisse de Saint-Pierre de Chemillé vinrent le chercher pour le mettre à leur tête.

La Sorinière prit part avec cette troupe[2] aux affaires de Châtillon et de Chantonnay. Il se distingua, le 19 septembre, à la Jumellière[3], où, avec le chevalier Duhoux et Cady, il écrasa le corps du général Duhoux[4]. Quatre mille républicains périrent dans ce combat, neuf pièces de canon, six caissons et trois cents charrettes chargées de blé furent les fruits de cette victoire.

Quelque temps après, les Vendéens furent moins heureux au Moulin-aux-Chèvres. Le secours de deux mille hommes qu'amenait M. de la Sorinière arriva trop tard pour empêcher la défaite de Lescure[5].

La fortune abandonnait les royalistes ; refoulés de toutes

---

[1] Commune du canton de Chemillé.

[2] Sa troupe était, d'après sa déposition, de 7 à 800 hommes.

[3] Ce combat est aussi connu sous les noms de combat de Pont-Barré ou de Beaulieu.

[4] Le général républicain Duhoux avait son neveu, le chevalier Duhoux, dans les rangs de l'armée royaliste.

[5] Mémoire de M° de la Rochejacquelein, chapitre XIII, p. 211. M° de la Rochejacquelein l'appelle : des Sorinières.

, parts par les colonnes républicaines, ils avaient été rejetés sur Cholet et Beaupréau. La Sorinière était dans cette ville avec sa paroisse lorsque la dernière lutte s'engagea, le 17 octobre. Les Vendéens vaincus se décidèrent à passer la Loire.

Entraîné par les fuyards, le jeune chef vendéen traversa le fleuve à Saint-Florent, et arrivé à Varades, qu'un corps de royalistes occupait, il fut envoyé en reconnaissance sur la route de Candé. Cette ville était occupée par des gendarmes républicains ; La Sorinière fut reconnu et arrêté par l'ordre de Caron, chef de cette troupe. Conduit à Angers, il fut longuement interrogé par Bourbotte et par Choudieu, qui espéraient obtenir de lui des révélations. Leur espoir fut trompé. Tout en défendant sa vie avec énergie, La Sorinière ne donna que des indications fort vagues et peu exactes sur les projets des Vendéens et sur les endroits où ils avaient caché leur artillerie et leurs munitions[1]. Voyant qu'ils ne pouvaient rien obtenir de leur prisonnier, les commissaires de la Convention livrèrent le malheureux jeune homme à la Commission militaire qui siégeait alors à Saumur. Le Comité révolutionnaire d'Angers fut chargé de prévenir Richard du départ de La Sorinière pour Saumur. Il lui écrivit, à cette occasion, la lettre suivante qui caractérise trop bien cette époque et ces hommes pour ne pas la citer en entier.

« Troisième jour de la seconde décade du deuxième mois. Les membres du Comité au montagnard Richard, représentant du peuple à Saumur.

« Citoyen, nous t'envoyons le nommé Henri Verdier dit *La Sorinière*, copie de son interrogatoire, son procès-verbal d'arrestation, une suite d'interrogats qu'il a plu au département de lui faire subir, enfin une pièce qui le concerne et signée *Garot*. Tu ne seras pas long à voir que c'est un présent

---

[1] Ces détails sont tirés des interrogatoires auxquels fut soumis La Sorinière par les représentants Bourbotte et Choudieu. Registre de la Cour d'Appel d'Angers.

que nous faisons à la guillotine... Notre vœu sera rempli si
la dance qu'il mérite suit de prest l'envoi. Sous peu tu re-
cevras un autre d'aussi bon aloi, c'est le sieur La Haie des
Ormes[1], qui vient de nous arriver. L'exemple est un motif si
puissant sur le peuple que le Comité te demande de lui
envoyer la *sacram sanctam guillotinam* et les ministres républicains de son culte... Il n'est pas d'heures dans la
journée qu'il ne nous arrive des récipiendaires que nous
devons initier à son mistère. Juge de la joie que nous
éprouvons en songeant que les autels de cette divinité libé-
ratrice de la République ne sont pas prêts d'être abandonnés... Pour que le service n'éprouve aucun retard, trouve
bon que nous prévenions *Saint-Félix, l'hiérophante du sacré
collège.*

Salut, fraternité, égalité, liberté, unité et indivisibilité.
Signé : A. Thierry, président ; Babin, Aubrumier père,
Moussion, Louis Choudieu, Martin et Cordier, secrétaires[2]. »

Richard par un arrêté du 3 brumaire (24 octobre)[3] ordonna
la comparution de La Sorinière devant la Commission militaire, qui, sans procéder à un nouvel interrogatoire, prononça
la peine de mort. L'exécution eut lieu sur la place de la
Bilange le 4 brumaire an II (25 octobre 93[4]).

Le jugement de La Sorinière n'avait demandé que quelques
heures. La Commission trouva le temps, dans la même journée, de décider du sort de François Quentin.

Natif de Benet, dans la Sarthe, Quentin habitait depuis si
longtemps Saumur qu'il se regardait comme un des enfants

---

[1] La Haye des Hommes ; il fut exécuté à Angers quelques jours après le 9
Brumaire.

[2] Registre des copies de lettres du Comité révolutionnaire d'Angers f° 19 au
greffe de la cour d'Appel de cette ville.

[3] Archives nationales A' F 119.

[4] Registre d'Ecrou n° V de la prison de Saumur. En marge : Ecroué le 25
octobre par Valombon, brigadier. Retiré pour être conduit au supplice le 4e
jour du 2e mois de l'an II. Signé Landeux. La mère et les deux sœurs de La
Sorinière furent guillotinées à Angers, la mère le 7 pluviôse, des deux filles
le 18.

de la ville. Il était avocat et, au début de la Révolution, ses
paroles et ses écrits avaient témoigné de l'ardeur de ses sentiments républicains. Sa lettre « *de Louis XIV à un empereur
aux enfers* » avait éclairé l'opinion sur son compte, aussi fut-
il choisi pour faire partie du conseil de la commune. Quand
il fut accusé, ses collègues l'abandonnèrent et le renièrent.
Il ne put obtenir un certificat de civisme qui lui aurait peut-
être sauvé la vie, et malgré les supplications de sa malheureuse femme, ses concitoyens, terrorisés sans doute, ne
montrèrent aucune pitié[1]. Cependant son crime était bien peu
grave. « La République est f... avait-il dit devant plusieurs
personnes, sous peu nous aurons un roi, et ne vaudrait-il
pas mieux être gouverné par un roi que par huit cents. » Ses
relations le perdirent; il était lié d'amitié avec la veuve
Bouchard, sœur du chef vendéen Domaigné, qui avait été
tué à l'attaque de Saumur. On lui reprocha cette affection
comme un crime. Renvoyé devant le tribunal révolutionnaire de Paris, il fut condamné à mort et fut exécuté le 4
pluviôse an II (23 janvier[2]).

Jean-Marie Allard, prieur-curé de Bagneux[2], l'avait précédé
sur l'échafaud. Allard, après avoir été interrogé par le Comité révolutionnaire de Saumur, avait été traduit devant le
tribunal révolutionnaire de Paris par ordre des représentants.

D'après son dossier, le curé de Bagneux n'avait pas cessé,
depuis la Révolution, de manifester son incivisme. En 1791,
à l'époque de la Constitution civile, il avait dit publiquement
« qu'il s'en irait plutôt que de prêter serment, et que les
prêtres jureurs n'étaient que des intrus. » Lorsque les Vendéens se furent emparés de Saumur, Allard se rendit auprès
des chefs royalistes, et le lendemain, dans l'église de sa commune, il fit le prône suivant l'ancien régime et recommanda
Louis XVII, la famille royale et l'évêque.

---

[1] Archives municipales. — Lettres diverses. Lettre de la citoyenne Quentin
au maire de Saumur. Ces appels à la compassion sont déchirants.

[2] Quand il fut arrêté, Quentin était membre du bureau de conciliation.

Allard avoua tout; la déposition du maire de Bagneux, Ménard, fut accablante pour lui. Condamné à mort, il fut guillotiné le 5 nivôse an II (25 décembre 1793).

Appelé à Angers par le Comité révolutionnaire, la Commission hâtait sa sinistre besogne. Le 5 brumaire elle envoyait à la mort deux habitants de Thouarcé, Jean Ferchaud et Jacques Boucher, coupables d'avoir servi dans l'armée des Brigands. Le 6, ce fut le tour de Laurent Laurin, de Martigné ; Il était accusé du même crime.

Le 7 la Commission arriva à Angers ; le lendemain, sans perdre de temps, elle condamna à mort Antoine de la Haie des Hommes.

De retour à Saumur le 18 brumaire (8 novembre), Félix et ses collègues se remirent à l'œuvre. Charles Durand, curé non assermenté de la paroisse d'Apremont (Vendée), et François Tortreau, curé de Challuy, près des Sables-d'Olonne, le premier âgé de soixante-treize ans, le second de soixante-seize, furent exécutés sur la place de la Bilange.

L'interrogatoire de ces vieux prêtres fait frémir ; sa concision épouvante. Certainement, cinq minutes suffirent à ces bourreaux pour instruire cette affaire et prononcer leur jugement. Leur prétoire n'était que l'antichambre de l'échafaud ; les accusés, des victimes qui venaient y entendre leur arrêt[2].

Jusqu'à ce jour les femmes avaient été épargnées, mais, soit que le Comité du Salut public eût envoyé des instructions plus rigoureuses, soit que la Commission voulût frapper de terreur les populations, soit que l'habitude de verser le sang eût endurci les cœurs, le 19 brumaire, deux femmes et et un vieux prêtre furent envoyés à l'échafaud.

L'une de ces femmes, sœur Jeanne Besnard du Percher, était hospitalière à Doué. Dès le 14 vendémiaire, les représentants du peuple avaient remplacé, dans les hôpitaux, les religieuses employées au service des malades. Ces femmes

---

[1] Archives nationales, W p. 304.
[2] Voyez ces interrogatoires aux pièces justificatives.

« infectées d'incivisme » professaient des doctrines contraires à la Révolution[1]. Un grand nombre furent incarcérées, à Saumur, dans la maison d'arrêt de Fay. La sœur Besnard était parmi ces prisonnières.

Le 19 brumaire elle passa devant la Commission. L'humble religieuse confessa hardiment son Dieu et son Roi, et l'énergie de ses réponses frappa d'étonnement ces juges habitués à voir les accusés trembler devant eux. Ils la crurent folle. La sœur Besnard monta sur l'échafaud avec l'enthousiasme des martyrs. Du reste son interrogatoire, que je transcris ci-dessous, montrera à quel degré d'exaltation étaient arrivées certaines âmes[2] :

Demande. — Pourquoi elle est emprisonnée ?

Réponse. — Parce qu'elle a dit : Vive le Roy, vive la Reine, vive M. le Dauphin, vive la religion catholique, la noblesse, le clergé, dans leurs droits, et qu'elle persiste dans ces sentiments.

D. — Ce qu'elle voulait faire de ces rubans blancs ?

R. — Qu'on les lui avait envoyés et que s'il avait fallu mettre une cocarde blanche, elle l'aurait fait avec plaisir.

D. — Si elle reconnaît la Convention et la République et si elle a fait serment de fidélité à celle-ci ?

R. — Qu'elle ne connaissait pas d'autres représentants de la nation que le Roi au temporel et le Pape au spirituel.

D. — Si elle veut du mal à la République ?

R. — Que non, mais qu'elle désire fortement sa conversion.

D. — Si elle croit la religion des prêtres réfractaires vraie et humaine ?

R. — Qu'elle croit leur religion absolument vraie et qu'il en était de même de leur humanité.

D. — Comment elle a cette croyance lorsque les prêtres réfractaires sont les promoteurs de la guerre civile ?

[1] Archives nationales, AF 119.

[2] Registre de la cour d'appel d'Angers. Voyez aux pièces justificatives l'interrogatoire de la fille Deblais.

R. — Qu'elle ne les croit pas les moteurs de cette guerre et qu'ils n'avaient fait que répondre à celle qui leur avait été intentée, du moment qu'on leur ôtait leur attache à la chaire de Saint-Pierre.

D. — Si elle croyait bon, religieux et selon l'esprit du divin Maître de faire verser à grands flots le sang humain pour une perte de propriétés et la rupture des liens avec le Pape ?

R. — Que les prêtres n'avaient aucune part à cette effusion de sang, ne les ayant pas vus mêlés à l'armée catholique, quoiqu'elle fût fort intime avec cette armée.

Interrogée si elle hait la République, elle répond « que son sentiment dominant est l'amour du prochain ; qu'elle ne hait personne et que son seul désir est la conversion de tous ». Et comme on lui demandait si elle se félicitait de son arrestation actuelle, elle déclara « qu'elle en était enchantée, si telle était la volonté de Dieu ».

C'est alors qu'incapable de comprendre une semblable abnégation de soi-même, ses juges la crurent folle ; elle se borna à leur demander si, dans ses réponses, ils avaient trouvé quelque chose qui pût les faire douter de sa raison. Ne pouvant la faire passer pour insensée, ils la condamnèrent à mort.

Une femme du peuple, Sophie Hubert, femme Châtellus, lui succéda. Elle avait été incarcérée, par ordre de la municipalité, pour avoir tiré sur les soldats républicains qui s'enfuyaient. Cette accusation ne put être prouvée. Mais combien la vie d'une misérable femme était peu de chose aux yeux de ces hommes qui chaque jour faisaient tomber une tête. Ne rapportait-on pas qu'elle avait dit à ses voisines que les patriotes étaient de f..... gueux et qu'elle préférait un roi à la République. En fallait-il davantage pour monter sur l'échafaud ?

Enfin, pour que la fête fût complète, on adjoignit à ces femmes un vieux prêtre, Gilbert Chambaut, curé de Saint-Jouin-sur-Châtillon, membre du comité royaliste de cette ville.

Ces trois victimes furent exécutées le même jour, à quatre heures et demie du soir, sur la place de la Bilange, en présence des membres de la Commission militaire et d'un grand concours de peuple.

Le lendemain, Michel-François Bourgouin père, revendeur à Beaugé, et Armand-François Crochard, dit de la *Crochardière*, noble, décoré de l'ordre de Saint-Louis, coupables d'avoir eu des intelligences avec les « Brigands », furent décapités.

La Commission fit à cette époque ce qu'en langage du temps on appelait « une tournée patriotique ». Elle se rendit à Laval, à Angers, à Doué, « pour dégorger les prisons ». Dans cette dernière ville « la sainte mère guillotine » ne chôma pas. Onze personnes furent exécutées par Dupuy, deux cents furent fusillées. Félix trouvait la guillotine trop lente et avait adopté la fusillade pour la multitude. Les condamnés les plus marquants, les nobles, les prêtres, les religieuses étaient seuls « honorés de la guillotine ».

Le 23 frimaire la Commission était de retour à Saumur, mais comme il serait fastidieux de recommencer pour chacune des victimes de la Terreur le récit de leurs jugements, nous nous bornerons à donner la liste des personnes qui furent exécutées à Saumur. Nous en avons assez dit pour que l'on puisse juger de ce qu'était devenue la justice entre les mains du parti montagnard. On remarquera qu'une confusion démocratique régnait dans ces égorgements. Les paysans, les ouvriers, les domestiques, les petits en un mot, furent frappés en bien plus grand nombre que les prêtres, les nobles et les riches.

LISTE DES PERSONNES GUILLOTINÉES A SAUMUR

Du 24 frimaire au 6 nivôse an II.

1. — 24 frimaire. — François Langlois, né à Varennes, receveur du roi des Eaux et forêts à Chinon.

2. — Jean Coudreau, son domestique.

Accusés d'avoir combattu avec les Brigands[1].

3. — 25 frimaire. — Martin Lerat, huissier au Puy-Notre-Dame.

4. — 25 *id.* — Jacquine Laurendin, de Cholet.

Accusés : le premier d'intelligences avec les Brigands ; la seconde d'avoir exposé, sur sa croisée, le buste de Capet avec une illumination autour et la couronne sur la tête.

5. — 26 frimaire. — Girault du Teil, directeur de la régie, né à Cahors, domicilié à Thouars.

6. — 26 *id.* — Jacques de la Rivière, né à Couëmes, domicilié à Bouillé (Deux-Sèvres).

Accusés : le premier d'avoir dit qu'il ne connaissait pas d'arbre de la liberté.

Le second d'avoir été trouvé nanti d'un passe-port au nom de Louis XVII.

7. — 26 frimaire. — Pierre Godefroy Dorléans, prêtre, né à Thouars.

8. — 26 *id.* — Claude Guidon, domestique de la femme Lescure, chef des Brigands.

Accusés : le premier d'avoir rétracté son serment et d'être allé à Châtillon auprès de Gabriel, évêque d'Agra.

Le second d'avoir fait assembler une bande de Brigands et d'avoir abattu à Bonasme l'arbre de la liberté.

---

[1] Félix obtint à cette époque un congé, il fut remplacé par Laporte, vice-président de la Commission, qui la présida jusqu'en nivôse. Félix revint prendre son poste à la Commission en prairial an II. Voy. Affiches d'Angers du 20 prairial.

[2] D'après le registre d'écrou de la prison de Saumur, Jean Landry, domestique de Beauvolliers, et Jean Pavillon, sabotier, furent mis à mort le même jour.

9. — 26 frimaire. — Henri Ogeron dit de *Ligrou*, né à Ligrout, district de Thouars.

10. — 26 *id.* — Guillaume Martin, ancien caissier des ci-devant finances et receveur du district de Thouars.

Accusés d'avoir suivi les Brigands à Partenay et d'avoir eu la confiance entière de leurs chefs.

11. — 26 *id.* — Philippe Després[1], garde-chasse du marquis de Mouroix, domicilié à la Chapelle-Saint-Laurent.

12. — 26 *id.* — Jean Chessé, commis greffier à Châtillon.

Accusés : d'avoir arboré la cocarde blanche et d'avoir combattu contre la République.

13. — 27 *id.* — François Daviau, métayer aux Marinières.

14. — 27 *id.* — Jean Girault, métayer à Montournay (Deux-Sèvres).

Accusés : d'avoir été pris les armes à la main.

15. — 27 *id.* — François Chauvrière, laveur de peaux à Châtillon.

16. — 27 *id.* — François Hardy, maréchal à Montigny.

Accusés : le premier d'avoir porté la cocarde blanche et noire.

Le second d'avoir suivi les Brigands et poursuivi, à leur tête, des volontaires patriotes.

17. — 28 frimaire. — Michel Desrues, meunier à Varennes-sous-Montsoreau, coupable d'avoir porté la cocarde blanche et d'avoir forcé les marchands de vin de Bourgueil de donner à boire aux Brigands.

18. — 30 frimaire. — André Oré dit *Duplessis*, décoré de la croix de Saint-Louis, demeurant à Thouars.

19. — 30 *id.* — Jean Péronneau, curé et maire d'Artannes.

Accusés : le premier d'avoir fait crier : Vive le roi, à deux gendarmes qui venaient chez lui et de leur avoir dit : « Vous voyez, bougres de gueux, cette jambe de bois qui remplace celle perdue dans les batailles ; criez : Vive le roi ! »

[1] D'après le registre d'écrou, six personnes furent exécutées en même temps que Després. — Sont-ce les mêmes que celles ci-dessus indiquées ?

Le second d'avoir publié à haute voix, dans le chemin de Saumur à Artanne et à la porte de l'église dudit lieu, la proclamation des Brigands.

20. — 30 frimaire. — René Rogier, dit de *Rosthmond*, noble, né à Niort, domicilié à Thouars.

21. — 30 *id.* — Jacques Vilneau, chanoine à Thouars.

22. — 30 *id.* — Léon Cassenacq, préposé aux subsistances de l'armée de l'Ouest.

Accusés : le premier d'avoir été trouvé nanti d'un extrait de délibération pour organiser un comité contre-révolutionnaire à Mauzé.

Le second d'avoir été chez l'évêque d'Agra solliciter de lui des pouvoirs pour exercer les fonctions curiales.

Le troisième d'avoir dit aux jeunes citoyens de la levée des 300,000 hommes : « Nous sommes de f... bêtes ; faisons comme à Tours, les jeunes gens ont convenu de rompre le col au premier qui mettrait la main au chapeau. »

23. — 2 nivôse. — Marie-Eléonore Ouvrard, dite de *Montigny*, noble, religieuse à Fontevrault.

24. — 2 *id.* — Marie Hy.

25. — 2 *id.* — Madeleine Amiot, toutes deux blanchisseuses à Cholet.

Accusées : la première d'avoir excité et suivi des rassemblements de Brigands.

Les deux autres d'avoir été les espionnes des Brigands et d'avoir formé un rassemblement de femmes armées pour emprisonner les républicains et leur faire subir d'affreux tourments dans leur captivité.

Les 3 et 4 nivôse il y eut des exécutions en masse près des bois d'Asnières.

26. — 5 nivôse. — Charles Richard, greffier du juge de paix de Thouars.

27. — 5 *id.* — Pierre Cornuau Dumagny, maire de Fay-l'Abbesse.

Accusés d'intelligence avec les Brigands et d'avoir rendu une visite à Laugrenière[1].

Si on ajoute ces vingt-sept exécutions aux quatorze qui avaient eu lieu précédemment, on trouve que le nombre des personnes qui furent guillotinées à Saumur pendant la Terreur est de quarante et une.

Ce nombre de victimes déjà considérable n'est rien auprès de celles qui périrent dans les exécutions en masse dont nous parlerons ultérieurement. Mais avant de clore cette lugubre liste nous devons y ajouter les noms de quelques habitants de Saumur et des environs, qui furent condamnés par le tribunal révolutionnaire de Paris ou par d'autres tribunaux.

Le premier en date fut le curé de Saint-Hilaire-Saint-Florent, commune voisine de Saumur. Hippolyte Pastourel avait prêté le serment civique, mais il s'était rétracté et avait, par ses manœuvres, « favorisé le succès des Brigands ». Il fut exécuté à Paris le 2 brumaire (28 octobre)[2].

Un décret de floréal an II supprima les Commissions militaires et étendit sur toute la République la compétence du tribunal révolutionnaire de Paris. Tous les accusés devaient comparaître devant les jurés de Fouquet-Tinville. Ce fut donc à Paris que neuf habitants de Fontevrault[3], accusés de crimes contre-révolutionnaires, furent envoyés.

Après la prise de Saumur, les Vendéens avaient cherché à établir des comités royalistes dans les communes environnantes. A Fontevrault, Alexandre Chabrignac de Condé[4], ancien capitaine au régiment de carabiniers de Monsieur, fut choisi pour président. On lui adjoignit François Drouin[5], officier municipal, Philippe Renard[6], ancien notaire, qui exerçait

---

[1] Registre du greffe de la cour d'appel d'Angers.

[2] Bulletin du Tribunal révolutionnaire, 2e partie, page 131.

[3] Bourg situé à 16 kilomètres S. E. de Saumur.

[4] Né à Dunkerque. Il avait épousé la fille du médecin Riffault, président de la Société populaire de Saumur.

[5] Né à Richelieu.

[6] Né à Paris.

les fonctions de juge de paix, Pierre Bourreau[1], aussi officier municipal, Jean Billard[2], brigadier de gendarmerie, et René Garrau[3], ex-Frère de l'Oratoire. Ce comité rédigea des proclamations, fabriqua des passe-ports, remit aux Vendéens les drapeaux et les tambours de la garde nationale et perçut les impôts. Renard tenta même d'établir à Montsoreau un comité royaliste et hébergea chez lui, pendant quelques jours, un chef vendéen.

On avait réuni à ces accusés Hilaire-François-Guillon Duplessis, ancien prieur de Saint-Jean-l'Habit[4], Alexandre Guerrier, curé de Fontevrault, et René Guillon. Le premier avait arboré la coçarde blanche et soigné un Brigand malade ; le second avait lu en chaire la proclamation des royalistes et incité les habitants à leur payer l'impôt. Enfin René Guillon n'était coupable que d'avoir acheté l'arbre de la liberté.

Chabrignac, pour sa défense, prétendit n'avoir cédé qu'à la violence. Traîné à la commune par les Vendéens, il avait été contraint d'accepter la présidence du Comité royaliste et on lui avait attaché à la boutonnière sa croix de Saint-Louis[5]. Quant à Renard, il déclara que c'était sa femme, morte depuis cette époque, « qui jeune alors, et pourvue des agréments de la nature, avait amené chez lui le Brigand vendéen pour satisfaire des goûts passagers. » Il rappela qu'il avait été précédemment acquitté, pour les mêmes faits, par la Commission militaire, et qu'il était l'auteur d'un hymne à l'Etre suprême et l'inventeur d'une horloge perfectionnée.

Tant de titres ne lui sauvèrent pas la vie. Au reste, malgré les témoignages de toute la commune en faveur « de la moralité civique des accusés », tous furent condamnés à mort, à l'exception de Garrau et de René Guillon. Ces deux derniers

---

[1] Né à Saumur, ancien huissier de la Connétablie.
[2] Né à Signy (Ardennes).
[3] Né à Rallé (Vienne).
[4] Couvent de Fontevrault destiné aux religieux de l'Ordre.
[5] Archives nationales, A F II 119. L'arrêté de la commission centrale, exigeant le dépôt des croix de Saint-Louis, est du 15 juillet 93.

furent reconnus « comme n'ayant pas agi dans la plénitude de leur raison[1] ».

Un second convoi de prisonniers partit de Saumur le 26 messidor[2]. Eurent-ils le même sort que les premiers ? La mort de Robespierre sauva-t-elle leur vie et purent-ils échapper « à la Justice du peuple » ? Quelque-uns furent acquittés. Parmi eux se trouvait Dominique Degouy, imprimeur à Saumur, arrêté pour avoir imprimé des proclamations royalistes et pris le titre d'imprimeur du roi. Il put prouver que, couché en joue par les rebelles, il avait été contraint de leur obéir[3].

Tous les prisonniers détenus dans les maisons d'arrêt de Saumur ne furent pas renvoyés devant le tribunal révolutionnaire de Paris. Un grand nombre furent jugés à Angers par la Commission militaire ou par les commissaires recenseurs. Du reste devant l'un ou l'autre de ces tribunaux les chances étaient égales.

Parmi les malheureuses victimes, qui, sortis des prisons de Saumur, allèrent finir leurs jours sur la place du Ralliement[3], ou dans les prairies de la Haye des Bons-Hommes[4], il faut citer la famille Saillant.

Mathurin Saillant avait suivi les Vendéens lorsqu'ils abandonnèrent Saumur au mois de juin 93. Sa femme et ses trois filles furent arrêtées et peu après envoyées à Angers, au Calvaire[5]. Le 5 pluviôse elles furent interrogées par Vacheron et

---

[1] Ils avaient invoqué comme excuse leur état d'ivresse. Bulletin du Tribunal révolutionnaire, 6e partie, p. 182. L'exécution des condamnés de Fontevrault eut lieu le 16 vendémiaire an III.

[2] Noms des prisonniers partis pour Paris le 26 messidor. Marescheau, qui fut acquitté, Jouane père, Circhasle, Jean Goussé, Barthélemy Dugas, ex-bénédictin, Etienne Callouard, Jean Gruyet, René Hervé, Urban Metay, Eugène Cesbron, Louis et Jacques Chalot. Un troisième convoi partit de Saumur le 2 thermidor.

[3] Place d'Angers sur laquelle était dressé l'échafaud.

[4] Prairie située à 2 kilomètres d'Angers dans la commune d'Avrillé, où avaient lieu les exécutions en masse.

[5] Ancien couvent des Filles du Calvaire transformé en prison.

Baudron¹ et marquées d'un F². Extraites de prison le 13
pluviôse et conduites dans la *Chaîne* aux Bons-Hommes, un
militaire de l'escorte offrit à l'une des jeunes filles de lui
sauver la vie en l'épousant, mais la courageuse enfant pré-
féra mourir avec sa mère et ses deux sœurs. Perrine, Denise
et Madeleine Saillant étaient âgées de 23, 24 et 25 ans.

Leur père, Mathurin Saillant, fut exécuté le 14 ventôse³.

Pierre-Fortuné Drouyneau, ancien administrateur du district de Saumur, avait été incarcéré par ordre de Lepetit.
Ses opinions bien connues, sa modération, les relations qu'il
avait eues avec les chefs royalistes pendant leur séjour à
Saumur, le désignaient aux vengeances des républicains.
Il fut tranféré à Angers le 10 floréal et guillotiné le 16 du
même mois.

Le maire de Saint-Clément, Dupont, le juge de paix de
Montreuil, Gain, eurent le même sort.

D'autres Saumurois n'échappèrent aux mains de Félix que
pour tomber dans celles des juges de Laval, du Mans ou de
Saint-Malo.

C'est ainsi que Philippe Thoreau de la Martinière et sa
femme N. Vaumine furent guillotinés à Port-Malo⁴. Maultrot
qui s'était retiré à Cholet, dans le pays de sa femme⁵, et qui
avait été nommé assesseur au tribunal de la prévôté de
cette ville, passa la Loire à la suite de l'armée vendéenne.
Il fut fusillé à Laval le 9 floréal⁶. Joseph Le Doyen de Clennc
et Céleste Allain sa femme eurent la même destinée. Henri
de la Guérivière et Angélique Ayrault sa femme furent

---

¹ Deux des commissaires recenseurs nommés par la Commission militaire,
le 29 nivôse, pour dégorger les prisons d'Angers.

² Après un simple interrogatoire les commissaires recenseurs marquaient
d'un F le nom des prisonniers qui devaient être fusillés.

³ Bériat Saint-Prix. *La Justice Révolutionnaire*, p. 170-172.

⁴ Biblio. de M. Allain Targé. Registre des délibérations du District de
Saumur an III. Nom républicain de Saint-Malo

⁵ Marie-Catherine-Françoise Duverdier de la Sorinière.

⁶ Archives nationales, DXLII 3.

fusillés au Mans. Leur fils avait été tué à Laval en combattant[1].

Et combien y eut-il de morts ignorées! Quelle famille, à
cette époque, n'eut à pleurer un deuil ou à le redouter!
Lorsqu'un geôlier pouvait *égarer* quarante détenus, sans
qu'il lui en fût demandé compte, lorsque tant de misérables
mouraient, dans les cachots, de maladie ou de misère,
lorsque, en un seul jour, les fusils des gendarmes républicains abattaient jusqu'à deux cents victimes dans les fossés
de Bournan[2], comment espérer retrouver les noms de tous
ceux qui périrent à cette époque ?

Ce fut à la fin de son séjour à Saumur que la Commission
militaire ordonna ces exécutions en masse, plus horribles
peut-être que les épouvantables drames qui se jouaient
chaque jour sur la place de la Bilange. Pour ces effroyables
boucheries on se contentait de compter les victimes, on ne
les jugeait pas.

Il y eut à Saumur cinq exécutions en masse.

La première eut lieu le 29 frimaire. Dix-huit Vendéens
ayant été condamnés par la Commission militaire, le général
Commaire fit demander au commandant de place Richard de
lui indiquer l'endroit qu'il croyait le plus propre pour faire fusiller « les Brigands de la Vendée ». On lui désigna la butte de
Bournan « où le grand air pouvait faire évaporer plus facilement les exhalaisons malsaines que doivent nécessairement
produire de semblables exécutions ». Conduits à Bournan
sous prétexte d'aller à la promenade, les dix-huit « Brigands »
furent fusillés par les gendarmes de la 35ᵉ division, en présence de Commaire[3].

---

[1] Bibl. de M. Allain Targé. Registre du district de Saumur an III.

[2] Lieu situé à 2 kilomètres au S. O. de Saumur, au sommet des coteaux du
Thouet.

[3] Registre du greffe de la cour d'appel d'Angers. — Archives municipales
de Saumur. Registre pour insérer les plaintes et réclamations adressées à la
municipalité après la chute de Robespierre. Déposition de Raymond Chevalier, adjudant de place.

Les 4 et 6 nivôse (24 et 26 décembre), l'église de Nantilly se trouvait remplie de prisonniers et on en attendait un convoi considérable. La Commission militaire envoya un de ses membres, Roussel, « pour vider la prison ».

Roussel se fit apporter une table, prit le nom et les prénoms des détenus, les interrogea très succinctement et fit renfermer dans le chœur de l'église tous ceux qui avaient moins de dix-huit ans, puis il sortit en recommandant au geôlier de ne pas donner de pain aux autres captifs. Thibault, le geôlier, lui fit observer que ces hommes, qui n'avaient pas mangé depuis la veille, se révolteraient s'ils voyaient que l'on distribuait du pain aux autres détenus, sans leur en donner. Roussel ne tint aucun compte de cette observation et ordonna à un des gendarmes qui l'accompagnaient d'aller demander à la municipalité des cordes pour lier les prisonniers. On refusa au gendarme de lui en délivrer sans une réquisition du commandant de place, et comme il traversait la place de la Bilange pour aller chercher cette autorisation, il rencontra Roussel. En apprenant le refus de la municipalité, le membre de la Commission militaire entra dans une colère épouvantable. « Viens avec moi, dit-il au gendarme, je vais t'en faire donner ! »

« Arrivé à l'hôtel de ville, le citoyen Roussel demanda d'un ton brusque quel était le membre qui avait refusé de délivrer de la corde, et ajouta que dans un moment aussi révolutionnaire, il fallait agir et non bavarder; qu'il se chargeait de leur apprendre leur métier et qu'il saurait bien les mettre au pas. » Il n'y avait qu'à s'exécuter.

La veuve Pelou fournit la corde nécessaire, et, comme il était déjà tard, on ne put lier que soixante-dix-neuf prisonniers qui furent conduits près des bois d'Asnières, dans la commune de Douces, où on les fusilla[1]. Le surlendemain,

____

[1] Registre du greffe de la cour d'appel d'Angers. — Archives municipales. Registre destiné à copier les lettres écrites par les officiers municipaux. — *Id.* Registre pour insérer les plaintes adressées à la municipalité. Déposition de Thibault, concierge à Nantilly.

soixante-quinze autres furent exécutés au même endroit.
Ces malheureux avaient eu une agonie de trente-six heures.

Le grand convoi des prisonniers que l'on attendait était
arrivé à Saumur. Il se composait de trois cents Brigands
pris à Savenay. Dès le lendemain 6 nivôse, la Commission
militaire se transporta à Nantilly où ils avaient été renfermés,
et,après un interrogatoire fort court, on en désigna deux cent
trente-cinq pour être fusillés le même jour. Elle ne prononça
aucun acquittement, mais excepta seulement tous les jeunes
gens au-dessous de dix-huit ans. Ces enfants furent réunis à
ceux que Roussel avait fait enfermer dans le chœur de l'église.

Un détachement de trois cents hommes conduisit les condamnés à la butte de Bournan, sous prétexte de les faire pro-
mener. Arrivés au-dessus du village de Munet, dans un
champ appelé les Moulières, ils furent fusillés. Deux seulement purent s'évader à la faveur de l'obscurité. Des fosses
avaient été creusées, mais les cadavres furent enfouis avec
une telle précipitation, qu'ils ne furent recouverts que d'un
pied de terre seulement. Aussi les chiens, attirés par l'odeur
qui sortait de ce charnier, accouraient-ils de toutes parts et
achevaient de déterrer les morts. L'odeur devint telle que les
habitants de Munet et de Distré se plaignirent à la municipalité
de Saumur, demandant que les cadavres fussent plus profondément enfouis[1].

Peut-on concevoir quelque chose de plus horrible que cette
tuerie! Deux cent trente-trois hommes s'agenouillent un soir
de décembre au bord de leurs fosses, d'impitoyables bourreaux les massacrent à coups de fusil, de sabre et de baïonnette et ivres de sang rentrent dans la ville en chantant la
Marseillaise et le *Ça ira*. Eh bien ! quelques jours après cette
« expédition », un crime, plus épouvantable peut-être, fut
commis.

[1] Registre de la cour d'appel d'Angers. — Registre pour inscrire les
plaintes adressées à la municipalité. Archives nationales A F II 269. Arrêté
pris le 23 pluviôse an II par le conseil exécutif provisoire pour éviter l'odeur
infecte qui s'exhale des cadavres des Brigands tombés sous les coups des
républicains.

Les plus jeunes parmi les prisonniers vendéens avaient été, nous avons dit, exceptés de ces premiers massacres. On les avait laissés dans l'église de Nantilly sous la garde du citoyen Poitou, auquel, pour m'éviter tout reproche d'exagération, je laisse la parole :

« J'ai été nommé, dit Poitou dans sa déposition, le 18 nivôse[1], gardien des détenus de la maison d'arrêt de Nantilly qui contenait 150 prisonniers. Un mois après, 112 furent extraits de cette prison et conduits à Parnay dans des charrettes et là fusillés. Parmi eux se trouvait un homme trop malade pour marcher, le commandant du détachement, qui était Simon, gendre du citoyen Hubert, commanda à mon cousin et à moi de le porter sur le bord du trou destiné à enterrer les morts et le fit fusiller par quatre hommes. *Au nombre de ces 112 malheureux étaient 50 enfants de douze à dix-huit ans et la plus grande partie de douze à quinze ans* qui avaient été exceptés de la première fusillade qui avait lieu à Bournan. *Ces enfants criaient comme des malheureux et demandaient à être employés à servir la République, mais de même que les autres ils furent fusillés.*

« Je dois dire que pendant tout le temps que ces enfants ont été détenus, le maire, le citoyen Cailleau, me recommandait, chaque fois qu'il me voyait, d'avoir grand soin de ces infortunés[2]. »

Il est inutile d'insister. Un parti qui égorge des femmes et fusille des enfants est jugé. « Oui, a dit Louis Blanc, cette barbare, inutile et lâche immolation de femmes, voilà ce qui dans la Révolution française restera la tache ineffaçable ! » Qu'aurait-il dit, s'il avait connu ce massacre d'enfants.

Quelques mots encore et nous aurons achevé de peindre ce que l'on appelait « la Justice du peuple » et qui ne fut que l'assouvissement des plus violentes de ses passions, la haine et la cruauté.

---

[1] Il avait succédé à Thibaut après les exécutions d'Asnières et de Bournan.

[2] Archives municipales. Registre pour servir à insérer les plaintes adressées à la municipalité de Saumur.

Au mois de novembre 1793, l'armée vendéenne ayant échoué
devant Granville redescendait vers la Loire, cherchant à franchir ce fleuve. On ne savait sur quel point elle allait se porter ; aussi tous les passages étaient-ils soigneusement gardés.
La panique fut grande à Saumur. Le général Commaire qui
commandait la place prit des mesures de défense ; il fit
couper les ponts et forma avec tous les fuyards des armées
républicaines un bataillon auquel il donna « le nom de celui
qui a le mieux mérité de la patrie : Marat ». Le 12 frimaire,
le représentant du peuple Levasseur, envoyé pour remplacer
Choudieu et Richard que la Convention venait de rappeler
dans son sein[1], arriva à Saumur et proclama l'état de siège[2].
Les faubourgs furent évacués, quelques maisons, qui
pouvaient gêner la défense incendiées, des matières combus-
tibles placées dans les autres « afin qu'un rempart de feu
arrêtât l'ennemi avant qu'il pût arriver aux ponts de Saumur ».
Levasseur ne resta qu'un seul jour à Saumur ; Turreau le
remplaça. Il arrivait d'Angers et pour ranimer le zèle des Saumuroises il leur citait l'exemple des Angevines, qui, pendant
l'attaque, portaient aux soldats des subsistances et déchi-
raient les cartouches. « Nous en ferons autant, s'écrièrent
les citoyennes enthousiasmées, plutôt la mort que de voir
les Brigands revenir dans nos foyers[3] ».

Quelques jours après toute crainte s'était évanouie ; l'armée
catholique s'éloignait se dirigeant vers le Mans. Ce fut pendant
le court séjour qu'il fit à Saumur que Levasseur ordonna de
faire évacuer les prisonniers sur Orléans. On connaissait,
dans les maisons d'arrêt, la marche des Vendéens sur Angers ;

---

[1] Archives nationales A F. II 142.

[2] *Id. ibid.* A F 268. Voir pièces justificatives.

[3] Archives de la guerre. Lettre du général Descloseaux au ministre de la
guerre 9 frimaire. — Bulletin du département d'Indre-et-Loire 12 frimaire.
— Lettre de Commaire à Bouchotte, 13 frimaire. — Lettre de Turreau au
Comité du Salut public, 18 frimaire. — Archives nationales A F II 268. —
Archives de la guerre, Levasseur au Comité du Salut public, Saumur 12 frimaire. On avait formé le projet de déverser dans les marais de l'Authion les
eaux des étangs de Rillé et du Bellay.

l'espoir renaissait dans les cœurs et des cris de : Vive le roi, à bas Robespierre ! avaient été poussés[1].

Un convoi de près de mille deux cents prisonniers fut donc formé[2]. Commaire en confia la conduite à Lepetit, membre du Comité révolutionnaire de Saumur. Simon, gendre d'Hubert, et sous ses ordres Marié, commandaient l'escorte, qui se composait de trois cent cinquante hommes du dépôt d'un bataillon de volontaires.

Le convoi se mit en marche le 12 frimaire à huit heures du soir. Dès que l'on fut au faubourg de Fenet[3], Lepetit donna l'ordre de fusiller tous ceux qui ne pourraient pas marcher ou qui s'arrêteraient pour satisfaire à un besoin naturel[4]. C'étaient les instructions qu'il avait reçues de Levasseur et de Commaire. Une lettre de ce général au ministre de la guerre ne laisse aucun doute à cet égard.

« J'ai fait évacuer, lui disait-il, près de mille deux cents Brigands qui étaient renfermés dans les prisons de cette ville. Je les fais filer sur Orléans et m'en débarrasse. Puisse le sein de la terre s'en embarrasser et s'en empoisonner[5]. » Ce langage ne doit pas surprendre : c'était celui de ces généraux républicains que Turreau mit à la tête de ses colonnes infernales[6]. La lettre du général Robert, que je cite en note,

---

[1] Archives nationales A F II 268. Lettre de *Levasseur* au Comité du Salut public.

[2] Le plus grand nombre de ces détenus étaient des cultivateurs de la Vendée de différents âges et sexes qui avaient été retirés de leurs habitations pour ne les avoir pas abandonnés comme les ordres en avaient été donnés. D'autres étaient détenus comme suspects en vertu de la loi du 17 septembre 1793.

[3] Faubourg de Saumur.

[4] Registre pour servir à insérer les plaintes adressées à la municipalité. Déposition d'André Marin, d'Anne Baudry...

[5] Archives de la guerre. Lettre de Commaire au ministre.

[6] Une lettre écrite d'Angers par le général Robert au ministre de la guerre mérite d'être citée. « Je t'annonce, écrivait-il, le 9 frimaire, qu'environ *deux mille prisonniers catholiques*, qui étaient ici détenus, et que, de concert avec le citoyen Francastel, nous faisions évacuer sur différents points, ont péri. Une partie de ces messieurs *se sont révoltés contre la garde qui en a fait justice* ; le reste en passant sur le Pont de Cé, deux *arches se sont écroullées* et ils sont *malheureusement* tombés dans la *Loire* où ils se sont noyés. — Ils avaient *malheureusement* les pieds et les mains liés. Vive la République ! » Les mots soulignés le sont dans le texte.

prouve que ces égorgements furent prémédités et que des instructions, émanées du Comité du Salut public, prescrivaient aux représentants et aux généraux de se débarrasser, sans jugement, du plus grand nombre possible de prisonniers.

Lepetit se conforma scrupuleusement à cette nouvelle et expéditive manière de faire justice. De Saumur à Montsoreau il fit fusiller deux hommes. Dans cette petite ville on réquisitionna des charrettes pour y faire monter les femmes, fort nombreuses dans la colonne. En arrivant à l'entrée des ponts de Chinon un malheureux estropié demanda à profiter d'une de ces voitures; les volontaires, mis en gaieté par cette singulière prétention, le jetèrent dans la *Vienne*, « et comme c'était un pauvre homme vêtu de guenilles, il ne fut pas dépouillé. » Les hommes de l'escorte ne négligeaient pas cependant les habits de leurs victimes lorsqu'ils en valaient la peine, non plus que leurs portefeuilles.

Une partie du convoi resta dans l'ancien couvent des Ursulines; les autres prisonniers furent enfermés dans une des églises de la ville.

Lepetit réunit alors les officiers qui commandaient l'escorte et leur dit qu'ils étaient libres de faire fusiller qui ils voudraient. Il se rendit ensuite à la Société populaire où il exhiba ses pouvoirs et où il fit connaître ses instructions. Terrorisés sans doute par la présence du chef des sans-culottes saumurois, pas une voix ne s'éleva dans cette assemblée pour protester, au nom de la justice et de l'humanité, contre ses épouvantables projets[1]. De là Lepetit se rendit à

---

[1] A l'époque thermidorienne Lepetit prétendit que l'exécution des Vendéens à Chinon avait été faite « à la satisfaction des citoyens et aux cris de : Vive la République ! »La Société populaire protesta contre ce dire et déclara « que les citoyens avaient vu avec la plus grande horreur ces scènes de sang et de carnage arbitraire. » Cela est possible, mais à l'époque où il eut lieu ils ne témoignèrent aucune indignation. Voici le procès-verbal de la séance du 23 germinal an III alors que Lepetit et ses complices étaient traduits devant le tribunal criminel de Blois. « La séance est ouverte aux cris de : Vive la République ! Le citoyen Torterue, juge de paix, membre de cette Société, annonce qu'il a été chargé de la part de l'accusateur public de

la municipalité. Il craignait de manquer de cartouches. On lui en donna. Puis il parcourut les divers endroits où les prisonniers avaient été renfermés et, aidé de Simon, choisit ses victimes et les fit mettre à part.

Le lendemain 14 frimaire, des hommes armés de piques conduisirent et enfermèrent dans les halles ceux des prisonniers qui n'avaient pas été désignés pour la fusillade. Ils attendirent pendant deux heures anxieux de leur sort. Les autres furent conduits par groupes de quinze à vingt hommes, sur la route de Tours et furent massacrés au bas de la côte de Quinquenais. Trois seulement échappèrent. Un enfant de quatorze ans, appelé Hérault, dont on venait de fusiller le père, se jeta aux pieds de Simon, criant qu'il n'avait fait aucun mal. On lui accorda la vie[1]. Les volontaires chargés de cette exécution ne rejoignirent la colonne que le soir à Tours. Deux cent cinquante à trois cents hommes périrent ainsi.

A Tours, Lepetit, voyant un prisonnier entrer dans une auberge par une autre porte que celle qu'il avait indiquée, se jette sur ce malheureux, le renverse et le fait fusiller sous ses yeux[2]. Il fit aussi tirer sur un passant qu'il prenait pour un prisonnier échappé.

Le convoi devait traverser la Loire avant d'entrer dans Amboise. Lepetit donna à Simon et à Marié l'ordre de faire fusiller le curé de Chênehutte, Sébastien Mondat, et un autre curé du nom de Péan. Marié lui fit observer que ni l'un ni l'autre n'avaient été jugés. Lepetit lui répondit : « J'ai l'ordre, il faut qu'ils périssent, » et il ajouta avec colère : « Si tu n'exécutes pas mes ordres, je te fais fusiller toi-même, et si

Blois de prendre des informations sur la conduite qu'a tenue un nommé Simon dans cette commune à l'époque trop malheureuse du 14 frimaire an II. Le registre de la Société est consulté et le citoyen Torterue donne lecture des procès verbaux des séances des 14 et 16 frimaire. On *ne trouve rien de relatif à ce fait.* Une enquête est ordonnée ». — Extrait des Registres de la Société populaire de Chinon. Séance du 1er frimaire.

[1] Registre pour insérer les plaintes.... Dépositions de André Marié, Noël Lefer, Françoise Pirault, Anne Baudry.

[2] Registre pour insérer les plaintes.... Déposition de Françoise Pirault.

lu parles à aucun du convoi, je te fais conduire en prison. »
Les deux malheureux prêtres furent fusillés et jetés à l'eau.

Pendant que l'on traversait la rivière, un Allemand, déserteur de la Légion germanique, s'étant penché sur le bord du bateau pour boire, un volontaire trouva plaisant de le faire tomber à l'eau. Un détenu, voyant que le misérable enfonçait et allait se noyer, se précipita pour le sauver. L'officier qui se trouvait dans la barque commanda de tirer sur eux. Blessés de quatre coups de feu, ils se raccrochaient au bateau ; on leur coupa les doigts à coups de sabre.

En débarquant, une femme Loiseleur, âgée de quatre-vingt-sept ans, presque folle, tomba. Lepetit furieux ordonna de la fusiller. Heureusement des volontaires compatissants la firent relever et l'aidèrent à monter du port jusqu'à la ville.

Ces malheureux prisonniers ne se faisaient aucune illusion sur le sort qui les attendait ; livrés aux caprices d'un fou sanguinaire, ils se préparaient chaque jour à périr. Les officiers de l'escorte ne leur laissaient aucune illusion à cet égard ; ils disaient tout haut qu'avant d'arriver à Orléans tous les prisonniers seraient fusillés.

Le 18 frimaire la colonne fit son entrée à Blois. Lepetit se présenta à la municipalité demandant pour ses prisonniers des logements commodes, et menaçant quiconque oserait les insulter. Tant de sollicitude pour ces victimes, alors qu'il venait de couvrir la route des cadavres de leurs compagnons, était une sanglante ironie. Les suspects qui remplissaient les prisons de Blois ne s'y trompèrent pas et frémirent d'épouvante en apprenant qu'il avait été question, à la Société populaire, de les livrer à ce monstre. Heureusement pour eux la motion fut rejetée, et on laissa Lepetit accomplir sa sinistre mission.

Le lendemain matin, au moment du départ, on fit sortir de l'écurie où ils avaient passé la nuit le curé de Saint-Pierre de Saumur, M. Martin Duchesnay, Bouju, prêtre, religieux de Fontevrault, le prieur de Dampierre, un prêtre de l'Oratoire, un autre prêtre resté inconnu et trois autres prisonniers. Ils furent conduits sur le bord de la rivière, fusillés et jetés à l'eau après qu'on les eût dépouillés de leur argent, de leurs bijoux et de leurs vêtements[1].

A Beaugency, nouveau massacre. Les soldats ayant réclamé les malles et les ballots des prisonniers exécutés, le commandant de l'escorte donna l'ordre de les vendre et d'en distribuer l'argent aux volontaires.

Enfin on arriva à Orléans. Lepetit avait rempli sa mission à la satisfaction des Montagnards. Plus de la moitié des malheureux dont on lui avait donné la garde avaient péri ; la République comptait autant d'ennemis de moins. Heureusement pour ce qui restait de ces misérables détenus, les Lepetit étaient rares, même à cette époque. Ils furent transférés d'Orléans à Bourges, et pendant cette marche, ainsi que dans les prisons de cette dernière ville, ils trouvèrent des geôliers plus humains[2].

Lepetit reprit le chemin de Saumur. A Beaugency il se croisa avec le convoi des prisonniers de Blois, que l'on évacuait aussi sur Orléans. Il voulut persuader aux hussards de l'escorte de suivre son exemple et de fusiller une partie de ces malheureux, mais ces braves soldats méprisèrent ses injures et ses menaces et refusèrent d'écouter ses conseils.

De retour à Saumur, Lepetit, auquel on reprochait les meurtres qu'il avait ordonnés, répondit pour s'excuser que les prêtres prêchaient et confessaient leurs compagnons de route et qu'il n'avait pu tolérer leur fanatisme et leur superstition. Cette excuse suffit sans doute, car la conduite d'un second convoi de cinq cents prisonniers lui fut de nouveau confiée.

Cette fois il n'y eut pas de fusillade ; la paille et le pain manquèrent seulement quelquefois. Ce ne fut peut-être pas

---

[1] Reg. pour insérer les plaintes... Nougaret : *Hist. des prisons de Paris et des départements.* Tableau des prisons de Blois par le citoyen Durie-Masson, t. i, p. 299.

[2] Reg. pour insérer les plaintes adressées à la municipalité. Archives municipales.

la faute de Lepetit si la vie des prisonniers fut ainsi respectée ; il n'avait pas trouvé dans le commandant de l'escorte un nouveau Simon. Arrivé à Langeais, il se plaignit même, au représentant du peuple Ichon, d'avoir été abandonné par les troupes chargées d'escorter les prisonniers. « Les officiers et les soldats ne se sont pas gênés pour me planter là sur la route avec mon convoi ; j'espère que tu vas éduquer ces messieurs et me dédommager en me donnant, en passant à Tours, de meilleures troupes[1]. »

La révoltante inhumanité de Lepetit fut, aux yeux de ses collègues du Comité, un nouveau titre à leur confiance. Les citoyens Gautier, Rogeron, Vilneau, Mocet, Juteau et Berot avaient trouvé leur maître et leur modèle ; aussi Lepetit resta-t-il l'âme du Comité, l'inspirateur de toutes les mesures révolutionnaires qu'il prit. Ce fut lui, ainsi qu'on l'a vu précédemment, qui fit fermer les églises, qui échauffa le zèle des Comités de sections, qui applaudit aux excès de la Commission militaire. Chaque jour d'exécution on pouvait voir Lepetit et ses collègues assister du balcon de la maison Pitatouin aux tueries de Dupuy. Ce fut lui aussi qui dévoila « la cupidité mercantile de certains habitants de Saumur, qui, malgré l'expérience la plus horrible des fureurs du fanatisme, s'obstinent à en perpétuer et à en promulguer les signes ». Cela voulait dire, en langage vulgaire, que, malgré l'abolition du culte catholique, l'industrie des chapelets continuait à prospérer à Saumur.

Le Comité, à la demande de Lepetit, prit l'arrêté suivant :

« Considérant que le commerce des chapelets, christs et autres joujoux religieux, se trouve suffisamment compensé par les travaux exécutés pour le plus grand bien de la République ;

---

[1] Cette seconde évacuation des prisons de Saumur fut ordonnée par Francastel. Elle eut lieu le 15 pluviôse. Archives de la guerre. Lettre de Commaire au ministre de la guerre. — Archives nationales A. F. A. 269. Lettre de Lepetit au général Desclouseaux, 25 pluviôse an II.

Considérant que ces signes et emblèmes ont, durant des siècles, suffi à étourdir et à aliéner la raison naturelle ; qu'au moment où celle-ci se restaure, ils ne méritent plus qu'une indignation profonde et un mépris absolu, et que ce serait un véritable attentat aux droits de l'homme de vouloir les maintenir contre le torrent révolutionnaire,

Arrête :

1° Toutes les maisons de fabrique ou de commerce de ces différents objets seront visitées par deux commissaires pris dans le sein du Comité ;

2° Tous ces objets seront enlevés et déposés dans la salle du Comité pour en faire un auto-da-fé ;

3° Tout ouvrier ou marchand de ces objets réprouvés qui se permettrait d'en fabriquer ou d'en vendre de nouveaux sera déclaré suspect, et, comme le chapelet est la marque principale des rebelles, leur signe de ralliement le plus solennel, le Comité déclare la même peine contre quiconque retiendra ce signe et s'en permettra l'usage ;

4° Sont nommés commissaires pour ces perquisitions les citoyens Lepetit et Mocet ».

Ce fut pour ces commissaires une opération fructueuse : on brûla les chapelets en coco, mais ceux fabriqués avec du cristal et autres matières précieuses furent épargnés. Lepetit et ses collègues aimaient trop la République pour la priver de ces ressources[1].

Il fut question à la Commune de Paris des chapelets de Saumur. Un ami de Lepetit affirma qu'il en avait été détruit pour cinquante mille livres et, chose que l'on ne voit qu'en République, les fabricants s'en étaient dépouillés eux-mêmes[2].

Quelques jours après, et toujours à l'instigation de Lepetit,

[1] Archives nationales A. F. H. 119. Archives municipales. Registre pour insérer les plaintes.....Déposition du citoyen Vachon.

[2] *Moniteur universel*, t. xx, p. 202. Séance de la Commune de Paris du 23 germinal.

un autre auto-da-fé eut lieu. Ce fut celui des titres de noblesse.

Au milieu d'un immense bûcher couvert de papiers terriers, de titres féodaux de toute nature, de brevets de chevaliers de Saint-Louis, de lettres de prêtrise, de catéchismes..... s'élevait un poteau de trente pieds de hauteur, auquel était attaché l'effigie du ci-devant tyran. Ce bûcher était dressé entre l'arbre de la liberté et la promenade de la Comédie. L'autel de la Patrie était placé au haut de l'escalier circulaire qui montait à cette promenade, et le génie de la Liberté, terrassant la tyrannie, le couronnait. A un arbre symbolique, planté derrière l'autel, étaient attachés des médaillons avec des devises républicaines. « Trois figures, caractérisant les trois fléaux : le fanatisme, la chicane et la tyrannie, sous les coutumes du prêtre, du procureur et du roi, » furent placés dans un tombereau traîné par des ânes.

Le cortège, composé de citoyens et de citoyennes vêtues de blanc avec des ceintures aux trois couleurs, partit du temple de la Fraternité. Les membres de la *Société populaire* portant, les uns des piques ornées de couronnes de chêne « emblèmes de notre sainte Constitution », les autres une urne enflammée, « image du feu sacré de la Patrie qui brûle nos cœurs, » se joignirent au cortège. Derrière marchait un char, sur lequel était montée une femme représentant la déesse de la Liberté. Brutus et Scévola se tenaient debout à ses côtés. Toutes les autorités de la ville suivaient.

Le cortège fit trois fois le tour du bûcher en chantant des hymnes patriotiques, « puis le citoyen qui représentait Brutus, ayant pris un rouleau de papier sur le bûcher et l'ayant allumé au feu sacré de l'autel de la Patrie, descendit avec la rapidité de l'éclair et mit le feu au bûcher. Les figures de la tyrannie furent jetées dans les flammes et réduites en cendres aux acclamations du peuple[1]. »

Raconter tout ce que l'imagination féconde de Lepetit inventa de fêtes patriotiques nous entraînerait trop loin. A

aucune autre époque de notre histoire, il n'y eut en France
autant de réjouissances publiques que pendant la Terreur.
Chacun s'efforçait à l'envi de cacher sa pâleur et ses
craintes, et la République ne tolérait pas qu'on lui fît mauvaise mine. Le peuple d'ailleurs souffrait peu : l'Etat lui
donnait le pain, ce qui est plus commode que de le gagner,
et les fêtes de la guillotine, alternant avec des feux de joie,
le maintenait dans une douce gaîté. Enfin, si de temps à
autre, le regret d'une époque plus calme et plus heureuse
s'éveillait dans les cœurs; la satisfaction de se voir entouré
de gens plus misérables encore que soi vous consolait. Ce
rêve de l'égalité qui tourmente les hommes était réalisé :
devant le couteau de Dupuy il n'y avait plus de supériorité
sociale.

Comment a-t-il pu se faire qu'après avoir donné des témoignages aussi éclatants de leur vertu républicaine, les
membres du Comité révolutionnaire de Saumur aient été
accusés de modérantisme? Cela ne peut s'expliquer que par
la nécessité, où l'on se trouvait à cette époque de faire
tomber des têtes pour sauver la sienne.

Un commissaire de la Commune de Paris, Mogue, je crois,
blessé du ton doctoral de Vilneau et du sans-façon de Lepetit,
les dénonça au Comité de Sûreté générale comme ayant
fait mettre arbitrairement en liberté quelques détenus. L'accusation était grave. Les représentants en mission s'étaient
tout d'abord réservé le droit d'élargir les prisonniers, mais
la composition des autorités de la ville ne leur inspirant
qu'une médiocre confiance, ils étaient revenus sur leur
arrêté et avaient donné au Comité révolutionnaire la surveillance des prisons, ainsi que le droit d'élargir les détenus[1].

Lepetit avait-il abusé de cette facilité, et une clef d'or
ouvrait-elle les portes des prisons de Saumur? Cela est fort
possible. Toujours est-il que Mogue l'en accusa, qu'il lui

---

[1] Archives nationales A F II 119. Arrêtés des représentants en mission,
17 et 31 août 1793.

donna tous ses collègues pour complices et que la Convention ordonna la comparution du Comité devant le tribunal révolutionnaire. Le citoyen Maillefert, agent du Comité de Sûreté générale, se transporta à Saumur. Le 10 messidor il se rendit au logis de Lepetit, situé place du Salut public, chez le citoyen Lhousteau, et l'arrêta. Ses collègues furent emprisonnés le lendemain ; la salle des séances du Comité fut mise sous scellés et un factionnaire placé devant la porte[1].

La mort de Robespierre sauva la vie à Lepetit et à ses complices. Le 21 thermidor, le représentant du peuple Turreau demanda à la Convention de reconnaître l'innocence « de ceux qui avaient été pendant dix mois la terreur de l'aristocratie dans le Saumurois ». Mis en liberté, indemnisés des dépenses qu'avait entraînées leur séjour à Paris, réintégrés dans leurs fonctions, les membres du Comité revinrent à Saumur au grand effroi des habitants. Fort heureusement la réaction triomphait alors. La surveillance des prisons leur fut enlevée. Le bon temps où l'on jouait au proconsul était passé[2].

Le 4 vendémiaire an III (25 septembre 1794), les Comités révolutionnaires et les Comités de surveillance des sections furent supprimés. On ne laissa subsister que celui de la Fraternité, qui, sous le nom de Comité révolutionnaire, remplaça tous les autres[3].

Que devint cet homme, qui, pendant plus d'une année, avait disposé en maître de la vie et de la fortune de ses concitoyens ?

Lepetit, fuyant devant l'exécration universelle, quitta Saumur. Le 20 germinal an III, le Comité de législation de la Convention ordonna qu'une instruction serait commencée

[1] Archives municipales Pièces non cotées. Lettres de Lepetit à la municipalité de Saumur. Bérot et Rogeron logeaient ensemble rue Basse-du-Temple chez la citoyenne Bonnecourt ; Mocet, rue des Hôpitaux ; Juteau, rue du Champ-de-Mars. — Registre de délibérations de la municipalité de Saumur

[2] *Moniteur universel.*

[3] Archives départementales. Correspondance du district de Saumur, f° 100.

contre les auteurs des massacres de Chinon et de Blois. Le tribunal criminel de cette ville fut chargé de cette affaire, on demanda à Saumur des renseignements sur Lepetit, que la police recherchait. On ne put en fournir que de fort vagues. Tout ce que l'on sut d'une femme, nommée la Marquis, que Lepetit avait eue pour maîtresse pendant son séjour à Saumur, fut qu'elle lui avait envoyé divers paquets à Caen, puis à Paris, et en dernier lieu à Thionville. Dans ces différentes villes Lepetit avait pris le nom d'Elie. Le tribunal de Blois rendit-il son jugement ? Je l'ignore. Il est présumable que Lepetit et ses co-accusés profitèrent, comme presque tous les terroristes, de l'amnistie du 4 brumaire an IV', et qu'il jouit en paix du fruit de ses rapines.

Les économistes de la Montagne se montrèrent les dignes émules de ses législateurs et de ses magistrats. Le maximum et la réquisition furent le dernier mot de leur science économique.

Les lois du 11 et 29 septembre 1793 supprimèrent la liberté commerciale. Acheteurs et vendeurs durent se conformer aux tableaux de maximum sous peine d'être traités en suspects. Suspects aussi les commerçants et les fabricants qui, pour éviter la ruine, suspendaient leur commerce et leur fabrication.

Il n'en fallut pas davantage pour porter à son apogée la crise industrielle et pour rendre intense la disette de grains qui sévissait depuis le commencement de la Révolution. L'insécurité, de plus en plus grande, ralentissant la production et la circulation des denrées, eut pour conséquence leur rareté et leur cherté.

Si l'on ajoute à ces absurdes prescriptions les réquisitions forcées de grains, de voitures, de chevaux, de domestiques... on s'imaginera facilement ce que pouvaient être, pendant la Terreur, le commerce et l'industrie saumurois.

Arch. municipales. Reg. de correspondance de la municipalité.

Les ouvriers et les classes peu aisées souffrirent extrêmement. Tout travail ayant cessé, les salaires firent défaut, et on ne pouvait se procurer au prix du maximum les rares denrées amenées sur le marché. Un commerce clandestin s'établit : le marchand, dans son arrière-boutique, vendait au riche les fins morceaux et les denrées de choix, tandis que le pauvre ou le républicain scrupuleux ne trouvait à acheter que des os et des marchandises avariées.

De là des plaintes et des dénonciations. Chaque soir, à la Société populaire, nombre de marchands étaient accusés d'accaparement ou de vente clandestine. La municipalité sévissait ; quelques jours de prison étaient infligés aux délinquants, et à cette époque la prison était souvent l'antichambre de l'échafaud.

Certains produits manquaient complètement. Le savon, si dédaigné par les sans-culottes, était introuvable. Le 3 messidor an II on en fit une distribution à l'hôtel de ville. La commune de Saumur en eut, pour sa part, 700 livres. On en donna une livre à chaque perruquier, une once à chaque habitant. Il coûtait 11 fr. 60 la livre.

La chandelle devint aussi un objet de luxe. Pendant l'hiver 93-94 la moitié des Saumurois dut se coucher en même temps que le soleil, et comme il n'y avait ni lanternes, ni réverbères dans la ville, la nuit venue, chacun devait se renfermer chez soi, heureux si une visite domiciliaire ne venait pas troubler votre repos. Le pont lui-même, dont les parapets avaient été détruits en quelques endroits et dont une arche avait été coupée, n'était pas éclairé, de sorte qu'on ne pouvait y passer la nuit sans risquer de tomber dans la rivière[1].

L'accroissement des impôts, l'emprunt forcé, les souscriptions patriotiques non moins forcées[2] contribuaient aussi à

---

[1] Archives de la guerre. Lettre de Commaire au ministre pour demander deux cents réverbères, la ville n'étant pas éclairée. Archives municipales. Reg. des délibérations. Séances des 20 octobre, 24 brumaire, 15 germinal an II.

[2] Souscription pour donner à la France un vaisseau en remplacement du *Vengeur*.

la gêne des particuliers[1] et à la ruine des communes. A
Saumur les charges locales s'étaient singulièrement accrues.
De 10 206 francs elles s'élevèrent, en 1794, à 16 482 francs, et
comme les recettes avaient suivi une progression inverse[2],
les contribuables avaient dû combler cette différence[3].

Les frais de bureau, les dépenses pour les fêtes publiques
et pour la police de la ville avaient surtout progressé et
absorbaient près de la moitié du budget municipal. Il y avait
aussi des dépenses extraordinaires considérables occa-
sionnées par la guerre : bureau pour le logement des militaires ; bureau pour les distributions de secours en argent
et en grains aux réfugiés de la Vendée ; commis pour l'enregistrement des actes de l'état civil, les décès étant montés
de quatre cents à dix-huit cents. La célébration des fêtes
civiques, ordonnées par la Convention, avait coûté 2 480 francs.
Les Vendéens avaient causé pour 6 000 francs de dégâts...
Enfin les dépenses extraordinaires de 1794 s'élevèrent à
26 000 francs[4].

Pour faire honneur à ces engagements la municipalité dut
créer des « billets de confiance ». Il y en eut de bleus, de
rouges, de jaunes, de blancs. C'est avec ce papier que l'on
soldait les fournisseurs de la ville. Il fallait bien le recevoir :
l'échafaud et la prison étaient là pour faire taire les récla-
mants ; aussi n'y en eut-il pas. Du reste le tout fut payé... en
assignats. La Convention ne regardait pas à quelques millions
de plus ou de moins[5].

---

[1] La part contributive de la ville de Saumur dans l'emprunt forcé fut de
56 082 fr. Chaque personne devait faire la déclaration de ses revenus. On
déduisait du revenu total les créances hypothécaires, 1500 fr. pour le mari,
1000 pour la femme et 1000 pour chaque enfant. Ce qui restait était soumis
à l'emprunt dans la proportion de 200 francs pour les premiers 1000 francs
de revenu ; 300 pour les seconds.... Le plus riche habitant de Saumur, Maupassant, dut donner 3 896 francs.

[2] En 1794 les recettes de la ville ne s'élevèrent qu'à 566 francs.

[3] Archives municipales. Reg. des délibérations. — Registre de correspondance.

[4] Archives municipales. Registre des délibérations.

[5] La Convention fit fabriquer pour 40 milliards d'assignats.

Chose étrange, au milieu de ce profond bouleversement, en pleine Terreur, alors que chacun tremblait pour sa fortune et pour sa vie, « on s'amusait beaucoup », plus peut-être qu'aujourd'hui. Le théâtre et les séances de la Société populaire étaient les grandes attractions de l'époque.

Les Montagnards comptaient beaucoup sur le théâtre pour éclairer le peuple et le moraliser. Aussi multipliaient-ils les représentations théâtrales. Chaque jour de décadi et chaque septidi, jour du marché de Saumur, il y en avait de gratuites. A cette occasion on jouait les pièces républicaines du répertoire. C'étaient : *la Mort de Beaurepaire* ; *Mutius Scévola,* tragédie patriotique par Montausier ; *le Templier moderne* ou *le Monde renversé,* allusion féroce au malheureux Louis XVI ; les *Petits et les grands* ou *le lit de Procuste.* Dans cette pièce « la machine au nivellement » fonctionnait sur la scène. Le sol était jonché de têtes et de pieds... de carton. Ou bien on donnait des pièces antireligieuses fort goûtées à cette époque : *La Ligue des fanatiques et des tyrans,* par Ronsin ; *les Visitandines,* opéra comique en deux actes, par Picard ; *le Capucin défroqué,* par un bénédictin novice qui a pris la clef des champs ; *l'Anneau du pêcheur ou la nuit des noces,* pièce allégorique sur les mariage de l'évêque d'Evreux, Lindet...

Le directeur du théâtre de Saumur était, en 1794, le « républicain » Antoine Julien, sans-culotte exalté et le premier sujet de la troupe, Antoinette Subro, religieuse défroquée[1].

On conçoit ce que devait être, sous cette direction et avec de tels acteurs, l'œuvre moralisatrice du théâtre. Ce qui est certain, c'est qu'il n'était pas une école de bonnes manières. On s'y tenait avec un sans-gêne vraiment démocratique : le chapeau sur la tête, la pipe à la bouche, les pieds sur les banquettes. On y parlait tout haut ; les chiens y suivaient leurs maîtres et les couloirs servaient de latrines publiques.

---

[1] Archives municipales. Pièces non cotées. Liasse, théâtre et spectacles. Lettres des artistes du théâtre républicain de Saumur à la Convention, 18 messidor an II. Affiches. Les acteurs recevaient cent cinquante francs par mois, les actrices trois cents francs.

Le lever du rideau avait lieu à quatre heures et la représentation devait finir à huit heures, afin de permettre aux soldats de rentrer dans leurs casernes. Cinquante chandelles éclairaient la salle, sur les murs de laquelle on lisait écrit en gros caractères ces mots : Unité, indivisibilité de la République française ; liberté, égalité, fraternité ou la mort[1].

Tel était, pendant la Terreur, le théâtre de Saumur. Après le 9 thermidor les représentations théâtrales furent souvent troublées par les manifestations des deux partis qui se partageaient alors la France : les terroristes et les thermidoriens. A l'instar des muscadins de Paris, les jeunes gens de la ville étaient thermidoriens[2]. Armés de grosses cannes à pommes énormes ou à crosses recourbées, exhibant de larges cravates vertes, ils se plaçaient, au théâtre, derrière les femmes, jurant d'exterminer les terroristes et menaçant tous ceux qui n'applaudissaient pas la chanson du *Réveil du peuple*[3], la « Marseillaise de la réaction ».

« Cette touchante et intéressante chanson », comme l'appelle Menuau, n'était pas du goût de tout le monde, à commencer par les comédiens, qui, la première fois qu'elle leur fut demandée, refusèrent de la faire entendre. Il fallut l'intervention toute-puissante du représentant du peuple pour les y décider. Dès lors ce fut chaque soir des scènes de tumulte

---

[1] Archives nationales A F II 119. Arrêté des représentants Hentz et Francastel du 21 ventôse an II.

[2] A la tête de cette jeunesse dorée on remarquait les jeunes Sébille et Maupassant.

[3] Peuple, réveille-toi, romps tes fers,
Remonte à ta grandeur première
Comme un jour Dieu, du haut des airs,
Rappellera les morts à la lumière
Du sein de la poussière
Et ranimera l'univers.

REFRAIN.

Peuple, réveille-toi, romps tes fers,
La liberté t'appelle.
Peuple fier, tu naquis pour elle,
Peuple, éveille-toi, romps tes fers.

inénarrables : terroristes et thermidoriens envahissaient la
scène, se menaçant de leurs énormes gourdins, précipitant
dans la salle les artistes récalcitrants.... De là des querelles,
des rixes et des rencontres dans l'île Ponneau. La municipalité, pour mettre fin à ces désordres, dut interdire toutes
chansons au théâtre. Elle refusa néanmoins de défendre le
port des cannes et des bâtons. « Confectionnés à Paris sous
les yeux de la Convention, ils ne pouvaient être inconstitu-
tionnels. » Son libéralisme s'étendit jusqu'aux *cravates vertes*,
qui ne furent pas proscrites, quoique servant aux réaction-
naires de signe de ralliement[1].

Lorsqu'on n'allait pas au théâtre, les soirées se passaient
à la Société populaire.

Le médecin poète Riffault présidait celle de Saumur.
Riffault avait laissé sa plume « tourner au vent de la Révolution ». Auteur de poésies légères et d'une pièce intitulée « le
Tribut du cœur », composée en l'honneur de Louis XVI, il
avait ensuite chanté dans ses vers l'Etre suprême et Marat.
Plein de son mérite, il en avait convaincu ses concitoyens, qui
l'avaient appelé à la présidence de la Société populaire. Il
exerçait cette fonction comme un sacerdoce et encensait avec
une égale dévotion les dieux chaque jour nouveaux de la
Révolution.

Les membres de la Société étaient peu nombreux, deux
cents à peine, mais choisis parmi les purs de la démocratie
saumuroise. Malgré une aussi rigoureuse sélection, ils ne
cessaient « de s'épurer et de se régénérer », non pas qu'il y
eût parmi eux des faux frères, « mais seulement quelques
âmes tièdes. »

Les représentants en mission se mêlaient, eux aussi, de
ces épurations. Ils tenaient beaucoup à avoir une Société à
leur image, et pour y parvenir ils désignaient les premiers
membres qui recrutaient leurs collègues parmi leurs amis
politiques.

[1] Archives municipales. Reg. des délibérations. Pièces non cotées. Théâtre
et spectacles. — Registre de correspondance.

L'église Saint-Jacques, puis celle de Saint-Pierre servirent
tour à tour de lieux de réunions aux membres de la Société
populaire. Mais la municipalité ayant établi, dans cette dernière église, un magasin de salpêtre et une caserne de passage, la Société se trouva sur le pavé. On lui offrit la salle du
Jeu de Paume, située entre le théâtre et la rue Saint-Jean,
mais il fallait beaucoup d'argent pour disposer la salle d'une
façon convenable. La Société n'était pas riche ; ses membres
payaient mal ou ne payaient pas leurs cotisations. Elle demanda aux représentants à prendre quinze mille francs sur
les biens des condamnés et des suspects ; ils firent la sourde
oreille et conseillèrent à la Société de retourner dans l'église
Saint-Pierre, offrant de transférer à Nantilly l'atelier de fabrication du salpêtre. La municipalité refusa cette combinaison et recueillit dans une des salles de l'hôtel de ville les
amis de la Liberté et de l'Egalité.

Bientôt le décret du 25 vendémiaire an III vint porter un
coup mortel aux Sociétés populaires. Toute affiliation, toute
agrégation, toute fédération entre sociétés, sous quelques
noms, sous quelques prétextes que ce fût, furent défendues.
L'isolement eut bientôt raison de ces fameux clubs des Jacobins « qui avaient, selon l'expression de Riffault, consommé
en France notre étonnante Révolution ».

Sans attributions bien définies, sans rôles bien tracés, les
Sociétés populaires eurent en effet une influence considérable :
leur action s'étendait sur tout.

C'est à la Société de Saumur que le représentant Guyardin
s'adressa lorsqu'il voulut reconstituer le Comité révolutionnaire de cette ville ; c'est dans son sein que le général Carpentier vint se disculper des cruautés[1] dont il était accusé,

---

[1] François Carpentier, général de brigade, ancien curé d'Ambillou, fut un
des chefs des colonnes iufernales de Tureau. Engagé volontaire le 16 février
1770 dans un régiment d'infanterie, il prit son congé comme sergent en
1773. La Révolution le trouva curé d'Ambillou. Nommé au mois de mars
7793 adjudant-général provisoire, il fut maintenu dans ce grade et nommé
général de brigade le 8 frimaire an II. Suspendu le 24 floréal, il obtint sa
retraite la même année. Archives de la Guerre.

en exhibant le registre d'ordres de Turreau ; c'est elle que
Bourbotte et Choudieu chargèrent de surveiller les autorités,
de dénoncer les fonctionnaires, de délivrer les certificats de
civisme. Le premier devoir de ses membres était d'éclairer
le peuple, de répandre parmi les masses l'esprit républicain,
d'expliquer et de commenter les décrets, les lois, les rapports, aussi bien les discours de Robespierre que les instructions sur la culture de la carotte et de la betterave. C'est sur
le bureau du président de la Société que les prêtres apostats
déposaient leurs lettres testimoniales ; c'est à lui que l'on
offrait le pain nouveau et le premier baril de salpêtre.

Mais la principale préoccupation des clubistes de Saumur
semble avoir été l'instruction populaire. Sous l'inspiration
de leur président, ils demandèrent qu'on élevât un Temple
à l'instruction. Singulière idée alors qu'il n'y avait même
pas d'instituteurs primaires ! Ils furent mieux inspirés en
réclamant la création d'une bibliothèque publique et d'un
Muséum, qui furent formés avec les livres et les objets d'art
enlevés aux couvents et aux condamnés.

La Société populaire eut aussi pour mission de distribuer
les catéchismes républicains. Pour encourager les enfants à
se pénétrer de la Déclaration des Droits de l'homme, elle
accorda les honneurs de la séance à une troupe de jeunes
citoyens de cinq à six ans qui vinrent la lui réciter. Dans
son enthousiasme pour ces précoces patriotes, elle décida
qu'une tribune, placée au-dessus du bureau du président,
leur serait attribuée[1].

Pour terminer ce chapitre, déjà bien long, je voudrais dire
un mot de ce qu'on a appelé la réaction thermidorienne.

Plusieurs historiens ont prétendu qu'après la mort de
Robespierre il y eut en France une sorte de Terreur
blanche, et que les Montagnards furent traités avec une rigueur semblable à celle qu'ils avaient déployée contre leurs

---

[1] *Revue d'Anjou*. Société populaire de Saumur, par A. Bruas, ancien
magistrat.

ennemis. Il y a, je crois, une grande exagération dans ces propos.

Les mesures prises contre les terroristes ne peuvent se comparer aux violences qu'ils avaient exercées contre la vie et la liberté de leurs concitoyens.

Le représentant du peuple Menuau avait été envoyé dans le département de Maine-et-Loire, avec Delaunay le jeune, Morisson, Lofficial, Dandenac l'aîné et quelques autres députés, pour pacifier ce malheureux pays, depuis si longtemps en proie à la guerre civile.

La Convention, sur leurs propositions, avait rendu, le 2 décembre 1794, un décret d'amnistie et les avait chargés de le faire exécuter. Menuau arriva à Saumur au commencement de janvier 1795. Il remplaçait, dans cette ville, Bézard qui avait déjà donné des preuves du nouvel esprit dont était animée la représentation nationale, en ouvrant les portes des prisons de Saumur à quatre-vingt-treize détenus, artisans, laboureurs, journaliers du district de Cholet.

Le premier soin de Menuau fut de réorganiser les corps administratifs. Les membres du district et de la municipalité avaient été nommés, au mois de mars précédent, par Hentz et Francastel « *qui avaient désigné* » les citoyens qui devaient en faire partie. Guillemet, membre du Comité révolutionnaire, avait été choisi pour présider le district[1]. Cailleau resta maire, quoiqu'on lui reprochât son modérantisme et ses alliances avec les émigrés[2]. Sa popularité était telle à Saumur qu'ils n'osèrent le remplacer.

Menuau ne modifia que bien peu la composition de ces conseils. Il nomma Tremblier président, à la place de Guillemet qui s'était trop compromis pendant la Terreur. Il lui donna pour collègues : Cadieu, Gaudais, Sailland-Vachon, Couscher, Rossignol, Toupelain, Moreau. Chasle fut agent

---

[1] Les autres membres du district furent : Tremblier, Poulain, Cadieu, Rossignol, Couscher. Riffaut fut agent national, Allain secrétaire.

[2] Les membres de la municipalité furent : Ollivier fils, Cain, Pelou, Bazille, Cahouet, Bédanne, Vachon, Marié, Carreau, Gigault-Targé, Bougouin, Berthelot-Pinneau. L'agent national fut Mongazon père.

national, Allain resta secrétaire du district. Quant à la municipalité, elle fut composée de Cailleau, maire, avec Cahouet,
Vachon, Ollivier fils, Hervé fils, Delavau, Sébille-Cesbron,
Berthelot-Pinneau, Bédanne, Stervon-Bougouin, Pupier le
jeune. David fut nommé agent national.

Le représentant pacificateur s'occupa ensuite de réparer.
autant qu'il était en son pouvoir, les désastres causés par la
Terreur. Les suspects furent mis en liberté ; les Saumurois
qui avaient suivi les Vendéens purent rentrer dans leurs
foyers ; on restitua aux enfants et aux parents des condamnés
la portion de leurs biens qui n'avait été ni vendue ni volée.
L'opinion publique poussait Menuau dans cette voie. La
France, avide de liberté, altérée de justice, pleurait sur le
sort des victimes de Robespierre et maudissait leurs bourreaux. Les Jacobins, à leur tour, étaient proscrits, et Marat
leur idole rejeté du Panthéon.

Cédant à ce courant, Menuau se rendit le 3 avril 1795 à la
Société populaire et engagea les membres de cette Société à
lui faire connaître le nom des terroristes et de ceux qui
avaient opprimé leurs concitoyens.

Une invitation semblable fut faite à la municipalité.

Qui le croirait ! personne n'osa se plaindre. Si bas qu'ils
fussent tombés, ces hommes de sang inspiraient une telle terreur que Menuau dut arracher presque de force au conseil
les noms de Vilneau, Ydrac, Meignen et Besson.

Devant cette indifférence et cette lâche timidité, le représentant du peuple prit l'arrêté suivant :

« Considérant qu'une funeste expérience a démontré que le
peuple, trop longtemps abusé par des hommes hypocrites
étalant avec emphase des sentiments auxquels leur cœur ne
fut jamais accessible, n'a que des *larmes à répandre* sur
leurs victimes ;

Que c'est à ces hommes, qui se prétendent patriotes par
excellence, que sont dus tous les malheurs, parce qu'ils n'ont

voulu servir que leurs passions et par le système odieux de la destruction assurer leur triomphe,

Arrête :

Saumur. 9 floréal an II.

ART I. — Les citoyens Pierre Vilneau, médecin, Jacques Vilneau son frère, Ydrac, médecin, Gautier-Rogeron, Guillemet, notaire, ci-devant membre du Comité révolutionnaire, Meignan, ci-devant curé, Cotelle-Bazile, Carpentier, ancien général, Blandin, Musnier, Besson, commissaire du pouvoir exécutif, Leroyer, notaire à Varennes-sous-Montsoreau, Maury père, Merlet et Bruneau, ex-prêtres, au même lieu, Meignan, maçon à Brain, Vaucombruge au Puy, Binneau-Papot à Gennes, seront désarmés conformément à la loi du 12 germinal. Au nombre des armes de Binneau-Papot se trouvera particulièrement compris le fusil qu'il a reçu du Comité révolutionnaire.

ART. II. — Tous les bons citoyens sont invités à se prémunir contre ceux qui voudraient abuser de leur crédulité et égarer leurs opinions, en les surveillant activement et en les faisant connaître. »

Voilà en quoi consista la réaction thermidorienne dans le Saumurois : le désarmement des terroristes, simple mesure de précaution. Peut-on comparer cette réparation tardive, cette anodine vengeance, aux crimes de la Terreur[1] ?

Je m'arrête ici. En traçant le tableau des événements qui eurent lieu à Saumur depuis la réunion des Etats généraux jusqu'à la mort de Robespierre, j'ai voulu montrer par quelle progression insensible des hommes, amis de la justice et de la liberté, étaient arrivés à courber le front sous la plus effroyable tyrannie qui ait jamais existé. En portant sur toutes les institutions de l'ancien régime une main impru-

---

[1] Registre des délibérations, 20 ventôse an II. — 8 et 9 pluviôse an III. — Bibl. de M. Allain-Targé. Pétitions adressées à Menuau par les parents des condamnés et des émigrés pour rentrer en possession de leurs biens. — Arrêté pour arriver au désarmement des terroristes — 22 avril 1795.

dente et hardie, ils avaient si fort ébranlé la société qu'elle ne put résister à l'assaut de ces audacieux pour qui la Révolution fut un long jour d'orgie. Maîtres absolus de la France, les Montagnards ne surent que verser son sang, gaspiller son or. Quand ils disparurent tout était détruit, rien n'était fondé. Une divinité impassible, froide comme le couteau de l'exécuteur, « l'Etre suprême, » avait remplacé le Dieu d'amour et d'immolation ; Parein et les Commissions militaires avaient succédé à l'intègre d'Aguesseau et aux Parlements ; le maximum et la réquisition étaient devenus le dernier mot de la science économique ; l'or et les métaux précieux avaient disparu devant les assignats et les billets de confiance, et l'on préférait au *Cid* de Corneille les tragédies de Ronsin.

La place était nette, la Révolution était finie, le grand architecte de la société moderne, Napoléon, allait apparaître.

31 décembre 1891.

O. Desmé de Chavigny.

PIÈCES JUSTIFICATIVES

N° 1 p. 25.

Liste des principaux membres du clergé qui comparurent à l'Assemblée bailliagère tenue à Saumur le 9 mars 1789[1] :

ABBAYES

Abbaye royale de Chambon, par maître Joseph Rogier, chanoine du Puy, fondé de la procuration de messire Jean-Baptiste Brugières de Tarsal, abbé.

Abbaye de Chavaie, par dom Bruneau, prieur de Saint-Florent.

Abbaye de Ferrières, abbé Joseph-Silvain de Boissieux, non comparant.

Abbaye de Fontevrault, par messire Claude-Henry David, visiteur de l'ordre.

Abbaye de Saint-Florent, par messire Augustin Debeillardy.

Abbaye de Saint-Maur-sur-Loire, non comparant.

Abbaye de Seuilly, non comparant.

CHAPITRES

Chapitre de Blaizon, comparant par M⁹ François Folenfant.

Chapitre de Faye-la-Vineuse, comparant par Pierre Monnereau, chanoine.

Chapitre de la Grésille, comparant par Martin Pouillard, chanoine

    «   de Martigné-Briand, comparant par Paul Catroux,   »

Les bacheliers du chapitre de Mirebeau c. par Jean Chaveneau.   »

[1] Archives nationales, B. III. 140.

Chapitre de N.-D. de Mirebeau, comparant par Charles Gloria,   »
   «   de Montreuil-Bellay, c. par Jean-Bapt. Franquelot,   »
   «   de Montsoreau, comparant par François Richardin,   »
   «   de Nantilly, comparant par Charles Urbain Baudry,   »
   «   du Puy-Notre-Dame, comparant par Joseph Roger, chantre.
   «   de Saint-Florent, comp. par dom François Bruneau, prieur.
   «   de Saint-Denis de Doué, comp. par François Peltier,   »
   «   de Saint-Maur, comparant par dom François Bretel,   »
   «   de Saint-Nicolas de Saumur, c. par Mre René Durand,   »
   «   de Saint-Pierre de Saumur, c. par Mre Lamiche,   »

COUVENTS ET COMMUNAUTÉS

MM. les augustins de Montreuil-Bellay, c. par Mre Louis Guiot, prieur.
   »   les bénédictins de la même ville, comparant par dom Louis
       Ferrand, prieur.
   »   les cordeliers de Saumur, comparant par Louis-Etienne Cou-
       ronné, gardien.
   »   les religieux de Fontevrault, comp. par Henry David, visiteur.
   »   les prêtres de la Mission de Richelieu, comparant par Jean-
       Baptiste Oriel.
   »   les prêtres de l'Oratoire de Saumur, comparant par Pierre-
       Servan Duvivier.
Les dames de Notre-Dame de Richelieu, c. par J.-B. Oriel.
   »   de Saint-François de Mirebeau, c. par F. Gloria.   »
   »   Ursulines de Saumur, comparant par J.-B. Caffin.   »
   »   de la Visitation de Saumur, non comparant.

COMMANDERIES DE MALTE

Le commandeur de Saint-Jean de Saumur, non comparant.
Le prieur de Saint-Eusèbe de Gennes, M^{re} Le Doyen de Clesne, comparant en personne.
Le prieur de la Breille, Mre de Maillé, comparant en personne.
   »   de Montsoreau, Mre Boussicault, non comparant.
   »   de Nantilly de Saumur, Mre Hobbé, vicaire de Saint-Pierre,
déclare que ledit prieuré est réuni à la cure.
Le prieur de Vivy, Mre Desalart, non comparant.
   »   de Verrie. Ce prieuré était réuni à la manse abbatiale de
Saint-Florent.

Le prieur de Distré. Ce prieuré était réuni à la manse abbatiale de Saint-Florent. '

Le prieur des Ulmes. Ce prieuré était réuni à la manse abbatiale de Saint-Florent.

Le prieur-curé d'Aubigné, Mre Clément Mesnard, comp. en personne.

 »   d'Artannes, Mre J.-J. Peronneau,   »

 »   de Bagneux, Mre Jean Allard,   »

 »   de Chacé, Mre Alexis de Chaume,   »

 »   de Dampierre, Mre Jacques Renéaume,   »

 »   de Saint-Hippolyte, Mre Benjamin Gigault de Targé, comp. en personne.

Le prieur de Saint-Aubin de Turquant, Mre Jacques Couléon, comp. en personne.

Le curé de Saumur, Mre Martin Duchesnay, comparant en personne.

 »   d'Allonne, Mre Louis Fougeray,   »

 »   d'Ambillou, Mre François Boutany,   »

 »   de la paroisse du Château-de-Brezé, Jacques Millon, »

 »   de Chetigné, Mre Hardouin,   »

 »   du Coudray-Macouard, Mre Emmanuel Moreau des Ardilliers, comp. en personne.

Le curé de Cunault, Mre Marie-Isaac de Billon, comparant par Mathieu Moreau, curé de Saint-Vétrin de Gennes.

Le curé de Courchamps, Pierre Malécot, comp. en personne.

Le commandeur de l'Ile-Bouchard, non comparant.

CHAPITRES ET COMMUNAUTÉS, SEIGNEURS TEMPORELS
DANS LA SÉNÉCHAUSSÉE DE SAUMUR

MM. les chanoines du chapitre d'Argenton-Château, non comparant.

Les dames de la Fougereuse, non comparant.

MM. les chanoines de Menigout, décimateurs dans la paroisse de Cron, non comparant.

L'abbesse de Nidoiseau, titulaire du prieuré de Rochereau, non comparant.

MM. les chanoines du chapitre de Lavau, non comparant.

La dame abbesse de l'abbaye royale de Sainte-Croix de Poitiers, non comparant.

MM. les chanoines de Saint-Hilaire de Poitiers, seigneurs de la paroisse de Fontenay, comparant par maître Nacquefaire.

MM. les chanoines de Saint-Martin de Candes, seigneurs et déci-

mateurs de Saumoussay, paroisse de Brézé, comparant par Mᵗᵉ Ph.
Pierre Le Mercier, chanoine de ce chapitre.

MM. les chanoines de Saint-Martin de Tours, seigneurs du Verger,
non comparant.

MM. les chanoines de Sainte-Radegonde de Poitiers, non comparant.

PRIEURS ET CURÉS

Les prieurs et les curés formaient la grande masse des électeurs.
Presque tous étaient présents. Ce furent eux qui firent les élections[1].

Le prieur de Denzé, comparant par Louis Bigot.

Le » de Courchamps, comparant par J.-B. Bointeau, professeur
de théologie à Saint-Florent.

Le prieur de Chênehutte, Dom Benilais, comparant en personne.

Le » du Coudray-Macouard, comp. par dom Bruneau.

Le curé de Distré, Mᵣᵉ François Oger, comp. en personne.

» de Douces, Mᵣᵈ Gui-Jacques Bineau, c. en personne.

» de Fontevrault, Mᵣᵉ Alexandre Guerrier, c. en personne.

» de Saint-Eusèbe de Gennes, Mᵣᵉ René Péhu, c. en personne.

» de la Grézille, Mᵣᵈ Michel Martin, comp. en personne.

» de Lerné, Mᵣᵉ Louis-Jean Lenoir, »

» de Louerre, Mᵣᵉ Nicolas Le Peu, »

» de Saint-Pierre de Retz de Montsorreau, Mᵣᵉ Casimir Boul-
noy, comparant en personne.

» de Parnay, Mᵣᵉ César Minier, comparant en personne.

» de Rou, Mᵣᵉ Julien Renault, »

» de Saint-Cyr en Bourg, Mᵣᵉ Pastourel de Florensac, comparant
en personne.

» de Saint-Just-sur-Dives, Mᵣᵉ François Juteau, c. en personne.

» de Saint-Lambert-des-Levées, Mᵣᵉ Pierre Pinson, »

» de Seuilly, Mᵣᵉ Thibaut Chambaut, comp. en personne.

» de Souzay, Mᵣᵉ François Rivière. »

Le curé des Tuffeaux, Mᵣᵉ Jacques Huet, comp. en personne.

» de Verrie, Mᵣᵉ Pierrre Boucher, »

» de Villebernier, Mᵣᶜ Félix Lointier, »

» de Varrains, Mᵣᵉ François Paterne, »

» de Vernantes, Mᵣᵉ René Belère de Tronchay, c. en personne.

[1] Je me borne à citer le nom des curés des paroisses les plus rapprochées de
Saumur et de ceux qui jouèrent un rôle quelconque pendant la Révolution.

Le curé de Vivy, M⁰ René-Jacques Saillant, comp. en personne.

   »   de Varennes-sous-Montsoreau, M⁰ Pierre Guillot, comparant en personne.

Le prieur du château de Saumur, M⁰ René Vilneau, c. en personne.

   »   de la Madeleine de Boumois, Don Estier,   »

Le curé de Couziers, M⁰ Hyacinthe Lièpvre.   »

N° II p. 25.

Liste des gentilshommes qui comparurent par eux-mêmes ou par procureurs à l'assemblée bailliagère tenue à Saumur le 9 mars 1789[1] :

1. Aschard de la Haye (Charles-Antoine), seigneur de Ligné, Langon et Purnon-en-Verrue. Fiefs situés paroisses des Verchers et de Verrue.

2. Aubert du Petit-Thouars (Louis-Henri-Georges), lieutenant de roi à Saumur.

3. Aubert de Boumois (Gilles-Gabriel-René), sgr de Boumois, paroisse de Saint-Martin-des-Levées.

4. Aubert (Georges-Laurent), chevalier, à Saumur.

5. Aubert (Aubert), sgr d'Artenay, paroisse de Vézières.

6. Aubert (Aristide), gentilhomme sans fief, à Saumur.

7. Beauregard (Armand-Charles de), chevalier de Saint-Louis, seigneur de la Tour du Bouchet.

8. Belère du Tronchay (Pierre-François), sgr du Tronchay et de Pied-de-Flon, paroisse de Martigné-Briand.

9 Bernard (Bernard-Jean-Mathurin de), sgr de la Jaille et de la Coudraye-Ranjoux, paroisse de Grésillé.

10. Bernard (J.-J.-Philippe-Michel de), chevalier, sgr de la Roche.

11. Berthelot de Villeneuve (Jean-Marie), gentilhomme sans fief, paroisse de Souzay.

12. Boislève de Planty fils, sgr de la Mottaye-en-Blou, paroisse de Blou et des Aulnais, paroisse de Longué.

[1] Cette liste est copiée sur le procès-verbal de l'assemblée de 1789, imprimé par ordre de la noblesse (Bibl. d'Angers H. 1559, t. XVII n° 3). Elle diffère un peu de celle donnée par MM. La Roque et de Barthélemy. Je me suis borné à placer les noms par ordre alphabétique, de les faire suivre du nom des fiefs et de celui de la paroisse où ils se trouvaient.

13. Boisaudier (Hulin de), gentilhomme sans fief.

14. Boulay du Martray (Jacques), sgr de Launay et du Pati, paroisse d'Allonnes.

15. Breuil du Bost (Louis-Roland-Marie-Joseph), sgr de la Gerbaudière, paroisse de Doué.

16. Brie-Serant (Joseph-François de), chevalier, sgr du Bellay, paroisses d'Allonnes et des Fourneaux, paroisse de Dampierre.

17. Brunet du Brossay (Jean-Charles-Gabriel), sgr du Brossay, paroisse du même nom.

18. Carrefour de la Pelouze (Camille-Abraham), sgr de la Tremblaye et de Tiremouche, paroisse de Meigné.

19. Carrefour de la Pelouze, le cadet, gentilhomme sans fief, à Saumur.

20. Caux de Chacé (René-Henri de), gentilhomme sans fief, à Saumur.

21. Caux de Chacé (de) fils.   »

22. Chereau (de), sgr de la Touche, paroisse des Verchers.

23. Chilleau (de), sgr des Grands-Ormeaux.

24. Chilleau (du), sgr des Grands-Ormeaux et de la Tour-Saint-Gelin.

25. Crozé (Charles-Marie-Joseph de), sgr de la Treille, paroisse de Montreuil-Bellay.

26. Cuissard (Claude-Louis-Rosalie de), chevalier, seigneur de Bussy-la-Fontaine, Savonnière, paroisse des Verchers.

27. Cuissard de Mareil, sgr de la Barbinière, paroisse de Vernantes.

28. Daviau de Piolan (Jean-Marie-Charles), sgr du Bois de Sanzay, paroisse de Saint-Martin de Sanzay.

29. Descajeuil (Jean-Marie), sgr de la Mothe-Saint-Bonnet, paroisse de Saint-Lambert-des-Levées.

30. Desmé-Dubuisson, sénéchal, gentilhomme sans fief, à Saumur.

31. Desmé de Chavigny (Jean-Marie-Auguste), sgr de Chavigny, la Haye, Maulévrier, la Rue, Cessigny, paroisse de Lerné.

32. Desmé de Puy-Girault (Paul-Claude-François), sgr de Puy-Girault et de l'Isle, paroisses de Saint-Hilaire et de Saint-Floront.

33. Dupuy (Jacques-Emery), gentilhomme sans fief, à Saumur.

34. Fay (Louis-Eléonore de), sgr de Saint-Macaire et de Chavigny-en-Maçon, paroisse de Saint-Martin-de-Maçon.

35. Fay (Joseph-Louis-Frédéric de), gentilhomme sans fief, à Saumur.

36. Ferrières (Charles-Elie de), sgr de Bousageau, Poligny, le fief Levraux-en-Sauves.

37. Fontaine de Fontenay (Louis-Aimé-Jean-Baptiste de la), sgr de Saint-Pierre-en-Vaux, paroisse de Saint-Georges-les-Sept-Voies.

38. Fouchier de Châteauneuf, sgr de Châteauneuf, Chameruel, le Vivier.

3g. Fournier de Boisayrault (René-Clément[1]), sgr de Boisayrault, paroisse de Brigné.

4o. Gibot du Moulin-Vieux (Luc-René), marquis de Rigni, sgr du Puy-Notre-Dame, paroisse du même nom ; de Rozé, paroisse de Vaudelnay ; de Tournay, paroisse de Douces ; de Saint-Macaire, paroisse de Saint-Macaire-des-Bois.

41. Godal de la Godalie (J.-J. Pierre-Claude), sgr de Bois-d'Eau.

42. Goislard (Anne-Louis-Henri-Charles-Prosper-Ambroise), comte de Montsabert, paroisse des Coutures, sgr d'Artannes.

43. Goislard (Anne-Louis-Marie-François), vicomte de Montsabert.

44. Hacquet de Férolle (Jacques-René), sgr de Saint-Cyr-la-Lande, paroisse de Saint-Cyr, à Saumur.

45. Haye Fougereuse (Alexis de la), sgr des Hommes.

46. Jarret (Armand), sgr de Montchenin, paroisse de Neuil-sous-Passavant.

47. Jébert (Pierre Isaïe de), sgr de Pont et de Bournée-en-Braslou.

48. Jousselin (Louis de), sgr de la Gaucherie, paroisse de Faveraye.

4g. Laurent (Jean-Baptiste de), sgr de Brion, paroisse du même nom ; d'Avort, paroisse de Louerre, du Joreau.

5o. Large (Le), sgr de Pierre-Brosse, gentilhomme sans fief, à Saumur.

51. Lenoir de Pas de Loup (Paul-Gabriel), sgr de la cour de Couziers, paroisse de Couziers.

52. Lespagnaul de la Plante, sgr du Pré, paroisse d'Allonnes.

53. Maillé de la Tour-Landry (Charles-Joseph-François), sgr de Vernantes, paroisse du même nom.

54. Mondomaine (de), major au château de Saumur.

55. Morin (François de), gentilhomme sans fief, à Vouzailles.

56. Motte-Baracé (Alexandre de la), sgr de Seuilly, paroisse du même nom.

57. Moulins (Louis-Jacques de), sgr de la Roche-de-Gennes, paroisse de Gennes.

58. Moulins (de) fils.

5g. Oschiell de Stapleton (Luc-Egmont, comte de), sgr de Trèves, Bournée en Louresse, la Haye en Chétigné.

6o. Pais de Saint-Généroux (le), sgr de Saint-Généroux.

---

[1] Cette famille est aujourd'hui connue dans le Loudunais, sous le nom de d'Oyron.

61. Peletier de Peltot, lieutenant d'invalides, à Saumur.

62. Perrault de la Berthaudière (Pierre-Claude), sgr de la Bertaudière, paroisse de Migné.

63. Petit (Raoul-René), sgr de Blaizon, Chemillié, paroisse du même nom.

64. Pigonneau (de), sgr de Fouleresse.

65. Piette de Beaurepaire (René-Pierre-Charles), sgr de Beaurepaire, paroisse de Cléré.

66. Pitatouin de la Coste (Louis-Jean-Madelaine), sgr de la Coste, paroisse de Saint-Martin de Sanzay.

67. Poisson de Montaigu (Jacques-Auguste), sgr de Saint-Eusèbe de Gennes, paroisse de Gennes.

68. Poulain (Henri-Pierre-Marie), sgr du fief de Meré.

69. Quesnay de Saint-Germain (Robert-François-Joseph), gentilhomme sans fief, à Saumur.

70. Rabreuil (de), gentilhomme sans fief, à Saumur.

71. Rabreuil (Jacques-René de), gentilhomme sans fief, à Mirebeau.

72. Richaudeau de Parnay (Jacques), sgr de Loizellière en Longué, paroisse de Longué.

73. Richaudeau de Mongeville, gentilhomme sans fief, à Saumur.

74. Rivière-Bueil (Jacques-Honorat de la), sgr de Bouillé-Loret, paroisse du même nom.

75. Rodhays (Pierre-Léon), sgr de Champagne, paroisse de Vaudelnay.

76. Rozel de Billy (Claude-François), à Coutures.

77. Roy du Haut-Mayé, sgr de Haut-Mayé, paroisse de Saint-Martin-le-Maçon.

78. Rue (Louis-Jean-César de la), sgr de la Giraudière.

79. Saint-Hubert (Etienne de), gentilhomme sans fief, à Saumur.

80. Sanglier (Jean-Jacques de), gentilhomme sans fief, à Saumur.

81. Sanglier (de), son fils.

82. Selle d'Echeuilly (Jean-Joseph de la), sgr de Saint-Just des Verchers, Echeuilly, Ligny, paroisse des Verchers, de Vaudelnay, paroisse du même nom.

83. Thoreau (Philippe), sgr de la Grimaudière, gentilhomme sans fief, à Saumur.

84. Tubert de la Vrillaye (J.-J. René).

85. Tubert (Daniel de).

86. Thuillier de Saint-Hilaire.

87. Tremblier de Chauvigny (du), sgr de la Varenne.

88. Valois (Jacob), sgr de Louzy, paroisse du même nom.

89. Valois (René-Jean-Guillaume), sgr des Aulnais, paroisse de Neuillé, à Saumur.

90. Vassé (de), gentilhomme sans fief, à Saumur.

91. Ver (Constantin de).

92. Ver (Jean-Jacques de), sgr du Chapeau, paroisse de Villebernier.

Noms des gentilshommes de la sénéchaussée de Saumur qui se sont faits représenter par des procureurs :

1. Béraudière (Jacques de la), sgr de Maumusson, paroisse de Cleré.

2. Béritaut (Pierre-Germain), sgr de la Bruyère, la Chesnaye et la Fosse, paroisse de Grésillé.

3. Bitaut de Vaillé.

4. Bœuf (Jean-Baptiste du), seigneur de Saint-Albin.

5. Boislève (Anne-Pierre), le père.

6. Brancas (Louis-Paul de), sgr de Gizeux, paroisse de Gizeux.

7. Bridieu (de), sgr des Grandes-Roches.

8. Bruneau de Montbrun (Charles-Louis), sgr de Montbrun et de Rigny.

9. Cantineau (Jean-Laurent de), sgr de Russé et de la Fichardière, paroisse d'Allonnes.

10. Chaussée de Boucherville (François-Armand de la), sgr des Coudreaux, paroisse de Lesné.

11. Chesneau (de), sgr de Terrefort.

12. Chouppes (Jean-Charles-René de).

13. Croix de Besson (de la), sgr de Bougrée, paroisse de Gresillé.

14. Cornillon de Sainte-Verge (demoiselle Marie-Jeanne de), sgr de Sainte-Verge et de la forêt dudit lieu.

15. Dauvet, seigneur de la Grise et des Péaux, paroisse de Blou.

16. Daviau de Piolan (François-Xavier), seigneur de Chevré, le Fresne, la Jarie, paroisse de Saint-Martin-le-Maçon.

17. Derousse (dame) Veuve.

18. Duplessis (Armand), sgr de Richelieu.

19. Dupuy (César-Concorde), sgr de la Haute et Basse-Coudray, paroisse de Cleré.

20. Durtubie.

21. Delaistre (Jean-Armand), sgr de Jarzais en Mirebalais.

22. Evrard de Dreux (Henri), marquis de Brézé.

23. Ecotais (des), comte des Ecotais, sgr du Coudray-Macouard.

24. Etoile (Louis-René de l'), sgr de Beauregard, paroisse des Verchers.

25. Falloux (Michel), sgr du Lys, paroisse du Puy-Notre-Dame.

26. Favereau (Armand), sgr de Douces, paroisse du même nom.

27. Favereau (Jean-François).

28. Folzère (de), chevalier de Saint-Louis, sgr de Rigny-les-Bois.

29. Foucault (de), sgr du Fresne, de Champblausaye, la Bertholaye.

30. Fouchier (André-Maximilien de), sgr de Chamereul et du Vivier.

31. Foulon (baron de Doué).

32. Gazeau (Paul de), sgr de la Touche et de Chailly, paroisse de Rabelay.

33. Gibot (Louis), le père, sgr d'Audesigny.

34. Guillot de la Bardoullière, sgr de la Présaye.

35. Jaillière (de la).

36. Jaucourt (Madame de), veuve, sgr de Faveras.

37. Joreau (Anne Delorand de).

38. Joussaume (Anne-Mathieu de), sgr de Chambruyère et la Bretèche.

39. Lefèvre de Chaille (Jacques-Charles).

40. Lalande du Pinpéant, sgr de Pinpéant, Grésillé, Alligné, paroisse de Gresillé.

41. Lebel (Guy-Marie-François), sgr de Launay-Louresse, paroisse de Louresse-Rochememier.

42. Lenoir (Joseph), chevalier, à Saumur.

43. Lejumeau (demoiselle Marie-Gabrielle-Claude), seigneur de la Brosse en Neuillé, du Plessis en Vivy et de la Brosse en Allonnes.

44. Longueuil (Henri-Charles de), seigneur de la Giraudière, paroisse de Blaizon.

45. Longueil (demoiselle Sainte de), dame de Noyant en Blaizon.

46. Loret (Charles-René), sgr de la Boutonnière, paroisse de Blaizon.

47. Lorry (de la), sgr d'Etiau, paroisse de Saint-Philibert-du-Peuple.

48. Mabille (Claude-Gabriel), chevalier, sgr de Poizay, Loumois et Longueville, paroisses de Saint-Ellier, de l'Etang de Gennes.

49. Maillé (Charlotte Dégrudé, veuve de).

50. Maillard (René-Charles), sgr des Grands-Ecoyaux.

51. Marconnay (Louis-Isaac-Auguste de), sgr de Marconnay, paroisses de Parnay et de Mareuil.

52. Marrault, seigneur du Bois-Guérin et de Bournezeaux, paroisse de Villedieu.

53. Moisbert de Coisbray (Remi-Philippe de), sgr du Plessis, Thioure et Fontaine.

54. Nau de Cordais (Jacques-François), chevalier, sgr de Montjean.

55. Monsieur, frère du Roi.

56. Porte (dame Gouin de Cuingé, veuve Luc de la), sgr de la Garenne.

57. Portier de Lantime, veuve des Charnières.

58. Pradel (de).

59. Oschiell (dame Agnès), veuve de Jean Stapleton, sgr de Trèves, même paroisse.

60 Roche-Vernay (Henry-Armand de la), sgr de Vernay et de Morains, paroisse de Seuilly.

61. Romain (Marie), sgr de la Sausonnière et de Vandor, paroisse de Saint-Georges-les-Sept-Voies.

62. Romans (Charles-Louis-Joseph des), sgr de Flines, paroisse de Martigné-Briand, de la Goujonnière, paroisse de Couziers.

63. Rolland des Ecotais (Louis-Jacques), sgr du Coudray-Macouard, paroisse du même nom.

64. Rozel (de), le père.

65. Solage (dame Jeanne-Scolastique le Page de Varancé, veuve de Paul de), dame de la Maisonneuve, paroisse de Villebernier.

66. Tronchay (Joseph-Charles du), seigneur du Meigné, paroisse de Brezé.

67. Toulongeon (de).

68. Tourzel (de), sgr de Montsoreau, paroisse du même nom.

69 Tertre (Louis-Henri du), seigneur de Nouzille, paroisse de Bouchemain, prêtre.

70. Trémoille (de la), sgr de Montreuil-Bellay.

71. Tudert (François-Geneviève de), sgr de la Brunallière, paroisse de Villedieu.

72. Vandel (René-Pierre de), chevalier de Saint-Louis, sgr de Bralon et de Noyant.

73. Varice (Jacques-René de), sgr de la Vignolle, paroisse de Dampierre.

74. Vernou de Bonneuil (Marie-César-Antoine), chevalier, sgr de la Touerie et de la Chaize.

75. Verret (dame Jeanne-Marie-Louise de), veuve de N... de Vielblanc, dame de Lernay, paroisse d'Antoigné.

76. Valory (de), sgr de Lassé et de la Galopinière, paroisse d'Ambillou.

77. Villiers (de), sgr du Roquet et des grands et petits Riaux.

N° III p. 25.

Liste des noms des principaux membres du Tiers-Etat qui comparurent à l'Assemblée bailliagère du 9 mars 1789[1].

Saumur. — MM. Gilles Blondé de Bagneux, maire. — Maurice Bizard, avocat. — Jean-Etienne de Cigongne, négociant. — Jean-François Miet, entrepreneur des ouvrages du Roi. — Joseph-Toussaint Bonnemère de Chavigny, conseiller à la sénéchaussée. — Nicolas Rossignol, conseiller du roi, receveur des consignations, notaire royal. — Joseph Villiers, président du Grenier à Sel. — Antoine-Jean Pupier, négociant.

Doué. — Gui Delavau, maire. — Pierre Chevalier, apothicaire. — Alexandre Guibert, négociant, et Ignace Rethoré, notaire.

Fontevrault. — Julienne-Pierre Boullet, sénéchal. — Etienne-Philippe Renard, avocat au parlement, etc.

Montreuil-Bellay. — Thibaut Guiet, maire. — Jean-Nicolas Guéniveau de la Raye, président de l'élection, etc.

Mirebeau. — Louis-Jacques Ayrault, médecin, etc.

Richelieu. — Charles Ragonneau, avocat ducal, etc.

Chênehutte et les Tuffeaux. — Louis Ollivier, Louis Breton, etc.

Coutures. — Charles Girardeau, salpêtrier, et Messire Goislart, comte de Monsabert.

A l'instant grand nombre de députés du Tiers firent observer à M. de la Galissonnière que M. de Montsabert, en sa qualité de noble, ne pouvait être compris au nombre des députés du Tiers. On fit droit à leur requête.

Forge. — François Grignon, marchand.

Grezillé. — Alexandre Grignon, syndic.

Saint-Georges-des-Sept-Voies. — Alexis Grignon, marchand, et messire Henri-Charles-Prosper-Ambroise de Goislart, comte de Montsabert.

Saint-Macaire. — Louis Grignon, marchand.

Lerné. — Antoine Bruneau et François Lecoq, marchands fermiers.

Parnay. — Pierre Beaufils, meunier, et Charles Touchet-Laboureur.

----

[1] Archives Nationales, B. III, 140.

St-Lambert-des-Levées. — Yves-François Guillemet, notaire. — Jean-Jacques Maupassant de la Ronde.

Souzay. — Jean Gauchais, tonnelier, et Louis Venon, laboureur.

Tigné. — Henry Gendron, notaire. — Denis-Côme Désaunay, procureur fiscal. — Charles Poitou et Jacques Fresneau.

Trèves. — François-Clément Allain, avocat ès sièges royaux de Saumur, etc.

Turquant. — Florent Lamiche, notaire.

Villebernier. — Gabriel Cochon, bourgeois.

Varrains. — Louis Dubois, marchand. — Jean Chauvet, tonnelier.

Vernantes. — René-Jacques Faifeu, notaire royal. — Jean Chuche, aîné, maçon. — François Tonnelier, marchand, et Jean Blanche, laboureur.

Nº IV

Mémoire pour les pays saumurois et loudunois de la généralité de Tours, présenté au Comité de Constitution par les députations de ces deux pays, et bailliages tendant à ce que les villes de Saumur et de Loudun soient conjointement et alternativement chefs-lieux de département[1] :

« Les deux villes de Saumur et de Loudun, distantes l'une de l'autre de sept lieues seulement, sont capitales, l'une du Haut-Anjou, pays et gouvernement saumurois, l'autre du Loudunois régis par une coutume particulière. Elles forment ensemble un territoire contenant 250 paroisses et de 200 lieues carrées en superficie, et peuvent réunir, dans leur département, plus de 20 villes.

« Les Angevins, les Manceaux et les Tourangeaux ont réussi à démembrer la Touraine au détriment des pays saumurois et loudunois, dont les intérêts se trouvent ainsi lésés.

« La ville de Saumur s'est considérablement agrandie et embellie, et est devenue plus importante depuis trente ans, par les dépenses et les éta-

[1] Arch. nat. DIV 10. Imprimerie Momoro, premier imprimeur de la *Liberté nationale*, rue de la Harpe, nº 160. — (S. l. n. d. 16 pages).

blissements publics, civils et militaires, que le gouvernement a jugé utile
d'y faire ; sa population est de 15 à 16 000 âmes ; son commerce s'est
accru ; l'émulation de ses habitants s'est développée ; les moyens d'améliorer le sol qui l'environne, de supporter plus facilement les impôts,
de pourvoir aux dépenses et aux engagements relatifs aux ouvrages
publics commencés en sont le résultat et n'attendent pour se perfectionner que l'influence d'une administration directe... »

A la suite de ce mémoire se trouve un contre-projet proposé par les
députés du Saumurois et du Loudunais pour diviser en cinq départements, au lieu de quatre, l'Anjou et la Touraine. « Diviser la partie
méridionale par deux droites, du nord au sud, à partir du *Loir* : l'une
partant de Crant, traversant la *Loire* à Saint-Remi, jusqu'à la petite
rivière du *Doir*, près Saint-Maurice ; l'autre commençant au *Loir* vis-
à-vis la Chapelle-aux-Choux jusqu'à Sérigris-sur-Veude. »

N° V

CARRA aux membres de la Convention nationale composant
le Comité du Salut public[1] :

Angers, 7 may 1793, l'an II de la République, 9 heures du soir.

Il confirme les progrès des rebelles et la lâcheté de la légion de
Rosenthal qui a abandonné le poste de Montreuil et s'est repliée sur
Saumur. « D'un autre côté la ville de Saumur, au moment où j'écris, est
dans une grande agitation qui me paraît causée, non seulement par la
terreur dont les esprits sont si aisément frappés dans ce pays-ci, mais
par les manœuvres de ceux qu'on soupçonne d'avoir proposé sour-
dement aux femmes et aux parents des 150 prisonniers de Chollet[2] de
favoriser l'entrée des Brigands dans Saumur pour sauver la vie à ces
mêmes prisonniers ; car vous saurez que les Brigands ont eu l'adresse
d'envoyer deux de ces prisonniers sur leur parole pour entrer en communication à Saumur avec les parents de 148 autres et vous verrez par
là combien la chose devint sérieuse et pressante... »

[1] Arch. de la guerre.
[2] Les prisonniers du Bois-Grolleau.

N° VI

Lettre de Momoro au ministre de la guerre[1] :

Saumur, département de Maine-et-Loire, le mercredi 22 may 1793, l'an II
de la République française.

« Nous sommes assurés du succès de la campagne et nous le voyons
d'avance.

« Nous avons à Montreuil le brave Rossignol, commandant de la 35e division de la gendarmerie, qui s'est conduit comme un dieu dans l'affaire
de Chemillé...

« Le général Menou s'est rendu ce matin du côté de Montreuil. Il a la
confiance des soldats.

« Nous venons de voir défiler la garde nationale de Saumur. La moitié
est armée, l'autre moitié n'a pas même de piques. Saumur est fortifié ;
on travaille à faire des chemins couverts, des tranchées ; il y a de la
troupe, il n'y a rien à craindre...

« Signé : MOMORO, commissaire du Conseil exécutif national, DAMESMES,
commissaire national. »

N° VI

*Lettre du général divisionnaire Duhoux au général Biron
commandant en chef l'armée des côtes de la Rochelle[2] :*

« C'est avec le plus grand regret, mon général, que je vous annonce
que nos troupes ont éprouvé hier le plus cruel échec. Je serai bref
dans mes détails. L'ennemi s'est approché du poste de Nantilly sur les
deux heures après-midi. Menou y était et s'y comporta avec sa bravoure
ordinaire ; mais les troupes qu'il commandait, après avoir résisté vigoureusement l'espace d'une heure, et même avoir fait reculer l'ennemi,
ont lâchement pris la fuite et abandonné leur général, ainsi que deux
pièces de canon près desquelles il était. Au moment même il fut blessé
et son cheval blessé de même, se renversant sur lui, a singulièrement

---

[1] Arch. de la Guerre.
[2] *Id.*

augmenté le mal ; cependant son chirurgien m'a assuré que sous peu il serait à cheval. Le général Santerre a fait sa retraite sur Baugé, mais j'ignore absolument le nombre des troupes qu'il peut avoir.

« Je n'ai aucune nouvelle du général Coustard ; il commandait la butte de Bournan ; je pense qu'il aura fait sa retraite sur le Pont-de-Cé.

« Quant à moi, mon cher général, la rage, le désespoir de voir fuir lâchement les troupes de la République et surtout la cavalerie, m'ont fait rouvrir ma blessure qui est devenue d'autant plus douloureuse, mais mon chirurgien m'assure que cela ne sera pas long. Je le désire pour pouvoir vous prouver, ainsi qu'à la République entière, mon dévouement et le désir que je conserve de vivre et de mourir pour elle.

« La liberté vous garde et vous accompagne.

« Signé : Duhoux. »

« P.-S. — Dans le moment plusieurs membres de la Commission centrale m'apprennent que 2 500 hommes se sont renfermés dans le château de Saumur et qu'ils s'y défendent avec la plus grande vigueur. Ils sont attaqués avec acharnement par les rebelles, mais les munitions ne leur manquent point et ils ont des vivres pour huit jours. Le nombre des ennemis tués autour du château est considérable. Cela a donné lieu à un projet formé par la Commission centrale. Je vous en envoie copie et le soumets à votre sagesse. Réponse, s'il vous plaît, par le retour du courrier[1]. »

N° VII

Modèle des assignats délivrés par les Vendéens :

ASSIGNAT DE 5 LIVRES

Payable au porteur par la caisse de restitution, lors de la rentrée des princes en France.

2 E	CALONNE.
14249 (ici trois fleurs de lys).	Le Roi.

____

[1] Arch. de la guerre.

N° IX

Arrêté des représentants du peuple près l'armée des côtes de la Rochelle[1] :

Les représentants du peuple près l'armée des côtes de la Rochelle, informés que plusieurs particuliers de la ville de Saumur ont entretenu et entretiennent encore des intelligences avec les rebelles, que quelques-uns même en ont reçu et logé chez eux un grand nombre qui s'étaient introduits dans Saumur le jour qui a précédé l'attaque de cette ville ; qu'au moment où les troupes de la République s'en sont retirées, d'autres avaient affecté de faire un accueil empressé, les uns en arborant la cocarde blanche comme un signe de reconnaissance, les autres en portant des croix du ci-devant ordre de Saint-Louis ; informés aussi que plusieurs coups de fusil ont été tirés par les fenestres de quelques habitants et dans différentes rues sur les défenseurs de la liberté, au moment de leur retraite ; voulant avoir des renseignements certains sur tous ces délits et rechercher par les moyens les plus prompts les individus qui s'en sont rendus coupables pour les livrer à la justice et à la vengeance nationale ; instruits pareillement que plusieurs citoyens de Saumur, entre autres les membres des autorités constituées, avaient lâchement trahi leur serment et secondé par une criminelle complaisance les projets des rebelles en acceptant des places dans le Conseil d'administration établi par eux :

Avons arrêté comme mesure de sûreté générale :

Art. I. -- Il sera établi en la ville de Saumur un Comité révolutionnaire et de surveillance composé de sept membres et d'un secrétaire.

Art. II. — Ce Comité employera tous les moyens qu'il jugera convenable pour se procurer des renseignements prompts et positifs sur tous les individus soupçonnés de rébellion, de trahison et d'incivisme.

Art. III. — Il demeure autorisé à décerner des mandats d'amener, à interroger, à faire mettre en état d'arrestation tous particuliers qui lui auront été dénoncés comme les fauteurs ou les complices des projets des révoltés. Il pourra en conséquence requérir la force publique pour l'exécution de ses mandats.

[1] Archives nationales, AF II, 119.

Art. IV. — Il rendra compte, jour par jour, aux représentants du peuple de toutes les opérations et particulièrement des arrestations qu'il aura cru convenables d'ordonner.

Art. V. — Le Comité sera présidé par le citoyen Lachevardière, commissaire national et composé des citoyens : Guillemet, président du district, Riffault, procureur-syndic, Idrac, membre du Conseil général de la Commune, Ollivier, officier municipal, Château, tanneur, membre du Conseil général de la Commune, Aschard, cordonnier, aussi membre de la Commune.

Art. VI. — Le Comité nommera son secrétaire.

Fait à Saumur le 1er juillet 1793, l'an II de la République française une et indivisible.

Signé : Louis TURREAU et BOURBOTTE.

Pour C. C.

MOCET, secrétaire,   LEPETIT, président.

N° X

Lettre de Momoro au Conseil exécutif. national, provisoire, séant aux Thuileries, à Paris[1] :

Saumur, 21 juillet 1793, IIme de la République française une et indivisible et le Ier de la mort du Tyran.

Vous avez sûrement appris les détails de la déroute que notre armée vient d'éprouver à Vihiers, sans s'être battue et sans avoir été poursuivie par l'ennemi. Cette déroute est arrivée jeudi, à neuf heures du soir : la retraite s'est faite sur Tours et Chinon au lieu de se faire sur Doué ou sur Saumur, poste extrèmement important et qu'il paraît qu'on abandonne toujours.

Nous avons été instruits de cette déroute à Angers, et aussitôt nous nous sommes portés, avec l'adjoint du ministre de la guerre et la Commission militaire, sur Saumur, où l'on nous disait que l'armée était. Nous avons voulu nous en assurer discrètement. Nous y sommes arrivés

---

[1] Archives de la guerre.

hier dans l'après-dîner ; nous avons trouvé les boutiques fermées, la ville évacuée et les autorités constituées parties à l'exception du maire et du procureur de la Commune et d'un membre du district. Point de députés, point de généraux, point d'administration militaire ni de vivres. Cependant 1 600 soldats résolus à défendre le château. Au milieu de cette désorganisation désolante, nous avons donné des ordres aussitôt, envoyé courrier sur courrier pour faire venir des vivres et des munitions de guerre ; nous avons requis les bataillons de Tours et de Chinon de marcher sur Saumur pour y renforcer la garnison.

L'ennemi est à douze lieues de nous.

La conduite des généraux est inconcevable. La terreur panique était si grande que tout aurait fui jusqu'à cent lieues, si on n'eût tout arrêté. Le général Rossignol est aussi avec nous bien résolu à défendre le château.

Nous avons bien des lâches, des traîtres et des pillards dans notre armée... la Commission militaire sévira suivant la rigueur des lois.

Signé : MOMORO, commissaire national.

N° XI

Lettre de Parein, président de la commission militaire établie près de l'armée des côtes de la Rochelle aux administrateurs du département de Maine-et-Loire et à l'exécuteur des jugements criminels à Angers[1] :

« Le président et les membres composant la Commission... persistant dans les réquisitions déjà adressées à l'administration de Maine-et-Loire et à l'exécuteur, requiert de nouveau l'administration de faire transporter auprès de la Commission, à Saumur, la guillotine qu'elle a dû faire construire ; requiert pareillement l'exécuteur d'accompagner ladite guillotine sous peine d'être personnellement responsable des nouveaux retards. »

Une note marginale porte que la réquisition ci-dessus a été reçue par le courrier du 31 juillet, à trois heures après-midi. Le premier août les administrateurs de Maine-et-Loire transmettent copie de ladite réquisition au ministre de l'intérieur.

« Nous ne nous permettons, disent-ils, aucune réflexion sur sa forme, son style et surtout le genre d'adresse qu'elle porte. »

[1] Arch. nationales, FF. 3237.

N° XII.

Etat de la dépense de table du général en chef Rossignol :

3 août   — Payé à Joullain, membre du Directoire du dis-
de Saumur pour montant d'une demi-barrique de vin.   400 l.
3 août   — Payé à Perrin, graveur, pour un cachet qui a été
   recommencé deux fois . . . .   15 l.
3 août   — Payé à Courtin, un poinçon de vin . . . .   200 l.
      »   à Jeannot, à-compte sur son mémoire pour
dépense de la table . . . .   300 l.
21 août. — Payé à Jeannot, à-compte sur son mémoire
   pour dépense de la table . . . .   300 l.
3 septembre. — Payé à Jeannot à-compte sur son mémoire pour dépense de la table . . . .   200 l.
Au citoyen René Michel, pour transport des bouteilles.   3 l.
5 septembre. — Payé pour la citoyenne Rossignol pour
   postillons à son arrivée à Saumur . . . .   16 l.
6 septembre. — Payé au citoyen Jeannot pour la dépense
   de la table, par la citoyenne Rossignol . . . . .   1600 l.
6 septembre. — Payé au citoyen Jeannot pour le général
   en chef Rossignol, lors de son départ pour Niort . .   400 l.
Du 3 août au 7 septembre inclus . . . .

                    TOTAL . . . .   4088 l. 16 d

N° XIII.

*Divers comptes rendus des dépenses faites par les
représentants du peuple en mission*[2] *:*

— Ingrand, représentant du peuple, partit en
   mission le 28 août an II jusqu'au 18 fruc-
   tidor an III. — Il dépense . . . .   9000 l.

---

[1] Arch. de la guerre.
[2] Archives de la guerre.

— Goupilleau a reçu, id. le 9 avril 1793, pour
sa première commission en Vendée . . . .   2400 l.

Le 7 juillet 1793, pour sa seconde commission en
Vendée. . . . .   2400 l

Il a dépensé pour trois voyages de Paris en Vendée aller et retour. . . . .   1980 l.

Louage de chevaux, voitures pendant quatre
mois et demi. . . . .   867 l.

Sept voyages de Fontenay à Nantes. . . .   1486 l.

Secrétaire et frais de bureau . . . . .   210 l.

— Bellegarde du 15 août 1793 au 25 novembre
suivant, c'est-à-dire en 102 jours de commission, a dépensé . . . .   18000 l

Sur lesquels 13.600 lui ont été volés par les
Brigands à Châtillon. . . . .

— Bodin, du 3 messidor an III au 2 frimaire
an IV, a dépensé en assignats. . . . . .   161 773 l.   •

En numéraire . . . .   60 l.

— Hentz et Prieur de la Côte-d'Or, du 2 octobre au 13 octobre, ont dépensé :

De Paris à Saumur . . . .   172 l. 11 s.

De Saumur à Nantes. . . . .   163 l   5 s.

De Nantes à Saumur . . . .   33 l.

De Saumur à Paris. . . . .   208 l. 10 s.

Louage de voiture . . . .   120 l.

Gratification au courrier. . . . .   26 l.   6 s. 6 d.

Route de Paris à Nantes par Orléans, Saumur,
110 postes et demie. . . . .   1077 l.   7 s. 6 d.

— Bourbotte, durant vingt mois de mission, a dépensé 28 725 livres.

Le 21 mars 1793, aller à Orléans avec Mathieu. Deux jours après retour à la Convention.

Le lendemain retour à Orléans, avec Prieur et Julien. Séjour deux
mois environ.

D'Orléans à Tours ; deux jours après à Paris. La Convention renvoie
Bourbotte et Julien à Tours.

Huit jours plus tard, arrivée à Saumur. Après la prise de cette ville,
Bourbotte se rendit à Paris et revint à Saumur. — Il fit plusieurs voyages
à Paris. — Il tomba malade à Saumur d'une fièvre putride et après sa
guérison fut envoyé à Thionville.

« Le prix excessif des comestibles, dans le voisinage, surtout des rebelles de la Vendée qui consommaient tout, la nécessité pour un repré-

sentant en mission d'avoir toujours plusieurs personnes à nourrir, comme des secrétaires, des copistes, des officieux et souvent des fonctionnaires publics à admettre à sa table, notamment des généraux et aussi des soldats défenseurs de la patrie, expliquent le prix élevé des dépenses Cet article aurait pu monter plus haut si pendant mon séjour à Saumur, Angers, Rennes, je n'eusse pas vécu en commun avec ceux de mes collègues qui y étaient stationnés, et si la rareté et cherté excessive du vin ne m'eussent pas décidé à Nantes, à Tours... à requérir les administrations de district de m'en fournir de celui provenant des émigrés ou des condamnés à la peine de mort, pour ma consommation et celle des personnes qui m'accompagnaient. L'effet de ces réquisitions m'en a procuré une pièce, moins quelques bouteilles.

« Dépenses causées par deux maladies, dont une fièvre putride à Saumur, après une campagne de plus d'un an : 1600 l.

« Après la prise de Saumur par les Vendéens, Bourbotte et ses collègues ne restant plus qu'avec les vêtements qu'ils portaient tirèrent sur le payeur général pour une somme de 3 000 l. chacun. Bourbotte ne perdit qu'une partie de ses effets, le surplus ayant été sauvé « par les soins obligeants des citoyens chez lesquels j'étais logé ; mais à la déroute de Vilners, mes effets furent pillés en totalité. Lorsque j'eus perdu mon cheval, mes armes et tous mes équipages, je fus obligé, pour me soustraire à la fureur des rebelles qui me poursuivaient, même dans la nuit, jusqu'à deux lieues de Doué, de me débarrasser de tous les vêtements qui rendaient ma marche fatigante. Je démis mes bottes, je jetai mon habit sans songer un instant à tout ce qui était dans mes poches. » Il perdit ainsi son portefeuille qui contenait 2100 l.

Il déclare n'avoir jamais perçu ni fait usage de numéraire dans les missions qu'il a remplis et de n'avoir jamais fait de dépenses secrètes bien que le Comité du Salut public eût mis, pour cet objet, 200 000 l. à la disposition des Représentants en mission.

N° XIV

Interrogatoire de la fille Deblais, femme Gervais, demeurant à Fontevrault[1] :

DEMANDE. — A elle demandé où elle était lorsque les Brigands ont passé chez elle.

---

[1] Reg. de la cour d'appel d'Angers.

RÉPONSE. — Qu'elle est restée chez elle ; qu'ils ne lui ont rien dit ; qu'il n'y a point de Brigands, que nous sommes tous frères.

D. — A elle observé que l'on doit considérer comme Brigands ceux qui tuent les patriotes.

R. — Ils ne leur rendent que ce qu'il leur font ; qu'il faut rendre à César ce qui appartient à César. Qu'elle a vu l'armée catholique avec plaisir, que son cœur tirait à cela.

D. — A elle observé qu'elle courait risque d'être guillotinée avec ses sentiments.

R. — Qu'elle ne le craignait point ; qu'elle serait tranquille jusqu'au dernier article.

Le Comité arrête qu'elle sera reconduite dans les prisons de la ville et qu'il sera statué sur son sort.

N° XV

Lettre de Lepetit aux officiers municipaux de la commune de Saumur[1] :

LIBERTÉ, ÉGALITÉ, FRATERNITÉ.

Saumur, le 3 prairial an II.

CITOYENS,

Je vous adresse cy-joint quelques exemplaires d'une hymne patriotique à l'Etre suprème que j'avais composée pour être chantée à la fête que nous avons célébrée Décadi dernier. J'ai pensé que les sentiments qui y sont exprimés sont chez vous à l'ordre tous les jours. C'est ce qui m'a engagé à la faire imprimer.

Salut et fraternité,

LEPETIT.

[1] Arch. municipales de Saumur.

N° XV

Observations sur la lettre de Philippeaux écrite le 16 frimaire au Comité de Salut public[1] :

« ..... Pour jeter une défaveur plus grande sur Ronsin et Rossignol, Philippeaux traite l'Etat-major et la Commission centrale de « Cour de Saumur ». Il conclut de là qu'on se livrait à toutes sortes d'orgies et de dissolutions. Rien n'est plus faux que l'assertion de Philippeaux.

« A peine Rossignol fut-il nommé général, grade qu'il ne voulut point accepter et qu'il n'ambitionna jamais, qu'il réforma l'Etat-major ancien pour le composer de sans-culottes, pris parmi les soldats de l'armée. Le général était sans-culotte, il fallait que son Etat-major le fût aussi.....

« La table de ce général, loin d'être somptueuse, était celle d'un soldat et toute l'armée le certifiera. Il n'y avait pas de commandant de corps, de petits commissaires des guerres... qui n'eussent une table infiniment meilleure que la sienne. Il mangeait avec tous les soldats qui composaient l'Etat-major. Il était au milieu d'eux comme un père au sein de sa famille. Un potage, un bouilli, quelques légumes, voilà la composition de sa table. Le soir on était traité de même ; à peine quelquefois y avait-il suffisamment pour tout le monde ; on s'arrachait souvent les morceaux. Une nappe toujours sale, point de chandeliers, des bouteilles en tenaient lieu. Un vin détestable auquel on préférait l'eau. Est-ce là du luxe ? Sont-ce là des orgies ?

« J'ajouterai que Rossignol était le père des soldats ; qu'on consulte la 35° division de la gendarmerie dont il a été le chef, on verra combien il y est estimé. Qu'on consulte l'armée, et les patriotes de Saumur, on verra combien il y est aimé ; on verra si l'armée que Philippeaux inculpe si gratuitement a fait trembler l'habitant paisible en se conduisant, à son égard, comme les rebelles mêmes. Cette armée, ainsi que le général, n'a fait trembler que les aristocrates..... »

---

[1] Bibl. de l'Arsenal 213 I. 7189. Cette lettre se trouve à la suite du rapport de Momoro sur la Vendée.

N° XVI

Arrêté du Conseil exécutif provisoire[1] :

Le Conseil exécutif provisoire, informé que dans les départements de Mayenne-et-Loire, la Sarthe et la Mayenne, la prodigieuse quantité des cadavres des Brigands de la Vendée qui sont tombés sous les coups des républicains a été ensevelie par monceaux et n'est couverte que de très peu de terre ; considérant que l'odeur infecte qu'ils exhalent pourrait avoir les effets les plus funestes et qu'il est urgent de les prémunir,

Arrête :

Que tous les corps administratifs et municipaux des départements dont le territoire a été le théâtre de la guerre de la Vendée feront jeter. dans le plus court délai, de ia chaux vive en proportion de la quantité des cadavres et les feront couvrir de trois pieds, au moins, de terre..

[1] Arch. nationales, A. F. II, 269.

TABLE

DES NOMS DES PERSONNES ET DES LIEUX

Guignon, bourgeois de Saumur, 20.

Guillemet, notaire à St-Lambert, 36.

Guillemet, membre du Comité révolutionnaire, 194, 307, 309.

Guiller de la Touche, curé d'Epiré, 77, 102.

Guillon (René), 281.

Guillon de la Fresnaye, conseiller à la sénéchaussée, 7, 20, 22, 80, 81, 137, 187, 192.

Guillon-Duplessis, prêtre, exécuté à Paris, 281.

Guillot (Mathurin), garde-magasin, 143.

Guillot de la Renaudière, gentilhomme saumurois, 58.

Guillot, curé de Varennes-sous-Montsoreau, 70.

Guitière (Louis), 130.

Guitton, aide-geôlier à la Tour, 258.

Guyard (Madeleine), supérieure de l'hôpital, 126.

Guyardin, député de la Convention, 305.

H

Haie des Bons-Hommes, prairie près d'Angers, 283.

Halbert, électeur de Segré, 130.

Hardouin, récollet, 100.

Hardy, membre de la Commission militaire, 207.

Hardy (Franç.), exécuté à Saumur, 278.

Haye des Hommes (château de la), 124, 147.

Haye des Hommes (Antoine de la), exécuté à Angers, 271, 273.

Hazard, commissaire national, 207.

Hébert, membre de la commune de Paris, 212, 229, 235, 236, 242.

Hentz, député de la Convention, 194, 197, 223, 307.

Hervé, président de l'élection de Saumur, 7, 22, 68, 74, 137.

Hervé (Louis), volontaire, 117.

Hiett (Sébast.) fond. à Saumur, 239, 248.

Hobbé, vic. à St-Pierre, 74, 91, 100, 251.

Hocbocq, procureur à Fontevrault, 80.

Hoche, général républicain, 116.

Hoffart, régent au collège, 90, 100.

Hommes, Cⁿᵉ du dép. d'I.-et-L., 193.

Houlières (d'), maire d'Angers, 74, 121, 131.

Hubert (Franç.), échevin à Saumur, 87.

Hudault de la Thibaudière, conseiller à l'élection de Saumur, 7.

Hudoux, greffier de la Commission militaire, 262.

Huguet, grenadier, 151.

Hurtault, procureur à Saumur, 8.

Hy (Marie), blanchisseuse, exécutée à Saumur, 279.

K

Kléber, général républicain, 217

I

Ile-Neuve (l'), faubourg de Saumur, 73.

Ingrandes, chef-lieu de canton du dép. de la Loire-Inférieure, 147.

J

Jannot, traiteur à Saumur, 209.

Jaslenne (château de), 59.

Jaunet (Marie), supʳᵉ de l'hôpital, 11.

Jeu de Paume (la salle du), 305.

Joly, général républicain, 172, 190, 199, 217, 222.

Jouane, notaire à Saumur, 49.

Jouannet (les hauteurs de), 202.

Joulain, procureur à Saumur, 8.

Julien, directeur du théâtre de Saumur, 302.

Julienne, syndic des fondeurs, 23, 51.

Jumellière (la), lieu du dép. de Maine-et-Loire, 222, 269.

Juteau, curé de Chétigné, 70.

Juteau (Constant) architecte, 116.

Juteau, membre du Comité révolutionnaire, 195, 294.

L

Lachevardière, commissaire national, 159, 162, 166, 167, 175, 194, 196, 213, 252.

Ladouce, adjudant-général, 147.

Lagoffin (Nicolas), greffier de la Sénéchaussée, 39.

Lamiche, chanoine de Saint-Pierre, 9, 20

Lamiche, notaire à Montsoreau, 120

Laumonier, négociant à Saumur, 20, 192.

Langeais, ch.-l. de canton du dép. d'Indre-et-Loire, 143, 193.

Langlois (François), exécuté à Saumur, 277.

Langrenière (de), chef vendéen, 186, 216, 221, 268, 280.

Laporte, vice-président de la Commission militaire, 261, 262.

Laréveillère-Lépeaux, député à l'Assemblée législative, 120, 131, 132.

La Rochejacquelein (de), général vendéen, 150, 154, 155, 171, 174, 176, 177, 178, 179, 185, 186, 188, 189, 191, 200, 220.

Launay, curé et maire de Saint Martin de la Place, 74.

Laurendin (Jacquine), exécutée à Saumur, 277.

Laurin (Laurent), exécuté à Saumur, 273.

Layon (le), af. de g. de la Loire, 168, 169, 201, 202.

Leblanc, médecin, 137.

Leblanc, syndic, 20, 74, 232.

Lebœuf (Macé), syndic, 87.

Lebrun (Pierre-Philippe), exécuté à Paris, 264.

Lebrun (Pierre), exécuté à Saumur, 265.

Léchelle, général républicain, 222, 223.

Lecesve, curé, 32.

Leclerc, receveur du grenier au sel, 7.

Leclerc, député de la Convention, 131, 132.

Lecointre-Puyraveau, id. 158, 230.

Ledroit, électeur de Bouchemaine, 130.

Legendre, député de la Convention, 138, 234.

Legendron, régent au collège de Saumur, 90, 100.

Leh (Jacques), échevin, 87.

Lehou, conseiller à l'élection, 7.

Leigonnier général républicain, 140, 144, 145, 147, 148, 149, 150, 152, 154, 156, 158, 163, 164, 165, 166, 169, 170.

Lemaignan, député de la Convention, 132.

Lemoine, volontaire, 116.

Lemesle, 265.

Lenoir de Pasdeloup, gentilhomme saumurois, 12, 20.

Lepelletier, député de la Convention, 244.

Lepelletier (la rue), à Saumur, 244.

Lepetit, président du comité révolutionnaire de Saumur, 194, 195, 237, 239, 241, 242, 243, 250, 283, 289, 290, 291, 292, 293, 294, 295, 296, 297, 298, 299.

Lépinay-Beaumont, 215.

Lerat (Martin), exécuté à Saumur, 277.

Lerivain (Gabriel), colonel de la garde nationale de Saumur, 118, 119.

Leroux-Denesde, conseiller à la sénéchaussée, 7, 137, 171, 189, 232.

Leroyer, désarmé par ordre de Menuau, 309.

Lescure (de), général vendéen, 155, 174, 186, 189, 202, 220, 269.

Levasseur, député de la Convention, 288, 289.

Lévêque-Desvarannes, assesseur à Saumur, 16, 68, 76, 80.

Livec de Lanvoran, curé d'Antoigné, 32.

Lofficial, député de la Convention, 307.

Logeron (les), lieu, dép. de M.-et-L., 269.

Loir-Mongazon, agent national à Saumur, 8, 20, 22, 61, 232, 257.

Loiseleur (la femme), 292.

Loisillon, greffier de la Commission militaire, 262.

Lorier, procureur du roi à Saumur, 7, 20, 37, 39, 136, 189, 232.

Lory, épicier, 20.

Losandière (Me de), 13.

Loudun, ch.-l. d'arrond. du départ. de la Vienne, 32, 63, 156, 158, 160, 190, 214, 216.

Louresse, c. du départ. de M.-et-L., 101.

Luçon, ch.-l. d'arrond. du départ. de la Vendée, 214.

M

Machecoul, ch.-l. du canton du départ. de la Loire-Inf., 220.

Maillard, électeur à Montevrault, 130.

Maillard (Charles), 189.

Maillebois, entrepreneur des pompes funèbres, à Saumur, 241.

Maillefert, agent du Comité de sûreté générale, 298.

Maillé (le marquis de), gentilhomme saumurois, 33, 55, 58, 59.

Mains (bois de), près de Vihiers, 168.

Mandard, officier de police, 258.

Marcé (de), général républicain, 146.

Marceau, adjudant-général, 172, 178.

Marcellin, juge de la Commission militaire, 262.

Marchant de Verrières, gentilhomme saumurois, 13.

Marie-Jeanne, nom d'une pièce de canon des Vendéens, 142.

Marié, bourgeois de Saumur, 289, 291.

Marigny (de), chef vendéen, 174.

Marin de Cuissard de Mareil, gentilhomme du Saumurois, 58.

Marquis (la), maîtresse de Lepetit, 299.

Marsay (de), curé de Nueil-sur-Dives, 32.

Marsay (le château de), près de Mirebeau, 34.

Martigné, com. du dép. de M.-et-L., 220, 273.

Martin (Michel), curé de Gresillé, 106.

Martin, membre du Comité révolutionnaire d'Angers, 271.

Martin (Guillaume), exécuté à Saumur, 278.

Martin, électeur, 130, 137.

Mau (François), commandant de l'artillerie de la garde nationale de Saumur, 119.

Maugeis, sénéchal de Montreuil, 74, 80.

Mauges (les), canton du département de Maine-et-Loire, 123, 124.

Maulevrier, ch.-l. de canton du dép. de Maine-et-Loire, 58, 148.

Maultrot, avocat du roi à Saumur, 7, 189, 283.

Maupassant, officier de la Compagnie du gouvernement, 52.

Maupassant (l'abbé), 9.

Maupassant (Jeanne), femme Cigongne, 39.

Maupassant (Jacques), 74, 118.

Maupassant de la Croix, négociant à Saumur, 49, 68, 71.

Maury, désarmé par ordre de Menuau, 309.

May (le), commune du département de Maine-et-Loire, 130, 149.

Mayade, député de la Convention, 153.

Méaulle, député de la Convention, 217.

Meignan, architecte, 255.

Meignan, curé de Saint-Jacques à Saumur, 9, 20, 74, 100, 106, 110, 137, 197, 233, 236, 237, 238, 255, 308, 309.

Meignan, maçon à Brain, désarmé par ordre de Menuau, 309.

Ménard, maire de Bagneux, 273.

Menou (le baron de), général républicain, 146, 152, 154, 162, 164, 169, 170, 171, 172, 175, 176, 177, 179, 199, 203, 204, 217, 269.

Menuau, député de la Convention, 122, 217, 303, 307, 308.

Mercy (Mgr de), évêque de Luçon, 107.

Merlin, député de la Convention, 215.

Merlet, avocat à Saumur, 7, 20, 22, 29, 45, 49, 68, 74, 76, 78, 80, 81, 101, 110, 111, 114, 120, 121, 122, 128, 129, 136, 232.

Merlet, prêtre, désarmé par ordre de Menuau, 309.

Mesnard (Claude), prieur-curé d'Aubigné, député à l'Assemblée Constituante, 32, 44.

Messieux (la femme), 265.

Métayer (le P.), gardien des Capucins de Saumur, 107, 229, 231.

Michelin, sénéchal de Champtoceaux, 131.

Mieszkousky, général républicain, 217, 222.

Miet, architecte, à Saumur, 22, 24, 26, 47, 49.

Millier, commissaire national, 162, 207, 262.

Milly (les bois de), 172, 202.

Minier, juge de la Commission militaire, 159, 162, 163, 167, 175, 194.

Q

FIN DE LA TABLE

ERRATUM

Page 5, Note 1. Au lieu de : *lieutenants du roi,* lire : *lieutenants de roi.*

—   5, — 1. Au lieu de : *baillage,* lire : *bailliage.*

—   8, — 9. Ecrire *Tremblier,* au lieu de : *Tramblier.*

— 11, — 5. Au lieu de : etc, *ependant,* lire : *et cependant.*

— 16, — 8. Supprimer le trait d'union *Martin-Fournier.*

— 18, — —   la note 3.

— 20, — 19. Ecrire *Cigongne,* au lieu de : *Cigogne.*

— 42, — 17. Au lieu de : *c'était été de voir,* lire : *c'était de voir.*

— 42, Note 3. Au lieu de : *Reg. des D.,* lire : *Reg. des délib.*

— 49, ligne 14. — *Rossignol, Taillefert,* lire : *Rossignol-Taillefer.* — Même correction, page 80, ligne 13.

— 51, — 4. Ecrire *Drouineau,* au lieu de : *Drouyneau.* Même correction : page 51, note 1 ; p. 68, l. 4 ; p. 74, l. 5 et note 1 ; p. 105, l. 10 et 20.

— 54, — 4. Au lieu de : *tous les citoyens de vingt à soixante dans,* lire : *tous les citoyens de vingt à soixante ans.*

— 56, — 2. Lire *Desbuttes, américain,* au lieu de : *Desbuttes, Américain.*

— 70,   Supprimer la note 1.

— 74, — 19. Rétablir la phrase au lieu de : *maire de Hobbé vicaire, Saint-Martin de la Place,* lire : *maire de Saint-Martin de la Place, Hobbé vicaire.*

— 87, — 3. Au lieu de : *tous les enfants de la noblesse, de la bourgeoisie et de la sénéchaussée,* lire : *tous les enfants de la noblesse et de la bourgeoisie de la sénéchaussée.*

Page 90, ligne 13. Ecrire *Delalande*, au lieu de : *Lalande*. Même correction : page 100, l. 16; p. 251, l. 5.

— 95, — 3. Ecrire *Bonnemère*, au lieu de : *Bonnemer*.

— 101, — 18. — *Chemillé*, — *Chemelle*.

— 102, — 22. — *Villier* — *Villiers*.

Même correction : p. 104, l. 16 ; p. 108, l. 27.

— 117, — 8. Ecrire *Chasles*, au lieu de : *Charles*.

— 153, — 21. Ecrire dans tout le cours du volume *La Roche-jacquelein*, au lieu de : *La Rochejaquelein*.

— 160, — Note 2. Ecrire *Jard-Pauvillier*, au lieu de *Jard-Pouvillier*.

— 183, — 6. Ecrire *Brard*, au lieu de : *Brad*.

— 185, — 17. — *Beauvolliers*, au lieu de : *Beauvollier*.

— 186, — 4. — *Le Doyen de Clesne*, au lieu de : *Le Doyen de Clesme*.

Même correction : p. 187, l. 21 ; p. 192, l. 5 et 8 ; p. 283, l. 25.

— 193, — 1. Ecrire *Damesmes*, au lieu de : *Damesme*. Même correction : p. 198, note 2.

— 216, — 3. Ecrire *Philippeau*, au lieu de : *Philippeaux*.

— 218, — 25. Au lieu de : *Les généraux de l'armée de Saumur ne pouvant*, lire : *Les généraux de l'armée de Saumur ne pouvaient*.

— 219, — 33. Ecrire *Turreau*, au lieu de : *Tureau*. Même correction : p. 220, l. 3.

— 268, — 12. Ecrire *Langrenière*, au lieu de : *Laugrenière*. Même correction : p. 280, l. 25.

9 782019 217365